Armin Strohmeyr
Glaubenszeugen der Moderne

meinen Eltern

Inhalt

Geistliches und geistiges Engagement: Ordensgründer, Seelsorger, Leben in Demut, Künstler

Mystiker, Stigmatisierte und Dulder

Kriegsgegner und Friedensstifter

Vorwort

Ein Buch über Heilige in heutiger Zeit – ist das nicht ein Widerspruch? Gemeinhin denkt man bei Heiligen an historisch ferne und bisweilen legendär verbrämte Persönlichkeiten, die selbst dem gläubigen Menschen »entrückt« vorkommen und für unsere jetztzeitigen Lebenszusammenhänge kaum die rechten Ansprechpartner zu sein scheinen.

Was läge also näher, als Heilige zu suchen, die unserer modernen Welt mit all ihren Widersprüchen und Schrecknissen entstammen? Die historisch und psychologisch »greifbarer«, begreifbarer sind? Auch die gegenwärtige Zeit mit ihren Brüchen, drängenden Problemen und vielfältigen Verwerfungen bedarf der Mittler, der Fürsprecher und Vorbilder. Und vielleicht kann ein Heiliger, der selbst in diese Zeit hineinwuchs, in ihr lebte und wirkte, ihr aber auch mit seinen Zweifeln, seinen Irrungen, seiner Schuld begegnen musste, uns Heutige unmittelbarer ansprechen.

Dieses Buch will keinen wissenschaftlichen theologischen Diskursen nachgehen, sondern Heilige der Moderne als historische Persönlichkeiten vorstellen. In den folgenden einführenden Kapiteln sollen zudem Begrifflichkeiten des Heiligen in ihrer historischen und soziokulturellen Entwicklung erklärt werden.

Alle Weltreligionen und Konfessionen kennen Heilige und das Heilige. Wenn der »Heiligenkult« heute in erster Linie mit der katholischen Konfession in Verbindung gebracht wird, liegt das hauptsächlich an der großen Zahl von Heiligendarstellungen in Kirchen. Aus einem übertriebenen Heiligenkult erwuchs auch eine kritische Haltung der Reformation, die jedoch nicht die Vorbildfunktion eines Lebens in Heiligkeit anzweifelte.

Wenn dieses Buch sich auf Heilige katholischer Konfession beschränkt (eine Ausnahme ist der protestantische Pfarrer Karl Friedrich Stellbrink, der gemeinsam mit drei katholischen Kollegen den Märtyrertod fand), ist das nicht als Wertung zu verstehen. Auch die protestantischen und orthodoxen christlichen Kirchen kennen und verehren »ihre« Heiligen. Aber deren Aufnahme würde den Umfang dieses Buches sprengen. Zudem kennt die katholische Kirche die Anerkennung eines Lebens in Heiligkeit durch ein förmliches Verfahren, das in den Händen der vatikanischen Kongregation für die Selig- und Heiligsprechungen liegt. Dieser katholische »Kanon« liegt dem Buch zugrunde. Manche der Selig- und Heiliggesprochenen stehen uns näher, andere ferner. Persönliche Ansichten und Bedürfnisse mögen sich darin spiegeln. Die hat auch der Verfasser. Entsprechend sind die biografischen Porträts unterschiedlich gewichtet.

Das offizielle Verfahren zur Selig- und Heiligsprechung ist von Menschen gemacht. Der Kandidat für eine Heiligsprechung bedarf der »Lobby«, um sich zunächst auf Gemeinde- und Bistumsebene »Gehör« zu verschaffen. Oftmals geht das Engagement zumindest in der Anfangsphase einer Heiligsprechung von nur wenigen Gläubigen aus. Wo dieser erste Anstoß fehlt, kann das Verfahren nicht in Gang kommen. »Interessenverbände«, Gebetsgemeinschaften, Orden und derglei- chen können solch einem Verfahren Gewicht verleihen – oder auch nicht. Ein Bei- spiel mag das verdeutlichen: Der im Februar 1945 von den Nationalsozialisten ermordete Jesuit P. Alfred Delp gilt vielen Menschen wegen seiner aufrechten Gesinnung als Vorbild eines Lebens in Heiligkeit. Ein Seligsprechungsverfahren ist gleichwohl bis heute nicht eingeleitet worden.

Diese Darstellung will einen Einblick in vielfältige, oftmals tragische Lebens- schicksale bieten und zur Auseinandersetzung mit Persönlichkeiten anregen, die alle ihren eigenen, ganz individuellen Weg gegangen sind, bisweilen im Licht der Öffentlichkeit, bisweilen unfreiwillig im Schnittpunkt historischer Ereignisse, oft zurückgezogen in der Selbstverleugnung und im stillen Dienst an Gott. So wie die Lebensentwürfe sind auch die Wege im Glauben vielfältig.

Um das Spektrum der dargestellten Persönlichkeiten breiter anzulegen, wur- den auch die Personen porträtiert, deren Seligsprechungsverfahren erst eingeleitet worden ist. Ein Register am Schluss des Bandes gibt über den derzeitigen Stand der offiziellen Anerkennung Auskunft (nach dem Wissensstand vom 9. November 2009).

Um eine Orientierung zu erleichtern, wurden die Heiligen und Seligen gemäß ihrem hervorstechenden Hauptanliegen, ihrem beruflichen oder geistlichen Enga- gement oder ihrem Todesschicksal in gliedernden Kapiteln zusammengefasst. Natürlich ergaben sich Schnittmengen: Joseph Kentenich etwa war nicht nur Begründer der Schönstatt-Bewegung, sondern auch Opfer des NS-Regimes, etliche der NS-Gegner wären auch dem Kapitel »Friedensstifter« zuzuordnen, und über- haupt kann geistliches und soziales Engagement in vielen Fällen gar nicht von- einander geschieden werden. So soll die Kapiteleinteilung dieses Buches eher zur Orientierung dienen, nicht als kategorische Bewertung verstanden werden.

Die Auswahl beschränkt sich auf Heilige und Selige aus dem deutschsprachigen Raum, deren Todesdatum zumindest ins 20. Jahrhundert fällt. Dadurch sind einige Persönlichkeiten berücksichtigt worden, deren Wirkungsfeld noch zu Teilen im 19. Jahrhundert anzusiedeln ist. Doch auch hierin musste eine definitorische Scheidegrenze gezogen werden. Der Untertitel des Buches nennt die Heiligen und Seligen des 20. *und* 21. Jahrhunderts. Dies verweist auf das in vielen Fällen noch nicht abgeschlossene Kanonisationsverfahren und auf die auch in unserem Jahrhundert lebendige Verehrung dieser Persönlichkeiten. Es sind Heilige unserer Gegenwart.

Persönlichkeiten wie die Schwestern Ursula und Maria Theresia Ledóchowska waren trotz ihrer väterlicherseits polnischen Abstammung auch dem deutschsprachigen Kulturraum biografisch eng verbunden, desgleichen die kulturell-sprachlichen »Grenzgänger« Ladislaus Batthyány-Strattmann, Anicet Koplinski, Aloys Andritzki und Dulcissima Hoffmann. Ein – unfreiwilliger – Grenzgänger war auch der Bretone Marcel Callo: Als Zwangsarbeiter wurde er zunächst nach Thüringen verschleppt, später in ein Konzentrationslager nach Österreich. Dass Callo heute besonders von Jugendlichen aus Frankreich *und* Deutschland verehrt wird, rechtfertigt seine Aufnahme in dieses Buch. Letztlich ist die Idee des »Heiligen« nicht nur überzeitlich, sondern auch übernational.

Dieses verbindende Element des »Heiligen« über alle Zeiten und Kulturen hinweg kann dem nach Orientierung suchenden Menschen – ob konfessionell gebunden oder nicht – auch heute Wegmarke sein. Alle Zeiten hatten ihre »Lieblingsheiligen«. Heilige unserer Tage in ihrem Leben und Wirken kennenzulernen: Das soll die Einladung dieses Buches sein. Selige und Heilige – auch das eine Aussage dieses Buches – sind keine Übermenschen, keine unerreichbaren Idole. Allenfalls Vorbilder. Auch Menschen mit Ecken und Kanten. Nicht alles an ihnen muss gefallen.

»Seid heilig, denn ich bin heilig«

Das Heilige

Das Vaterunser, das von Jesus selbst an seine Jünger mitgeteilte Gebet, das bis heute alle christlichen Konfessionen eint, beginnt mit den Worten: »Vater unser im Himmel, geheiligt werde Dein Name.« Es ist nach theologischer Auffassung weniger eine Aufforderung an die Gläubigen, den Namen Gottes zu heiligen, als vielmehr die Bitte, dass Gott, der allein heilig genannt werden kann, tätig werde. Am Ende der Tage wird er – »Dein Reich komme!«, lautet der nächste Vers – in Herrlichkeit und Heiligkeit den Menschen erscheinen.

Die ausschließliche Heiligkeit Gottes wird bereits im Alten Testament festgestellt. Beim Propheten Ezechiel (38,23) steht: »So werde ich mich als groß und heilig erweisen und mich vor den Augen vieler Völker zu erkennen geben. Dann werden sie erkennen, dass ich der Herr bin.« Im Buch Levitikus (19,1) lautet es: »Seid heilig, denn ich, der Herr, euer Gott, bin heilig.« Und in der Gloria-Lobpreisung des Messgesangs heißt es bis heute: »Nur du allein bist heilig, nur du allein der Herr.«

Das »Heilige« spielt in allen Religionen und Kulten eine wichtige Rolle. Der Religionswissenschaftler Rudolf Otto hat es 1917 als »das Numinose« bezeichnet. Das Numinose ist nicht fassbar. Es bedarf einer anderen Wahrnehmung als der Vernunft, es verweist in eine andere, transzendente Welt. Das Heilige ist unnahbar, es entzieht sich dem menschlichen Verstand und straft den, der sich ihm unvorbereitet und nicht in demütiger oder bittender Haltung zu nähern wagt. Rudolf Otto hat diese Doppelgesichtigkeit des Heiligen als das »Mysterium tremendum« bezeichnet, das Geheimnis, vor dem der Mensch nur Furcht empfinden kann. Diese Vorstellung vom Heiligen ist uralt und auf der ganzen Erde verbreitet. Selbst Naturreligionen kennen das furchteinflößende Heilige, das den Nicht-Gläubigen oder Nicht-Ehrfürchtigen auch zu zerstören vermag. In etwa diesem Sinne bewegt sich das »Mana«, wie es von den Inselvölkern des Pazifiks scheu verehrt wird.

Das Heilige ist nicht nur an eine göttliche Person gebunden, sondern diesseitig auch mit einem Ort oder einem Gegenstand verknüpft, an dem es lebt – denn das Heilige ist ewig lebendig – und verehrt werden kann.

Heiligkeit im Neuen Testament

Im Neuen Testament und vor allem in den Apostelbriefen kommt eine neue Dimension des Heiligen hinzu. Zwar wird die Alleinheiligkeit Gottes nach wie vor betont, doch wird Jesus Christus, Gottes eingeborener Sohn, nun zum Mittler zwischen Gott und den Menschen. Gott ist Mensch geworden, also überträgt sich in Christus auch seine Heiligkeit auf den Menschen. Heiligkeit wird für die Apostel zur Aufforderung an den »Gottesmenschen« der Christengemeinde. Im Ersten Petrusbrief (1,15–16) heißt es: »Wie er, der euch berufen hat, heilig ist, so soll auch euer ganzes Leben heilig werden. Denn es heißt in der Schrift: ›Seid heilig, denn ich bin heilig.‹« Heiligkeit bedeutet nun: in Christi Nachfolge leben, nach seinen Geboten handeln. Synonym dazu wird häufig auch der Begriff der Seligkeit verwandt. Vor allem die Werke der Barmherzigkeit, wie Jesus sie lehrte, führen zu einem Leben in Heiligkeit. Aber auch die Bezeugung der christlichen Lehre vor der Welt ist Voraussetzung für die Heiligkeit auf Erden. Heiligkeit wird nun als eine Einheit von himmlisch-göttlichem und irdisch-menschlichem Leben verstanden.

Die frühchristlichen und mittelalterlichen Heiligen

Bekanntlich war in den ersten nachchristlichen Jahrhunderten die Bezeugung des christlichen Glaubens gefährlich. Oftmals wurde das Bekenntnis mit dem Tod bestraft. Sehr bald konzentrierte sich daher der Begriff des Heiligen auf den Bekenner und Märtyrer (»Martys« bedeutet »Zeuge«), der sich durch seine »heroische Tugend« beweist. Dahinter verbergen sich uralte religiöse Vorstellungen, Sühne durch ein Blutopfer erlangen zu können.

Aber auch der Asket kam in den Ruf der Heiligkeit, weil er sich bereits zu irdischen Lebzeiten von der sündhaften Welt abwandte – dies auch wortwörtlich, hoch oben über dem Erdboden, dem Himmel bereits ein wenig näher: So verbrachte im 5. Jahrhundert der syrische Stylit (Säulensteher) Simeon der Ältere über dreißig Jahre auf einer zwanzig Meter hohen Säule, betend, fastend und predigend, von vielen tausend Wallfahrern besucht und bewundert. Sogar der damalige Papst Leo I. suchte Simeons Rat und hielt in der Nähe von dessen Säulenexil ein Konzil ab.

Solche Meditations- und Bußpraktiken konnten freilich nur von wenigen hartgesottenen, außergewöhnlichen Menschen ertragen werden. Dass man sie – bereits zu Lebzeiten – als Heilige betrachtete, die dem Irdischen – etwa auch der Nahrungsaufnahme – entrückt waren, liegt nahe. Eine spätere Abart der Askese waren die in Scharen auftretenden, über Land ziehenden Geißler (Flagellanten) des Spätmittelalters und der frühen Neuzeit, die die öffentliche Selbstzüchtigung praktizierten. Hierbei wurde der Glaube an das blutige Sühneopfer auf die Spitze getrieben, die Askese pervertierte zur selbstgefälligen, exhibitionistischen und sadomasochistischen Schaustellerei mit den Zügen einer kollektiven Zwangsneurose. Nicht von ungefähr traten die Geißlerzüge in einer Epoche der geistigen und sozialen

Umbrüche, der politischen, religiösen und ökonomischen Unsicherheiten auf. Sie widerspiegelten die geistige Verwirrung in den Köpfen und waren eher psychopathologisches Ventil denn tatsächliche religiöse Sinnsuche.

Dass außergewöhnliche Menschen auch Außergewöhnliches bewirken können, das sich dem menschlichen Verstand und den Naturgesetzen entzieht, liegt nahe: Das »Wunder« wird zum sichtbaren Zeichen der Heiligkeit, der Verbindung von Gott zu den Menschen durch das Medium des Heiligen. Mehr noch: Heiligkeit wurde seit dem Frühmittelalter auf solch außergewöhnliche Menschen reduziert. Heilig war nicht mehr die gesamte Christengemeinde, weil sie in der erstrebten Nachfolge Jesu Christi stand, sondern heilig war nur noch derjenige, der den Weg zur Nachfolge bis zum Ende gegangen war. Das war für den Bekenner meist der Märtyrertod. Das Wunder war das Zeichen, der »Beweis« für die noch in Sünde verharrende Nachwelt.

Während aber die Menschen der frühchristlichen Jahrhunderte und des Frühmittelalters Heilige quasi selbst als solche erkannten und verehrten (was freilich einen gewissen inflationären Charakter annahm), wurde seit dem späten 12. Jahrhundert die Heiligsprechung eine Sache der Amtskirche. Es wurde ein kirchenrechtliches Kanonisationsverfahren entwickelt, das sich kritisch mit dem Anwärter auf die Heiligkeit befasst und Beweise wie Gegenbeweise sammelt. In der Heiligsprechung manifestierte sich nicht zuletzt der Vormachtanspruch der Amtskirche gegenüber der Volksfrömmigkeit.

Die Heiligen der Neuzeit

Eine grundlegende Erschütterung der Heiligenfrömmigkeit vollzog sich durch die Reformation. Gewisse Auswüchse in der Heiligenverehrung – übertriebener Reliquienkult und -handel, inflationär auftretende vermeintliche Wunder, vor allem die vielen »Blutwunder« (blutende Hostien), aber auch die falsche Vergötzung bestimmter Heiligenbilder und -statuen – ließen Martin Luther und andere Reformatoren mit der Heiligenverehrung generell abrechnen. Im nachfolgenden »Bildersturm« äußerte sich auch anderer als nur reformatorischer Eifer. Kirchen, Klöster und Stifte wurden nicht zuletzt deshalb geplündert und aufgehoben, um die eigene Tasche zu füllen und die Karten im Spiel der Macht neu zu mischen. Unbestreitbar schuf sich die Reformation anstelle des vermeintlichen »Götzenkultes« neue Heilige. Besonders Darstellungen Martin Luthers zeigen den Reformator mit dem festen und feurigen Blick des Bekenners, in Händen die von ihm neu übersetzte Bibel, das Haupt bisweilen von einem Strahlenkranz umgeben, der ihn im Zustand der Erleuchtung zeigen soll, aber doch fatal an einen Heiligenschein gemahnt. Besonders in der deutschnational geprägten protestantischen Kirche des 19. Jahrhunderts erfuhr dieser Heroen- und Heiligenkult um Luther eine Ausformung, die den ursprünglichen Absichten der Reformation diametral widersprach. Auch neueste Darstellungen im 21. Jahrhundert – etwa der Kinofilm *Luther* (2003) mit Joseph Fiennes in der Hauptrolle – zeigen den Reformator als »hero«, als Übermenschen.

Der katholische Heiligenkult blieb von der Reformation nicht unberührt. Die »offizielle« Kanonisation eines Heiligen durch die Amtskirche in einem eigens bestellten Verfahren wurde Voraussetzung für die Verehrung – zumindest offiziell. Der Volksglaube ging mitunter eigene Wege – bis heute. So wurde die Verehrung des heiligen Christophorus in den Kirchen eingedämmt, doch in der breiten Masse findet die legendäre Person, deren Existenz nicht bewiesen ist, bis heute Zuspruch. Vor allem als Beschützer der Autofahrer hat diese Gestalt im Zeitalter des massenhaften Individualverkehrs eine außerordentliche Renaissance »erfahren«.

Doch das sind Ausnahmen. Nur noch wenigen Heiligen kam in der Neuzeit eine breitere Verehrung zu. Zwar versuchte die katholische Kirche, dem Erfolg der Reformation mit einer neuen Missions- und Frömmigkeitsbewegung zu begegnen, und kanonisierte die großen Persönlichkeiten der Gegenreformation, etwa Ignatius von Loyola und Franz Xaver, doch steht die Volksfrömmigkeit diesen Heiligen – trotz der zahlreichen Kirchen, die ihnen geweiht wurden, trotz der vielen bildlichen Darstellungen auf Altarblättern – eher fern. Das Volk bevorzugte weiterhin die Heiligen aus den eigenen Reihen, vor allem die frühchristlichen Vierzehn Nothelfer und die vielen regional verehrten und den heimatlichen Gegenden entstammenden Patrone, weil man ihre Gräber und Reliquien als direkte Zeugnisse »vor Ort« hatte und mit eigenen Augen sehen konnte.

Eine »Ausnahmeerscheinung« in der Heiligenverehrung der Neuzeit war Johannes von Nepomuk. Der Prager Priester, der sich geweigert hatte, dem böhmischen König Wenzel IV. ein Beichtgeheimnis zu verraten, wurde 1393 von den Schergen des Königs in der Moldau ertränkt. Erst im 18. Jahrhundert, seltsamerweise mitten in der Aufklärung, wurde der bis dahin nur im Böhmischen verehrte Märtyrer nun auch überregional beliebt. Nepomuk-Figuren wurden an zahlreichen Brücken aufgestellt und stehen dort bis heute.

Die Aufklärung mit ihrem rationalistischen, naturwissenschaftlichen Denken lehnte den Heiligenkult ab und sah darin eine freiwillige Unmündigkeit des vernunftbegabten Menschen. Gleichzeitig gab es auf katholischer Seite Bestrebungen, den Heiligenkult zu beschränken und zu reformieren. Kaiser Joseph II. aus dem erzkatholischen Hause Habsburg ließ in zahlreichen Kirchen Heiligenaltäre beseitigen und reduzierte per Dekret die Zahl der gelesenen Messen, um den Blick wieder auf den Kern der christlichen Lehre zu lenken. In einigen süddeutschen – vor allem benediktinischen – Klöstern suchte man unterdessen die Zeichen der neuen Zeit mit den Ideen des christlichen Glaubens zu versöhnen. Technisch und naturwissenschaftlich begeisterte Patres waren selbst in Forschung und Lehre tätig, als Astronomen, Physiker, Chemiker, Mathematiker, in der Ballonfahrt und im Maschinenbau. Gott in den Naturgesetzen seiner Schöpfung mithilfe des von Gott geschenkten Verstandes zu erkennen erschien nicht als Widerspruch oder als Blasphemie, sondern geradezu als Gebot. Der Heiligenkult verlor unter diesen Bestrebungen nicht an Intensität, wurde aber von Entstellungen gereinigt.

Der Atem der Aufklärung hielt nicht lange an. Die Französische Revolution von 1789, das Jakobinerregime und die Kriegs- und Gewaltherrschaft Napoleon Bonapartes ließen viele Menschen moralisch erschüttert und verunsichert zurück. Sie suchten nach 1815 ihre Zuflucht in der Heimeligkeit des Biedermeiers und im Hochmut des Nationalismus. Auch der Glaube wurde davon infiziert. Es bildete sich eine kleinbürgerlich-klischeebeladene Frömmigkeit heraus, die wie ein Zuckerguss auch den Heiligenkult überzog. Andererseits wurde die Religiosität von Patriotismus und Nationalismus durchdrungen. Es bildete sich im späten 19. Jahrhundert ein Nationalkirchentum heraus, das auch den Heiligenkult erfasste: Kirchliche Persönlichkeiten des Mittelalters, die sich in der missionarischen und zivilisatorischen Urbarmachung eines Landes hervorgetan hatten, wurden nun zu sogenannten »Nationalheiligen« stilisiert. Ein Widerspruch war das Nationalkirchentum per se, galt und gilt die Kirche doch zu allen Zeiten als allumfassend und international, als »una sancta«, und der Heilige als übernationaler und transzendenter Mittler zwischen Gott und den Menschen.

Die Nationalkirchen wurden endgültig moralisch infrage gestellt, als im Ersten Weltkrieg auf allen Seiten Gott angerufen wurde, um »seinem« christlichen Volk den Sieg zu schenken. Auch der Heiligenkult musste angesichts dieser Erfahrungen kritisch hinterfragt und neu ausgerichtet werden.

Heilige als Fürsprecher

Weil nicht nur Personen oder Orte heilig sind (etwa die Wohn- und Sterbeorte eines Heiligen, sein Grab, aber auch seine Gebeine, die Reliquien, und Gegenstände aus seinem Besitz), sondern auch Zeiten heilig sein können, wird dem Heiligen ein Gedenktag im Kirchenkalender zugewiesen (meist sein Sterbetag). So wie das ganze Kirchenjahr unter Gottes Ägide steht (die Zeit selbst liegt in Gottes Hand), stehen einzelne Tage unter dem Namen eines Heiligen. An diesem Tag soll der Heilige besonders geehrt werden, an diesem Tag ist man sich seiner Hilfe und Fürbitte bei Gott – denn er ist Mittler – besonders sicher. Für die heiligen Orte, die heiligen Gegenstände und die Heiligentage gilt jedenfalls gleichermaßen: Die Heiligen sind an und in ihnen real präsent und lebendig, daher sind sie für Bitten der Gläubigen zugänglich. An die Heiligen werden keine Gebete gerichtet – entgegen der landläufigen irrigen Meinung –, sondern vielmehr Bitten. Sie sind »Intercessores«, »Dazwischentreter«, also Vermittler zwischen den Menschen und Gott. Die Bitten an sie sind Fürbitten, d. h. der Heilige bittet bei Gott für den Gläubigen, er spricht bei Gott vor, er hält »Fürsprache«.

Märtyrer

Das griechische Wort für »Zeuge« ist »Martys«. Zeuge ist in der ursprünglichen christlichen Terminologie jeder Bekenner Jesu Christi. Da aber Jesus Christus für die Menschen, die er erlöst hat, sein Leben hingegeben hat, wird auch die Zeugenschaft der ihm nachfolgenden christlichen Bekenner sehr bald auf die Hingabe des eigenen Lebens bezogen. Diese Begriffsverengung vollzog sich nicht zuletzt vor dem Hintergrund der zahlreichen Hinrichtungen von Christen im heidnischen Rom. Weil eine damals übliche Hinrichtungsart die Kreuzigung war, wurde sie unter Christen rasch als Nachfolge des Kreuzestodes Jesu Christi gesehen und symbolisch überhöht. Auch die römische Politik des »panem et circenses« – den Mob mit der Zuteilung von Brot und Spielen ruhig zu stellen, worunter man neben grausamen Gladiatorenkämpfen und gefährlichen Wagenrennen auch den kompensierten und sublimierten Blutrausch verstand, den man an wehrlosen Gefangenen vollzog, die in Arenen als lebende Fackeln verbrannt oder von wilden Tieren zerrissen wurden – festigte das Bild vom christlichen Märtyrer. Der Märtyrer war ungefähr seit der Mitte des 2. Jahrhunderts der für den Glauben gewaltsam gestorbene »Blutzeuge«. Diese Lebenshingabe wurde sehr bald überhöht und idealisiert, sie galt als die höchste Form der Christusnachfolge. Entsprechend musste, so der Volksglaube, der Märtyrer auch eine himmlische Belohnung erhalten. Der Märtyrer steht Christus besonders nahe, also muss man bei ihm einen besonders guten und zuverlässigen Fürsprecher finden. Zugleich weiß der Märtyrer aus eigener leidvoller Erfahrung um die menschlichen Nöte und Schmerzen. Der Märtyrer ist ein Heiliger, der gerade wegen seiner durchlittenen, schmerzhaften Fleischlichkeit den irdischen Belangen der Menschen nahesteht. Das ist das Fundament für jegliche Art von Märtyrerkult – bis heute.

Nicht nur die römische Spätantike mit ihrer Christenverfolgung kannte ihre Heiligen (etwa den römischen Offizier Sebastian, gestorben um 288; oder Katharina von Alexandria, gestorben um 313), auch die Zeit der frühmittelalterlichen

Missionierung in den Gebieten nördlich und östlich der einstigen Grenzen des Römischen Reichs hatte ihre gefeierten Märtyrer, die später zu »Nationalaposteln« aufstiegen: so Bonifatius (gestorben 754), der »Apostel der Deutschen«, oder Adalbert von Prag (gestorben 997), der Apostel der Ostmission, der gleichermaßen von Tschechen, Polen, Deutschen und Russen verehrt und für sich in Anspruch genommen wurde.

Auch spätere Jahrhunderte hatten ihre Märtyrerheiligen, vermehrt nach der Entdeckung und Eroberung überseeischer Länder und Kontinente, und auch hier meist in Verbindung mit der Missionierung der »heidnischen« Urbevölkerung (die sich freilich nur allzu oft von der aggressiven Kulturpolitik der christlichen Mission in ihrer eigenen Identität gefährdet sahen). Hier sind beispielhaft die »sechsundzwanzig Märtyrer von Nagasaki« zu nennen, Franziskanermönche, die 1597 auf dem japanischen Berg Tateyama gemeinsam gekreuzigt wurden.

Auch das Zeitalter der Reformation kannte katholische Märtyrer, die sich gegen die neuen Konfessionen und deren Instrumentalisierung durch weltliche Machtinstanzen wandten und für ihr Bekenntnis mit dem Leben bezahlen mussten: So die »englischen Märtyrer«, eine Gruppe englischer Jesuiten, die unter der Regierung von Elizabeth I. zum Tode verurteilt wurden; oder die »Kaschauer Märtyrer«, drei katholische Geistliche aus Kaschau, die 1619 im Dreißigjährigen Krieg von protestantischen Truppen gefangen genommen, gefoltert und ermordet wurden, weil sie sich geweigert hatten, ihrem katholischen Glauben abzuschwören.

Die katholische Kirche besitzt seit 1583 das *Martyrologium Romanum*, das Verzeichnis der Märtyrer – später aller Heiligen – mit kurzen Viten. Im 20. Jahrhundert wurde der Begriff des Märtyrertums von der katholischen Kirche geweitet. Vor allem in ideologisch und religiös-fundamentalistisch geprägten Machtsystemen kam es vermehrt zur Verfolgung und Ermordung von Christen – bis heute. Um speziell die Verbrechen an bekennenden deutschen Katholiken des 20. Jahrhunderts zu dokumentieren, wurden im Jahre 1999 von Helmut Moll im Auftrag der Deutschen Bischofskonferenz die beiden Bände *Zeugen für Christus. Das deutsche Martyrologium des 20. Jahrhunderts* herausgegeben. Sie versammeln rund siebenhundert Personen, die als Glaubenszeugen in den Tod gingen.

Wenngleich das Glaubensbekenntnis in jedem Fall Mut und Selbstüberwindung erfordert und qualitativ kein Unterschied zwischen den traurigen Schicksalen zu machen ist, so ist gerade im deutschen Sprachraum die Erinnerung an die Märtyrer der Zeit des Nationalsozialismus besonders lebendig, die Sensibilisierung gegenüber diesen Widerständlern besonders ausgeprägt. So verwundert es nicht, dass aus dieser Gruppe in den letzten Jahrzehnten einige Personen heilig- oder seliggesprochen wurden, bei anderen das Verfahren noch andauert.

Stigmatisierte und Dulder

Im Leben und Wirken der Heiligen spielte die Stigmatisation immer nur eine untergeordnete Rolle. Nie war eine Stigmatisation allein ausschlaggebend für eine Selig- oder Heiligsprechung. Die Kirche hielt sich zu allen Zeiten diesem Phänomen gegenüber bedeckt, hegte vielmehr Zweifel und Misstrauen.

Der Begriff leitet sich vom griechischen »Stigma«, »Stich« ab. Stigmatisation ist das Vorhandensein blutender Wunden an Körpern lebender Personen. Diese Wunden treten wie die Wundmale Jesu Christi, die er bei seiner Kreuzigung empfangen hat, an Händen, Füßen und an der Seite auf. In manchen Fällen wird auch ein Blutschwitzen im Gesicht und aus den Augenhöhlen beobachtet, das mit dem Angstschweiß Jesu in der Nacht vor seiner Verhaftung verglichen wird. Auch können Wunden am Kopf und am Oberkörper auftreten, die man mit der Dornenkrönung und der Geißelung Jesu Christi in Verbindung setzt.

Franz von Assisi war nach der Legende der erste Stigmatisierte. Er soll die Wundmale Christi am 17. September 1224 empfangen haben – ein durch die Jahrhunderte hinweg beliebtes Motiv in der Kunst.

Die Zahl der stigmatisierten Männer und Frauen vom 13. Jahrhundert bis in die Gegenwart wird auf etwa siebzig bis einhundert angegeben. Manche Kirchenhistoriker nennen auch über dreihundert. Die Zahlen schwanken, weil die zeitgenössischen Quellen bisweilen unklar und unzuverlässig sind. Auch kann nicht immer zuverlässig zwischen »echten« und »unechten«, d. h. betrügerischen Stigmatisationen unterschieden werden.

Damit ist an ein Grundproblem in der Bewertung des Phänomens gerührt. Bis heute haben weder Mediziner noch Theologen die Ursachen für die Stigmatisation hinreichend erklären können. Überwiegend geht man heute von einer natürlichen, psychogenen oder psychosomatischen Ursache aus. Autosuggestion oder Hysterie, verbunden mit tief erlebter und durchlittener Passionsfrömmigkeit, mögen zu einem Aufbrechen der Wunden führen. Auch gab es sicherlich Fälle von Manipulation (die selbst zugefügte Verletzung), doch scheinen diese die Ausnahme zu sein.

Besonders die »Fälle« der stigmatisierten Nonne Anna Katharina Emmerick (1774–1824), deren Leiden und Visionen der Dichter Clemens Brentano, der mehrere Jahre lang bei ihr lebte, genau beschrieben hat, und der Therese Neumann (1898–1962) aus Konnersreuth sorgten für breites Aufsehen und Interesse, nicht nur in Kreisen der Volksfrömmigkeit, sondern auch bei Medizinern und Theologen. Beide stigmatisierte Frauen wurden mehrfach untersucht und beobachtet. So erhoffte man sich Hinweise auf eventuelle Manipulationen an den Wundmalen oder auf eine heimliche Nahrungsaufnahme. Beide Frauen gaben zu Protokoll, seit etlichen Jahren außer der heiligen Kommunion nichts mehr zu sich genommen zu haben. Auch das ein Phänomen, das bisweilen – nicht immer – in Verbindung mit Stigmatisation auftritt.

Trotz dieser Versuche, dem Phänomen »auf den Leib« zu rücken, blieb und bleibt die Forschung eine hinreichende Erklärung schuldig. An der kritischen Haltung der Kirche gegenüber der Stigmatisation hat sich indes bis heute nichts geändert. Die Stigmatisation scheint eher als ein zur Kenntnis zu nehmendes Übel betrachtet zu werden, in keinem Fall jedoch als ein »Ausweis« für ein Leben in Heiligkeit. Auch bei Therese Neumann setzen die Postulatoren für das Seligsprechungsverfahren mehr auf deren wohltäterische und fromme Haltung als auf die Stigmatisation.

Wenn die Stigmatisation heute in der Heiligenverehrung noch irgendeine Rolle spielt, so allenfalls als Ausdruck des Erduldens von Leiden in der Nachfolge Jesu Christi. Tatsächlich finden sich gerade in der Volksfrömmigkeit – auch im 20. Jahrhundert – wiederholt Beispiele, dass Gläubige frommen und in ihr Schicksal ergebenen Duldern Verehrung entgegenbringen und sie als Heilige der Schmerzen betrachten – beiläufig ein interessantes Gegenphänomen zu einem Jugendkult unserer Tage, in dem nur das Gesunde und Schöne »markttauglich« erscheint.

Nach wie vor gilt in der Haltung der Kirche und der meisten Gläubigen gegenüber der Stigmatisation, was der französische Theologe René Biot bereits 1957 in seinem Buch *Das Rätsel der Stigmatisierten* formuliert hat:

»So möchten wir wiederholen, was wir bereits zum Ausdruck gebracht haben, nämlich, dass wir Zweifel an der hysterischen ›Natur‹ der stigmatischen Wunden hegen, selbst wenn der eine Träger oder die andere Trägerin dieser Wunden einen neuropathischen ›Untergrund‹ aufweist. … Wir glauben jedoch nicht, dass man in diesen Wunden ein unzweifelhaftes Kennzeichen übernatürlicher Kräfte sehen muss, selbst wenn die Person, bei der sie auftreten – und dies scheint bei einer erheblichen Zahl unbestreitbar – einen hohen Grad der Vereinigung mit Gott erreicht. Dagegen sind wir der Ansicht, dass diese Wunden dermaßen eigenartig sind, dass es angemessen erscheint, ihnen einen besonderen Platz in der Nomenklatur der beobachteten Erscheinungen zu belassen, und ihnen infolgedessen einen besonderen Namen zu geben. Wir halten also an dem Wort ›Stigmen‹ fest, jedoch unter der ausdrücklichen Bedingung, dass man ihm nicht zwangsläufig eine wunderbare Bedeutung beimisst.«

Das Kanonisationsverfahren

Der von der Glaubensgemeinde als heilig angesehene Verstorbene (tatsächlich kann – anders als noch im Frühchristentum – kein Lebender mehr den offiziellen

Ruf der Heiligkeit erlangen) muss sich postum einem Rechtsverfahren, einem Prozess unterziehen, bevor er in den »Kanon« der Heiligen und Seligen aufgenommen wird.

Die erste »amtliche« Heiligsprechung erfolgte unter Papst Johannes XV. im Jahre 993. Damals wurde der zwanzig Jahre zuvor verstorbene Bischof Ulrich von Augsburg kanonisiert, der sich vor allem bei der Verteidigung der Stadt gegen die einfallenden Ungarn im Jahr 955 (Schlacht auf dem Lechfeld) bewiesen hatte. Zwar wurden Ulrich auch etliche Wunder nachgesagt, doch war der politische Aspekt – die Stärkung der ottonischen Reichskirche – nicht zu übersehen.

Im hohen Mittelalter wurde der päpstliche Anspruch auf die Kanonisation ein ausgesprochen machtpolitisches Instrument. Immerhin konnten so auch weltliche Herrscher (und deren Familien) belobigend und beispielhaft hervorgehoben werden, auch in Abgrenzung zu gegenwärtigen Herrschern, die mit den jeweiligen Päpsten nicht selten in Fehde lagen. Jede Nation, jede Region, jedes Geschlecht strebte nach solch einem Herrscherheiligen aus den eigenen Reihen. Heilige wie Kaiser Karl (Carolus Magnus, König der Franken), König Ludwig IX. von Frankreich, Landgraf Ludwig IV. und Landgräfin Elisabeth von Thüringen, Königin Hedwig von Polen, der deutsche Kaiser Heinrich II., König Stephan I. von Ungarn oder Herzog Wenzel I. von Böhmen (um nur einige zu nennen) waren nicht nur für die Geistlichkeit eine Zier, sondern hoben auch den Rang des jeweiligen Fürstenhauses. Die römische Amtskirche bildete im späten 12. und frühen 13. Jahrhundert ein äußerst kompliziertes und oft langwieriges förmliches Kanonisationsverfahren heraus, das allein in ihren Händen liegt und das seit Jahrhunderten weitgehend unverändert funktioniert – allerdings wurde es 1969 durch Papst Paul VI. und 1983 durch Papst Johannes Paul II. vereinfacht. Dabei gilt immer noch das Gebot von Papst Innozenz III. (1198–1216): »Verdienste ohne Wunder oder Wunder ohne Verdienste sind unzureichend, um das Zeugnis der Heiligkeit auszusprechen, denn auch der Satan kann sich in einen Engel des Lichts verwandeln, und einige Menschen auch tun ihre Werke, um von den Menschen gesehen zu werden.«

Diese doppelte Beweiskraft – Wunder und Verdienst – wird bis heute bei jedem Verfahren von einem Kandidaten gefordert. Das Selig- wie auch das Heiligsprechungsverfahren gleicht einem Prozess (die »Causa«), bei dem die zur Verhandlung stehende Person quasi in den Stand eines Angeklagten gestellt wird. Da die Person selbst nicht mehr lebt, müssen die von einem »Postulator« (Bittsteller) und einem Verfahrensführer zusammengetragenen Dokumente, die zunächst auf Bistumsebene, bei positivem Bescheid (dem »Transumptum«) dann von der Kongregation für Selig- und Heiligsprechungen gesichtet und vorab bewertet werden (die

»Positio super vita et virtutibus«), für den Kandidaten sprechen. Auch werden Zeugen vernommen, die den Kandidaten noch persönlich kannten oder von einem Wunder zu berichten wissen. Dem gegenüber stand früher der Ankläger, der von der Kirche bestellte »Advocatus Diaboli«, der Anwalt des Teufels. Er versuchte den Gegenbeweis zu liefern, also anhand der Dokumente und Berichte nachzuweisen, dass der Kandidat eben kein Leben in Heiligkeit geführt hat, dass die Wunderberichte falsch oder unzureichend sind und die Vita mit ihren Verdiensten dunkle, sündhafte Stellen aufweist. In der heutigen Form des Verfahrens ist dieser »Advocatus Diaboli« freilich durch Sachverständige aus verschiedenen wissenschaftlichen Disziplinen und den »Promotor Iustitiae«, den Förderer der Gerechtigkeit, ersetzt. Wird die »Causa« positiv beschieden, entscheidet die Versammlung der Kardinäle und Bischöfe in der Kongregation für Selig- und Heiligsprechungen darüber, ob die Angelegenheit dem Papst empfohlen wird. Am Ende des Verfahrens, in letzter Instanz, entscheidet allein der Papst darüber, ob der Kandidat selig- oder heiliggesprochen wird oder nicht.

Eine Vorform zur Selig- oder Heiligsprechung ist die Anerkennung des »heroischen Tugendgrades«, der auch ohne Gebetserhörung oder Wunder verliehen werden kann. Frömmigkeit, duldendes Ertragen von Schmerzen um des Glaubens willen, auch der Märtyrertod, das bekenntnishafte Erleiden des Todes in der Nachfolge Christi, sind gemeinhin ausreichend, um den heroischen Tugendgrad verliehen zu bekommen.

Bereits zur Seligsprechung sind jedoch Gebetserhörungen vonnöten, die von der Fürsprache des Angerufenen zeugen. Zur Heiligsprechung wird normalerweise ein beglaubigtes Wunder gefordert, also ein Ereignis (oft eine Wunderheilung), das sich auf Fürsprache des Heiligen vollzog und mit rationalen, naturwissenschaftlichen Deutungen nicht zu erklären ist. Im Wunder offenbart sich nicht der Heilige, sondern Gott, der dadurch das heilige Tun und Wirken seines Dieners auf Erden nach dessen Tod bekräftigt und bestätigt. Eine Sonderform des Wunders ist bei der Elevation – der Erhebung des Leichnams – die wundersame Entdeckung, dass der Leib unverwest ist. Der Unterschied zwischen Selig- und Heiligsprechung liegt hauptsächlich in der kirchlich erlaubten Art der Verehrung. Der Heilige wird zur »Ehre der Altäre« erhoben, Reliquien seiner körperlichen Überreste dürfen in oder unter Altären eingemauert werden, sie werden Teil der Kirche, der architektonischen wie der geistigen. Entsprechend dürfen Kirchen auch auf den Namen eines Heiligen konsekriert werden, also den Heiligen als Schutzpatron haben. Hier wird erneut sichtbar, wie die Heiligen das Bindeglied zwischen Himmel und Erde, Jenseits und Diesseits, Gott und den Menschen darstellen. Selige hingegen sind nur die »sonstigen« Heiligen, Fürsprecher im Himmel ohne die »Ehre der Altäre«. In der Volksfrömmigkeit hingegen werden Selige seit jeher mindestens genauso verehrt wie Heilige, zumal man zu den Seligen – weit mehr an Zahl – oftmals eine ganz unmittelbare regionale Bindung hat: So wird der »eigene« Selige aus dem Heimatdorf lieber angerufen als ein bestimmter Bistums- oder Nationalheiliger, dem quasi der Einblick in die Gegebenheiten vor Ort fehlen muss.

Das Kanonisationsverfahren wurde gerade unter dem amtskirchlichen Eindruck entwickelt, dass die Volksfrömmigkeit das Wesen des Heiligengedankens eigenmächtig entstellen und allerlei Sektierertum, Häresie, Scharlatanerie um sich greifen könnte, mehr zum Schaden des Glaubens und der Kirche als zu deren Nutzen.

Die Anzahl der Heiliggesprochenen nahm im Laufe des Mittelalter zunächst ab. Erfahrungsgemäß endet nur etwa die Hälfte der Kanonisationsverfahren mit einem positiven Entscheid, der Heiligsprechung. Zwischen 1198 und 1304 wurden nur vierundzwanzig Personen heiliggesprochen, zwischen 1305 und 1378 nur noch sechs, zwischen 1379 und 1431 schließlich nur noch fünf. Gleichzeitig expandierte im Volksglauben die Zahl der als selig Verehrten, also auch derer, die nicht offiziell in einem Verfahren seliggesprochen wurden. Die Volksfrömmigkeit bewahrte sich hier eine Autonomie vor Ort, die auch von der Amtskirche kaum zu regulieren war. Zwischen 1215 und 1334 kamen rund fünfhundert Personen in den Ruf und die Verehrung der Seligkeit.

Mit Beginn der Neuzeit, der Reformation, der Aufklärung und des wachsenden Rationalismus auch in der katholischen Theologie sank die Zahl der Heiligsprechungen erneut. In den über drei Jahrhunderten zwischen 1588 und 1900 wurden nur noch gut dreißig Heiligsprechungen gezählt. Interessanterweise häufen sich Kanonisationen im 20. und 21. Jahrhundert – trotz der weiter um sich greifenden säkularen Strömungen: Von 1900 bis 1985 wurden siebenundsiebzig Personen heiliggesprochen. Papst Johannes Paul II. schließlich hat in seinen gut sechsundzwanzig Amtsjahren (1978–2005) immerhin 482 Heiligsprechungen und 1.338 Seligsprechungen vollzogen. Der jetzige Amtsträger Papst Benedikt XVI. hat indessen der zuständigen Kongregation für die Selig- und Heiligsprechungsprozesse einen kritischeren und verhalteneren Umgang mit neuen Heiligsprechungen nahegelegt. Das Heilige und seine Mittler sind den Menschen wichtig wie eh und je, doch scheint es, als sei auch hier die Grenze zur Inflation, also auch zur Entwertung des Heiligen, langsam erreicht.

Der Heilige in der Moderne

Der Heiligenkult wurde im 20. Jahrhundert in den Industriestaaten nur scheinbar zurückgedrängt, das Sinnlich-Emotionale, aber auch Transrationale daran schien dem modernen Menschen oftmals nicht mehr »zeitgemäß« zu sein – allein, der Drang nach »dem Heiligen« blieb unverändert, zumal die real existierenden Ideologien die religiösen, transzendenten Bedürfnisse des Menschen nicht befriedigen konnten. In der Theologie nach dem Zweiten Vatikanischen Konzil erscheinen die Heiligen in ihren zutiefst menschlichen Zweifeln und Glaubenskämpfen zunehmend als »moderne« Menschen, sie werden vermenschlicht, verlassen ihre überirdische Position und werden wieder zu Fürsprechern derer, die sie selber sind: der Menschen.

Das religiöse Interesse ist bis heute ungebrochen, ja es verstärkt sich in einer Zeit globaler Krisen und Unsicherheiten, die dem Menschen seine Grenzen aufzeigen, immer mehr. Ein aufgeklärter, kritischer Heiligenkult, ein Zwiegespräch mit Menschen, die bekennend und tätig im Sinne Jesu Christi wirkten, ist gerade in der heutigen, nachideologischen, postmodernen und globalisierten Zeit eine vielversprechende Möglichkeit religiöser Erfahrung. Der allgemeine und überkonfessionelle (sogar in Kreisen erklärter Atheisten virulente) Engelkult der letzten zwanzig Jahre verweist auf das Vakuum, das der Mensch in seinem religiösen Bedürfnis auszufüllen versucht. Vieles daran mag »Patchwork«-Religion sein. Nicht alles mag dem konfessionell gebundenen Christen gefallen. Doch ist es eben existenzieller Ausdruck der Suche nach Ansprache. Wo der Weg zu Gott einstweilen vielleicht zu weit erscheint, mögen die Heiligen – und besonders sie – auch heute wieder Dialogpartner, Mittler, Fürsprecher sein. Oder wie der Theologe Karl Rahner es formulierte: Die Anrufung der Heiligen sei »im Grunde nur der Mut der Liebe, du zu sagen über allen Tod hinaus, und der Glaube, dass keiner allein lebt, sondern jedes Leben in Christo für alle gültig ist vor Gott«.

So gesehen bietet »der« Heilige eine viel klarer umrissene »Person«, er ist »Persönlichkeit« gegenüber dem Numinosen eines Engels. Der Heilige ist selbst Spiegel des Gläubigen oder Gottsuchenden, er ist Angesicht zu Angesicht. Er hat aber nicht nur persönlichen, individuellen Charakter, sondern auch soziale Vorbildfunktion. Dies, ohne gleich »Projektionsfläche« zu werden. Denn die Historizität des Heiligen, vor allem des historisch greifbaren und nachvollziehbaren Heiligen der Moderne, weist ihn als klar umrissen aus. Manchmal auch als widerspenstig und eigenwillig, bisweilen als unbequem (auch gegenüber der Amtskirche!), jedenfalls als zutiefst menschlich, in seiner Größe und seinem Mut, aber gerade auch in seinen Zweifeln, Fehlern und seinem Versagen.

So können Heilige der Moderne uns Heutigen nicht nur religiöse Mittler und geistige Ansprechpartner sein, sondern auch soziale Friedensstifter und Träger kultureller Werte.

Soziales Engagement:
Missionare, Lehrer, Krankenpfleger, Ärzte, Stifter

Josepha (Hendrina) Stenmanns
* 1852 † 1903

*Mitbegründerin der
Steyler Missionsschwestern*

Zu Pfingsten 1879 fährt eine junge Frau namens Hendrina Stenmanns aus
ihrem niederrheinischen Heimatort Issum ins niederländische Steyl. Dort
hat der Priester Arnold Janssen die Kongregation der »Steyler Missionare«
gegründet. Hendrina Stenmanns' Wunsch ist es, Klosterfrau zu werden und in die
Mission zu gehen. Vier Jahre zuvor wollte sie bei den Franziskanerinnen in Kapellen eintreten, wo auch ihre Schwester Nonne war. Doch dann wurde infolge des
»Kulturkampfs« das Kloster aufgelöst.

Im Kulturkampf von 1871 bis 1887 versuchte die preußische, später die deutsche Regierung unter Reichskanzler Otto von Bismarck die gesellschaftliche Macht
der katholischen Kirche in Deutschland zu brechen. Die Zivilehe wurde als bin-
dend eingeführt, die Klostergenossenschaften in Preußen wurden aufgelöst (mit
Ausnahme der in der Krankenpflege tätigen), der Jesuitenorden musste seine Niederlassungen schließen, die staatlichen Zuschüsse an die Kirche wurden gesperrt,
die staatliche Aufsicht über Schulen und Kirchengemeinden wurde gestärkt. Erst
mit den »Friedensgesetzen« von 1886 und 1887 wurden einige der Verbote aufgehoben, die rechtliche Trennung von Kirche und Staat blieb jedoch bestehen.

Hendrina Stenmanns hat schon viel von den Steylern gehört. Aber noch steht
die Gemeinschaft nur Männern offen. In Steyl besucht die junge Frau einen ehemaligen Lehrling ihres Vaters. Sie nimmt aber auch am vierzigstündigen Gebet der
Steyler Missionare teil. Nach einiger Zeit kehrt sie nach Issum zurück. Doch Steyl
lässt sie im Herzen nicht mehr los. Jedes Jahr kehrt sie dorthin zurück …

Hendrina Stenmanns wird am 28. Mai 1852 in Issum geboren. Sie ist das älteste
von sieben Kindern. Hendrina besucht die Volksschule. Sie will wie ihre Schwester

Franziskanerin werden. Doch der Kulturkampf und der Tod der Mutter im Jahr 1878 vereiteln den Plan. Hendrina kümmert sich nun um den Vater und die Geschwister. Außerdem betätigt sie sich in Issum als Krankenschwester.

Als sie an Pfingsten 1883 wieder einmal in Steyl ist, erfährt sie, dass seit Neuestem drei Frauen hier leben. Hendrina Stenmanns fasst den Entschluss, der Gemeinschaft beizutreten. An Arnold Janssen schreibt sie: »Ich verlange nichts, als mit der Gnade Gottes die Geringste zu sein und mich für das Werk der Glaubensverbreitung zum Opfer zu bringen.« Im Februar 1884 schließt sie sich der Steyler Gemeinschaft an und arbeitet zusammen mit den anderen Frauen in der Küche und der Wäscherei. Sie nimmt den Namen Josepha an. Die Gemeinschaft formiert sich auch rechtlich: 1888 ernennt Janssen Hendrina Stenmanns zur Vorsteherin. Am 8. Dezember 1889 wird die »Missionskongregation der Dienerinnen des Heiligen Geistes« gegründet, die heute allgemein unter den Namen »Steyler Missionsschwestern« bekannt ist. Rasch wächst die Gemeinschaft. Zahlreiche Postulantinnen (Anwärterinnen) aus nah und fern treten ihr bei. 1893 erhalten die Schwestern eine vom Bischof anerkannte Lebensregel. Janssen fordert die Schwestern auf, sich entweder für die Klausur oder die Mission zu entscheiden. Josepha Stenmanns will weiterhin in die Mission. Dafür lernt sie auch Spanisch und Englisch. 1895 wird in Steyl ein Lehrerinnenseminar und ein Institut zur Ausbildung von Hebammen eröffnet. Die Frauen werden in Hauswirtschaft, Gartenbau, Krankenpflege, Musik und Sprachen unterrichtet. Erste Missionsschwestern werden nach Argentinien und Togo, später nach Chile, Neuguinea, in die Vereinigten Staaten und nach Brasilien entsandt.

Der Wunsch Josepha Stenmanns', selbst in die Mission zu gehen, erfüllt sich jedoch nicht. Janssen sieht sie lieber auf ihrem Posten als Vorsteherin in Steyl. Dennoch laden Missionsschwestern in Südamerika sie zu einem Besuch ein. Josepha Stenmanns leidet zu jener Zeit bereits an Asthma und kann nur brieflichen Kontakt zu ihnen halten. Im September 1901 feiert Josepha Stenmanns mit acht Mitschwestern die ewige Profess. Als sich ihre Krankheit verschlimmert, bittet sie ihren Bruder, für sie nach Kevelaer zu wallfahren: »Ich habe immer großes Vertrauen zur Muttergottes von Kevelaer gehabt ... das Gebet ist der beste Arzt.« Sie stirbt am 20. Mai 1903 und wird auf dem Steyler Klosterfriedhof beerdigt.

Im Jahre 1950 wurde das Seligsprechungsverfahren eingeleitet. Lange fehlte das geforderte Wunder: Zweiundachtzig Jahre nach ihrem Tod soll ein Patient, der nach einer Blinddarmoperation im Sterben lag, durch das Gebet einer Krankenschwester zu Josepha Stenmanns gerettet worden sein. Nach der Anerkennung des Wunders sprach Papst Benedikt XVI. die Mitbegründerin der Steyler Missionsschwestern am 29. Juni 2008 selig.

Maria Rosa (Margaretha) Flesch
*1826   †1906

Die segensvolle Arbeit des Mühlsteins

I m Marienhaus der Franziskanerinnen von Waldbreitbach bei Neuwied steht ein alter Mühlstein – Symbol für das Aufbrechen des Weizenkorns, um aus dem Mehl Brot backen zu können. Das gemahnt auch an das biblische Gleichnis vom Weizenkorn, das sterben muss, um Leben hervorzubringen.

Abseits dieser religiösen Symbolik hat der Mühlstein auch eine ganz persönliche, autobiografische Bedeutung im Leben und Wirken der Ordensgründerin Maria Rosa Flesch. Geboren wird Margaretha Flesch am 24. Februar 1826 in Schönstatt bei Vallendar am Rhein als Tochter eines armen Ölmüllers. Die Mutter stirbt, als Margaretha sechs Jahre alt ist. Sie muss sich um sechs jüngere Geschwister kümmern. Der Vater heiratet ein zweites Mal, doch das Verhältnis Margarethas zur Stiefmutter ist belastet.

Margaretha arbeitet früh im sozialen Bereich. Sie pflegt Alte und Kranke aus der Gemeinde, erteilt an umliegenden Schulen Handarbeits- und Hauswirtschaftsunterricht. Früh ist sie von der Spiritualität des heiligen Franziskus beeindruckt. 1853 tritt sie in eine Kongregation des Franziskanerordens ein. Zu jener Zeit hat sie bereits den entscheidenden Schritt ihres Lebens vollzogen: 1851 hat sie mit ihrer an Epilepsie leidenden Schwester Marianne eine aufgegebene Klause in der Kreuzkapelle bei Waldbreitbach bezogen. Es ist kein eremitisches Dasein, vielmehr baut Margaretha Flesch von hier aus ihr vielfältiges soziales Engagement aus.

Bald schon erhält Margaretha Flesch Zuzug von gleichgesinnten Frauen. 1861 beginnen sie mit dem Bau eines ersten Hauses auf dem Kapellenberg, im November desselben Jahres ist es bereits bezugsfertig.

Es ist kein üblicher Hausbau. Die Frauen schaffen ohne fremde Hilfe, auf bloßen Füßen, das Baumaterial auf den Berg. Es ist ein Kreuzweg, und die Stationen werden für die Frauen zum Symbol ihres irdischen Wirkens. Im März 1863 gründet Margaretha Flesch die Gemeinschaft der Waldbreitbacher Franziskanerinnen. Sie gibt der Kongregation eine Regel (die 1929 päpstlich bestätigt wird) und legt ein Gelübde ab. Von nun an nennt sie sich »Maria Rosa«. Die Gemeinschaft wächst schnell. Maria Rosa Flesch ist von 1863 bis 1878 Generaloberin. Ihr Wirken wird von Zeitgenossen als zielstrebig und beharrlich beschrieben. Die Gemeinschaft engagiert sich in der Alten- und Krankenpflege und im Schuldienst. Schwester Maria Rosas oberstes Gebot lautet: »Immer der Ärmste zuerst, immer der, der es am nötigsten hat.«

Ende der 1870er Jahre kommt es im schnell gewachsenen Orden zu Verwerfungen und Machtkämpfen. Maria Rosa Flesch wird nicht zur Oberin wiedergewählt und von einem übelwollenden geistlichen Rektor in eine abgeschiedene Filiale versetzt. Dort arbeitet sie im Garten und duldet klaglos das ihr angetane Unrecht. Viele der jüngeren Schwestern wissen nicht, wer sich hinter der unscheinbaren alten Gartennonne verbirgt.

Maria Rosa Flesch diktiert gegen Ende ihres Lebens ihre Erinnerungen, damit spätere Generationen wissen, »auf welches Fundament sie gebaut waren«. Das Aufgehen des Weizenkorns kann sie noch miterleben. Bei Maria Rosas Tod im Jahre 1906 umfasst die Gemeinschaft neunhundert Schwestern in fünfundsiebzig Filialen. Doch ganz so vergessen, wie sie selbst glaubte, war Maria Rosa Flesch nicht. Zu ihrem Begräbnis strömen Hunderte dankbarer Menschen aus den umliegenden Dörfern.

Einer von Maria Rosa Fleschs Leitsprüchen lautete: »Wo du nicht fortkommst, soll dir geholfen werden.« In diesem Vertrauen auf Gottes Vorsehung lebte und wirkte sie. Lange Jahre nach ihrem Tod entsann man sich ihrer wieder, auch in ihrem eigenen Orden. 1970 gab sich die Gemeinschaft eine neue Regel – auch im Geiste der Gründerin Maria Rosa. Heute unterhält die Kongregation rund neunzig Niederlassungen in Europa und Amerika. Die Genossenschaft wird heute als Marienhaus GmbH Waldbreitbach geführt. Als großes Unternehmen im Gesundheits- und Sozialbereich ist sie schwerpunktmäßig in der Diözese Trier tätig. Der Mühlstein von Maria Rosa Fleschs Vater hat gute Dienste geleistet.

Maria Rosa Flesch wurde am 4. Mai 2008 im Dom zu Trier seliggesprochen.

Agnes (Karoline) Ellenberger
*1838   †1906

Ordensoberin der Schwestern
vom Heiligen Geist

Am 14. April 1857 gründen in Koblenz vier junge Frauen, unterstützt von Pfarrer Philipp de Lorenzi, eine Gemeinschaft mit dem Ziel, sozial-karitativ tätig zu sein. Sie nennen sich »Schul- und Krankenschwestern vom Heiligen Geist«. Vom Trierer Bischof Wilhelm Arnoldi erhalten sie die kirchliche Zustimmung. Die idealistisch gesinnten Frauen bringen in das Werk ihr ganzes Vermögen ein und beziehen eine Etagenwohnung in der Koblenzer Mehlgasse. Doch die Gründung steht zunächst unter keinem guten Stern. Die erste Oberin Anna Maria Hoelscher stirbt bereits im Jahr darauf mit nur zweiundzwanzig Jahren an Tuberkulose. Auch zwei andere Schwestern sterben im Laufe der nächsten Jahre, die vierte Schwester verlässt die Gemeinschaft.

Aber es finden sich neue Postulantinnen und Novizinnen. Die Schwesternschaft wird zu einer prägenden sozialen Institution in Koblenz und nach und nach im ganzen Bistum Trier. 1863 tritt Karoline Ellenberger der Gemeinschaft bei und erhält den Namen Agnes. Unter ihrer Leitung als Novizenmeisterin und später Generaloberin wächst und gedeiht die Gemeinschaft.

Karoline Ellenberger wird am 16. März 1838 in Wetzlar geboren. Ihre Eltern sind evangelisch, doch konvertiert die junge Frau mit fünfundzwanzig Jahren zum katholischen Glauben und tritt den Koblenzer Schwestern vom Heiligen Geist bei, wo sie als Novizenmeisterin und in der Krankenpflege arbeitet. Ende der 1860er Jahre gründet die Gemeinschaft Niederlassungen im Saargebiet (in Dudweiler und Saarburg). Im Deutsch-Französischen Krieg von 1870/1871 arbeitet Agnes Ellenberger als Krankenschwester in einem Lazarett in Ars-sur-Moselle, wo sie sich mit Typhus infiziert. Jahrelang ist sie selbst krank und geschwächt.

Einen Rückschlag erfährt die Ordensarbeit im Kulturkampf: 1875 werden die Schwestern gezwungen, ihre Unterrichtstätigkeit einzustellen. Sie konzentrieren sich auf den sozialen und krankenpflegerischen Bereich – bis heute – und nennen sich nun »Schwestern vom Heiligen Geist«. 1888 beziehen sie das neu erbaute Mutterhaus Marienhof in Koblenz-Güls. 1891 wird Agnes Ellenberger Generaloberin des Ordens und bleibt das bis zu ihrem Rücktritt im Jahre 1903. Unter ihrer Leitung werden dreizehn Filialen im Bistum Trier gegründet. 1897 übernehmen die Schwestern die Satzungen der Barmherzigen Brüder von Maria Hilf (seit 1950 leben sie nach der Augustinerregel) und das dem Marienhof benachbarte Krankenhaus.

Agnes Ellenberger stirbt am 1. Juni 1906 in Güls. Ihre sterblichen Überreste werden 1938 in die Kapelle des Mutterhauses übertragen. Das Seligsprechungsverfahren ist eingeleitet.

Die Erfolgsgeschichte der Schwesternschaft geht weiter: Bis 1939 gab es insgesamt einundfünfzig Filialen. Seit den 1970er Jahren wurden mehrere Niederlassungen in Indien gegründet. Heute gehören der Gemeinschaft, die sich der Kranken-, Alten- und Behindertenpflege und der Kinder- und Jugendarbeit widmet, rund zweihundertvierzig Ordensfrauen an.

Josef Freinademetz
*1852   †1908

Missionar für China und »Fu Shenfu«

Seit einigen Jahren gerät das politische Engagement der europäischen Kolonialmächte in China wieder in das Gesichtsfeld des historischen Interesses. In den letzten Dezennien des 19. Jahrhunderts versuchten Großbritannien, Frankreich, Russland und Deutschland mit Handelsniederlassungen, verstärkt durch militärische Präsenz, sich den riesigen chinesischen Markt zu erschließen – notfalls mit Gewalt. Die deutschen Interessen konzentrierten sich auf den Handelsstützpunkt Tsingtao, von dem aus eine Bahnlinie ins Hinterland gebaut wurde, um den dortigen Absatzmarkt zu öffnen. Dieses Gebiet, die Halbinsel Shantung, war das Einsatzgebiet der unter deutschem Schutz stehenden Steyler Missionare. Christliche Mission und koloniale Ambition gingen häufig Hand in Hand und führten bereits im Jahre 1897 zur Ermordung der Steyler Patres Franz Nies und Ulrich Henle, was den Vorwand für eine deutsche Besetzung Tsingtaos im Jahre 1898 gab. Berüchtigter Höhepunkt dieser Spannungen war der im Jahre 1900 losgebrochene Aufstand der »Boxer«, eines chinesischen Geheimbunds, der sich gegen den europäischen Imperialismus wandte. Der Aufstand wurde wenig später von den Truppen der Kolonialmächte blutig niedergeschlagen.

Die damalige Rolle der kirchlichen Mission wird heute eher kritisch betrachtet. Gleichwohl gab es unter den damaligen Missionaren auch solche, die – innerhalb der geistigen Grenzen und des Weltverständnisses ihrer Zeit – sich von diesen imperialistischen Tendenzen abhoben und anstelle der Überlegenheitsideologie Humanität und christliches Mitempfinden lehrten und vorlebten.

Eine dieser positiv besetzten Persönlichkeiten der Steyler Mission in China ist

Josef Freinademetz. Fotografien stellen ihn in chinesischer Tracht und mit chinesischem Kinnbart dar – äußere Zeichen einer Assimilation des Missionars, der von sich selbst sagte, er wolle den Chinesen ein Chinese sein, und der in China den Namen »Fu Shenfu« annahm: »der Priester des Glücks«.

Josef Freinademetz wird am 15. April 1852 in dem Weiler Oies in der Gemeinde Abtei geboren. Der Ort liegt im ladinisch-deutsch geprägten Gadertal (heute Südtirol). Josefs Eltern sind arme, tieffromme Kleinbauern. Im Elternhaus wird ladinisch gesprochen, in der Volksschule kommt Deutsch hinzu. »Ujöp«, wie der Knabe ladinisch gerufen wird, fällt in der Schule durch seine guten Leistungen auf. Der Pfarrer der Gemeinde überredet den Vater, den Buben aufs Gymnasium und schließlich ins Priesterseminar in die Bischofsstadt Brixen zu schicken. Damals beinahe die einzige soziale Aufstiegsmöglichkeit für Kinder armer Eltern.

Mit Mühen bringen die Eltern das Geld auf. Seit 1868 besucht Josef Schulen in Brixen, zunächst nochmals die Grundschule, da der Ladiner nur unzureichend deutsch kann, dann das von Augustiner-Chorherren aus Kloster Neustift geleitete Brixener Gymnasium. Hier kommt Josef zum ersten Mal mit dem Missionsgedanken in Berührung – und fängt Feuer. Die Erzählungen von der Mission in Afrika und Asien, die sein Lehrer Johannes Chrysostomus Mitterrutzner wiedergibt, sind nicht ohne romantischen Abenteuergeist.

Mit großem Eifer besucht Freinademetz seit 1872 das Priesterseminar und wohnt kostenfrei im »Kassianeum«-Heim. 1875 wird er zum Priester geweiht, im Jahr darauf schließt er sein Theologiestudium ab und geht für zwei Jahre als Gemeindepfarrer nach St. Martin, unweit seines Heimatdorfes. Er ist bei der Pfarrgemeinde beliebt – doch der Missionsgedanke lässt ihn nicht los. 1878 liest er im *Brixener Kirchenblatt* einen Bericht über die Tätigkeit der neu gegründeten Steyler Missionare. Sofort schreibt Josef Freinademetz einen Brief an den Ordensgründer Arnold Janssen und bittet um Aufnahme in das Seminar. Janssen lernt den Tiroler wenige Monate später in Brixen kennen. Er bittet den Brixener Bischof Vinzenz Gasser, ihm den Gemeindepfarrer für die Mission zu überlassen. Der Bischof sagt schweren Herzens zu. Freinademetz tritt noch im August 1878 in das Seminar in Steyl in den Niederlanden ein. In seiner Abschiedspredigt in St. Martin hat er seine Beweggründe umrissen: »Aber schließlich ist der Mensch nicht da für diese Welt, er ist für etwas Größeres geschaffen: nicht um das Leben zu genießen, sondern um dort zu arbeiten, wohin immer der Herr ihn ruft.«

Solche Worte lassen aufhorchen und machen stutzig: Sie scheinen dem religiösen Eifertertum und der kulturellen Intoleranz zu entwachsen, wie sie damals auch unter Missionaren weit verbreitet waren. Nicht zuletzt Freinademetz' Kollege und baldiger Vorgesetzter in der Mission, Johann Baptist Anzer, hat sich gegenüber den

»Heiden« oftmals überheblich gezeigt und spielte später bei der Niederschlagung des Boxeraufstands eine unrühmliche Rolle.

Josef Freinademetz jedoch, der bezeichnenderweise mit Anzer immer wieder in Konflikt gerät, scheint nach den erhaltenen Quellen Demut und christliches Mitleid in den Mittelpunkt seiner Tätigkeit gestellt zu haben. Nicht immer gelingt ihm das auf Anhieb. Vielmehr sind seine von Zeitgenossen gerühmten Tugenden Vorurteilen und Unbeherrschtheiten abgetrotzt.

Am 20. April 1879 betritt Freinademetz chinesischen Boden. Er wird das Land, abgesehen von kleineren Reisen, nicht mehr verlassen. Nach einer kurzen Einarbeitungszeit wird er nach Shantung in die Mission geschickt. Von Anfang an bemüht er sich um Assimilation: Er trägt kurze weiße Hosen, weiße Strümpfe, Leinwand-Schuhe, ein blaues Überkleid und ein chinesisches Käppchen. Er erlernt die Sprache und den regionalen Dialekt und bereist unermüdlich, oft zu Fuß, die Dörfer des Missionsgebietes. Seine Briefe in die Heimat sind anfänglich nicht frei von europäischer Überheblichkeit und christlichem Eiferertum: »Und dieses ist es eben, was der junge Missionar am bittersten fühlt. Er ist mit einem Feuereifer aus Europa gekommen; er wünschte, dass vor lauter Taufen und Predigten am Abend der Arm ermüdet kraftlos niedersinke und dass jedes Jahr einige Pagoden vor seinen Augen in Trümmer gingen, um ebenso vielen Gotteshäusern Platz zu machen.« Doch bald überwindet Freinademetz diese Ansichten und Vorurteile. Bereits 1884 schreibt er nach Hause: »Im Übrigen: die Chinesen sind kluge Köpfe, vorzüglich begabt, selbst der einfache Bauer redet wie ein Doktor; sie beherrschen eine Menge von Umgangsformen. In vielen Dingen dieser Welt sind sie den Europäern überlegen. Das wissen sie auch selbst; daher das riesige Selbstbewusstsein und die Verachtung der Ausländer. Sie stehen wirklich an der Spitze der Nationen.«

Seit jenem Jahr hat Josef Freinademetz die Leitung der Steyler Mission in Süd-Shantung inne. Sein Vorgesetzter ist der zum Bischof geweihte Steyler Kollege Anzer, der sich später, mit Orden und Auszeichnungen des deutschen Kaisers behangen, stolz ablichten lässt. Freinademetz' Verhältnis zu Anzer ist angespannt. Auch die Missionsarbeit in Shantung wird von vielen Einheimischen skeptisch bis ablehnend bewertet. Die Region war die Wirkungsstätte von Konfuzius und Menzius. Die christlichen Missionare werden daher von vielen traditionsbewussten Chinesen als Eindringlinge in das innerste Chinesentum empfunden und als »fremde Teufelspriester« verunglimpft. Es kommt auch zu Tätlichkeiten: Am 23. Mai 1889 entgeht Freinademetz nur knapp dem Lynchmord. Er wird, als er einen Mandarin um die Freilassung eines zu Unrecht verurteilten Dorfvorstehers bittet, von aufgebrachten Chinesen verprügelt, mit Kot beschmiert und vors Stadttor geschleift.

Auch innerhalb der Mission gibt es reservierte Stimmen. Ein Mitbruder meint über die liberalen Ansichten von Freinademetz: »Den Mann kann man doch in keinen Beichtstuhl lassen, wenn er in solchen Tönen von den Heiden spricht.«

Der Erfolg gibt Josef Freinademetz recht. Zu Beginn seiner Tätigkeit zählte man gerade einmal hundertachtundfünfzig Christen in Shantung. Gegen Ende seines Lebens werden es fast fünfzigtausend sein. Freinademetz ist keiner der Missionare, die die »Heiden« nur schnell bereden, mit billigen Geschenken kaufen und sie rasch mit Weihwasser taufen. In seiner Mission geht jeder Taufe ein zweijähriger Unterricht voraus.

Die Vorurteile und Gerüchte gegenüber den weißen Missionaren bleiben dennoch lebendig. Ein chinesischer Beamter berichtet über seine Ängste, als er von Freinademetz zum Tee eingeladen wird: »Ich wagte aber nicht zu trinken, weil ich fürchtete, dem Tee sei ein Betäubungsmittel beigemischt.«

Als nach der Ermordung der Missionare Nies und Henle eine militärische Vergeltung durch die Deutschen droht, reist Freinademetz nach Peking, um mit dem deutschen Gesandten zu verhandeln. Er will eine »Sühnung« des Verbrechens an den Missionaren verhindern, weil dies nur weiter böses Blut stiftet. Doch Bischof Anzer setzt sich durch: Kirchenfeindliche chinesische Beamte werden versetzt, drei Sühnekirchen müssen von den Chinesen gebaut werden.

Während des Boxeraufstands stimmt Freinademetz nicht in das Kriegsgeschrei der anderen Europäer ein. Er schlägt sich in die Missionsstation Puoli durch, die er bedroht sieht. Insgeheim rechnet er mit dem Märtyrertod: »Doch ist es Gott, der uns die Kreuze schickt. Wir wollen sie darum ergeben, ja mit Freude und aus Liebe zu Christus tragen zur Sühne für unsere Sünden.«

Mitte August 1900 erobert ein internationales Expeditionskorps das von den »Boxern« besetzte Peking und übt grausame Rache. Bischof Anzer ist ganz auf der Seite der Imperialisten. Freinademetz wird von Arnold Janssen zum Ordensoberen von Süd-Shantung ernannt. Sein Verhältnis zu Anzer kühlt weiter ab. 1903 muss sich Anzer in Rom vor der Kongregation »De Propaganda Fide« wegen seiner Amtsführung verantworten. Er stirbt jedoch vor Abschluss der Untersuchung an einem Schlaganfall. Freinademetz soll als dessen Nachfolger Bischof werden, doch weist er den Vorschlag Arnold Janssens bescheiden zurück: »Sie meinen wohl, ich würde gar Bischof werden! Sie sind auf dem Holzweg. Auf einen Strohkopf passt und setzt man keine Mitra.«

Seit 1907 hält sich Freinademetz in der Missionsstation Taikia auf. In der Gegend grassiert eine Typhusepidemie. Freinademetz erkrankt. Auf dem Sterbebett nimmt er Abschied von Mitbrüdern und chinesischen Gemeindemitgliedern. Einem Missionar, der ihm versichert, in seinem Geiste weiterwirken zu wollen, entgegnet Freinademetz bescheiden: »Was, Sie wollen in meinem Geist weiterwirken? Ich habe längst nicht alles gut gemacht.«

Josef Freinademetz stirbt am 28. Januar 1908 in Taikia und wird auf dem dortigen Missionsfriedhof begraben. Bereits in einem Bericht des *Brixener Sonntagsblatts* vom 16. Februar 1908 ist von dem »heiligmäßigen« Missionar die Rede.

Die Volksverehrung setzte bald darauf ein. Sein Geburtshaus in Oies wurde zur Wallfahrtsstätte. Freinademetz wird in missionarischen, aber auch schulischen und beruflichen Angelegenheiten angerufen. Nach mehreren bekundeten und von Rom untersuchten Wunderheilungen wurde Josef Freinademetz 1975 seliggesprochen. Die Heiligsprechung erfolgte am 5. Oktober 2003 durch Papst Johannes Paul II. Neben dem Geburtshaus in Oies, das für den Pilgeransturm zu klein geworden war, errichtete man 1994 ein Pilgerzentrum, das neben einer Kapelle auch Seminarräume und Gästezimmer beherbergt.

Auch Josef Freinademetz blieb nicht vom »Kampf der Kulturen« verschont. Während der chinesischen Kulturrevolution (1966–1976) wurden die Gräber auf dem Missionsfriedhof in Taikia geschändet, die Särge aufgebrochen, die sterblichen Überreste öffentlich verbrannt.

Heute steht das historische Missionszentrum von Taikia unter Denkmalschutz, ebenso das Wohn- und Sterbehaus von Josef Freinademetz. Unweit der verwüsteten historischen Grabstätte hat der chinesische Staat eine symbolische Grabstätte errichten lassen und den beschädigten historischen Grabstein eingefügt. Eine versöhnliche Geste innerhalb eines kulturellen Kampfes, der oft von Missverständnissen und feindlichen Vorhaltungen geprägt war.

Franz (Wendelin) Pfanner
*1825   †1909

Gründer von Mariannhill

D er Trappistenpater Franz Pfanner war bereits zu Lebzeiten als unange-
passtes Original bekannt. Er war ein Mensch, der fromm war, ohne
frömmlerisch zu sein. Seine bäurische Abkunft hat er nie zu verbergen
versucht. Kraftvoll, bisweilen derb waren seine Aussprüche, humorvoll war sein
Wesen. Er war ein erdverbundener Mensch voller Tatendrang. Wenn ihm Regeln
absonderlich erschienen, verstieß er gegen sie – im Vertrauen auf die Richtigkeit
seines Tuns und seiner Mission.

Wendelin Pfanner kommt am 21. September 1825 in Langen-Hub bei Bregenz
als Sohn von Bergbauern zur Welt. Der »rote Wendel«, wie er wegen seiner Haare
genannt wird, ist ein kräftiger, aufgeweckter Bub, der keiner Rauferei aus dem Weg
geht und als jugendlicher Gymnasiast gerne Bergtouren unternimmt. Ansonsten
hilft er in den Schulferien auf dem Bauernhof und in der Sägemühle mit.

Durch Förderer ist es Wendelin möglich, das Gymnasium in Feldkirch und die
Studienseminare in Innsbruck, Padua und Brixen zu besuchen. Wendelin Pfanner
ist welthungrig. Einmal reist er – großteils zu Fuß – über Augsburg, Bamberg,
Frankfurt bis nach Köln, wo er den Dom bestaunt, an dessen Vollendung damals
gearbeitet wird.

1850 wird Pfanner zum Priester geweiht. Seine erste Stelle ist in Haselstauden
bei Dornbirn im heimischen Vorarlberg. Bei den Dörflern ist der Kaplan (den sie
zwei Jahre später, so ist es damals in Österreich üblich, zu ihrem Pfarrer wählen)
sehr beliebt, weil er auf die Leute zugeht, Verständnis für ihre Nöte hat und in seinen Predigten keine Strafgerichte hält, sondern in einfachen und verständlichen
Worten von den Glaubensgeheimnissen spricht.

1859 wird er vom Bischof abberufen: Pfanner soll Beichtvater bei den Nonnen in Agram (heute Zagreb) im zu Österreich-Ungarn gehörenden Kroatien werden. Pfanner gehorcht. In seinen Erinnerungen schreibt er unumwunden: »Er [der Bischof] wusste nämlich, dass ich ein derber Patron bin, und solche sind gut für Klosterfrauen.«

Die Aufgabe in Agram füllt Pfanner innerlich nicht aus. Er pilgert nach Rom, um sich über sich selbst klar zu werden. Dort verschafft er sich sogar Zugang zu einer Messe, die Papst Pius IX. in der Sixtinischen Kapelle feiert, indem er einen Schweizer Gardisten im alemannischen Dialekt anspricht: »Nu, a Landsma weret Ihr do ine lo?« Natürlich nutzt Pfanner auch die Gelegenheit für einen Abstecher nach Neapel und für die Ersteigung des Vesuvs – den Bergsteiger in sich kann er nicht verleugnen.

Das Reisen lässt ihn nicht los: In Wien schließt er sich einer Pilgergruppe an. Mit dem Schiff geht es von Triest aus nach Beirut und schließlich auf dem Pferderücken nach Jerusalem mit seinen heiligen Stätten. Von dort reist Pfanner noch nach Ägypten, wo er die Pyramiden von Gizeh bewundert. Die Cheopspyramide erklettert er sogar.

Als er nach Agram zu »seinen« Nonnen zurückkehrt, ist sich Pfanner im Klaren: Er will in einen Orden eintreten. Zunächst bei den Jesuiten. Dann aber lernt er Trappisten kennen, die ihm in ihrer einfachen Lebensweise imponieren: »Von den Jesuiten wollte ich jetzt nichts mehr wissen. Ich sagte mir: Lieber will ich zu Tode Bußübungen verrichten, als mich zu Tode studieren!« 1863 tritt er ins Kloster Mariawald in der Eifel ein und erhält den Namen Franz. Das einfache Leben nahe der Natur und die harte körperliche Arbeit gefallen ihm. 1864 legt er die ewigen Gelübde ab und wird kurz darauf Subprior des Klosters. Der Orden ist von der Tatkraft Pfanners überzeugt. Im Juli 1867 verlässt er Mariawald in Begleitung eines Mitbruders und bricht nach Österreich auf, mit der Weisung, dort ein Trappistenkloster zu gründen. Das mitgegebene Fahrgeld reicht nur bis Mannheim. Mit Spendengeldern können sie weiterreisen, kommen durch Österreich, auch durch Ungarn, und fragen bei Adligen und Gutsbesitzern an, ob sie geneigt seien, die Gründung eines Trappistenklosters zu unterstützen – doch ohne Erfolg. Der Bischof von St. Pölten gibt ihnen den Rat, nach Rom zu reisen und dort anzufragen. Pfanner fährt dorthin. Tatsächlich überträgt Papst Pius IX. den Trappisten die Wiederherstellung der ruinösen Klostergebäude von Tre Fontane bei Rom. Die Gegend ist sumpfig und malariaverseucht, Gebäude und Garten sind verwahrlost. Doch die Arbeit schreitet unter Pater Pfanners Leitung gut voran.

Da erreicht ihn erneut die Weisung, in Österreich-Ungarn ein Trappistenkloster zu gründen. Pfanner reist mit den Mitbrüdern nach Kroatien. Sie finden einen griechischen Händler, der in der Nähe von Banjaluka in Bosnien ein Landgut besitzt und es den Mönchen anbietet. Dort gründen sie 1869 das Kloster Mariastern. Doch die Gründung ist mit großen bürokratischen Schwierigkeiten verbunden: Bosnien gehört damals zum Osmanischen Reich, Christen dürfen nicht ohne weiteres Kirchen und Klöster bauen. Der Pascha von Banjaluka ist misstrauisch. Wieder vertraut Pfanner auf sein Charisma. Er fährt – als türkischer Beg verkleidet – kurzerhand nach Konstantinopel und verhandelt mit dem Großwesir persönlich. Der stellt ihm eine Erlaubnis zum Bau des Klosters aus. Die strengen Zollbestimmungen umgeht Pfanner durch Schmuggel: Werkzeuge – in Weinfässern verborgen –, sogar Kirchenglocken werden heimlich über die ungarisch-türkische Grenze geschafft. Langsam geht es mit Mariastern aufwärts, neue Trappistenbrüder ziehen ein. Pfanner wird Prior des Klosters. 1878 bricht der Krieg zwischen Österreich und dem Osmanischen Reich aus, in dessen Verlauf Mariastern zwischen die Kampflinien gerät. Plünderer sind unterwegs. Pfanner lässt das Kloster mit Barrikaden und Sandsäcken befestigen und die Fenster zumauern. Das Kloster kommt glimpflich davon.

In den nächsten Jahren wächst und gedeiht Mariastern und wird zur Abtei erhoben. An die achtzig Mönche leben inzwischen dort. Die Bosnier nennen Abt Pfanner nur den großen »Gospodin« (Herrn). Da erreicht ihn erneut eine Weisung durch die Ordensoberen: Pfanner soll nach Natal in Südafrika gehen und auch dort ein Trappistenkloster gründen. Er ist voller Tatendrang. Rückblickend bekennt er: »Ich war damals so feurig, dass ich, hätte ich die Welt zu erschaffen gehabt, sie wohl in einem Tag hätte erschaffen wollen, anstatt sieben Tage zu warten, und so wäre ich mit dem Herrgott selbst in Streit geraten.« Mit einer Schar von Mitbrüdern geht es nach England, von dort aus mit dem Überseeschiff nach Südafrika. In der Nähe von Durban gründen sie »Mariannhill«. Zunächst nur eine kleine Ansammlung von Wellblechhütten, wird es im Laufe der Jahre und Jahrzehnte zu einem großen Kloster, nach Pfanners Tod sogar zum Namensgeber einer neuen Kongregation, der »Missionare von Mariannhill«.

Pfanner und seine Mitbrüder sind Entbehrungen gewohnt. Doch die klimatischen, hygienischen und logistischen Umstände in Afrika verlangen ein Äußerstes an Kraft, Fingerspitzengefühl und Geduld. Pfanner bleibt hart, gegen sich und andere. Er ermahnt seine Mitbrüder, die bereits von einem Rückzug nach Europa reden: »Ich verbrenne mir meine Brücke dadurch, dass ich hier öffentlich erkläre: Ich werde nicht mehr zurückweichen!«

In einem Bericht beschreibt Pfanner die Arbeitsumstände der missionarisch und sozial tätigen Trappisten:

»Auf der äußersten Kante einer steilen Felswand ist ein Bruder mit den eingefangenen Bienen beschäftigt. In der Entfernung eines Steinwurfs richtet ein Frater seine Camera obscura auf den Marienkaktus, um ihn zu fotografieren. Diesem gegenüber steht ein rüstiger Bruder in einer nur halb ausgebauten Schmiede ohne Dach am Feuer, um eine Pflugschar zu schmieden, während hart daneben ein Bruder Riesendorne mit einem Pferd einherschleppt, damit sie ein Pater zur Hecke eines Ochsenstalles zusammenlege.«

Das damals Neue an Pfanners Missionsarbeit ist, die Ureinwohner nicht nur zu christianisieren, sondern auch ihre sozialen und zivilisatorischen Möglichkeiten zu verbessern: Schulunterricht, Unterweisungen in Landwirtschaft und Hygiene sind ebenso wichtig wie der eigentliche Religionsunterricht. Damit zeigt Franz Pfanner dem Missionsgedanken neue, moderne Wege, die weit ins 20. Jahrhundert vorausweisen.

In den folgenden Jahren gründen die Trappisten etliche Stationen und Filialen in Natal. Außerdem wird ein weiblicher Zweig der Mission ins Leben gerufen, die »Mariannhiller Missionsschwestern vom Kostbaren Blut«. Pfanner wird 1885 zum Abt von Mariannhill geweiht. Die Missionsschwestern ermahnt er: »Die Schwestern sollen freundlich, heiter, zuvorkommend und einnehmend in die Hütten der Einheimischen eintreten. Mit Finsterkeit, Schroffheit, traurigem und mürrischem Wesen richtet man beim Afrikaner nichts aus.«

Doch seine autoritäre und bisweilen dickschädelige Führung gefällt nicht allen. Man wirft ihm Verstöße gegen die Ordensregel vor. In Wahrheit handelt es sich um kleine Eigenmächtigkeiten, geschuldet den besonderen Umständen in der harten Missionstätigkeit. Aber Pfanner hat mächtige Gegner. 1892 wird er nach einer Visitation durch Abt Franziskus Strunk von Ölenberg/Elsass auf ein Jahr seines Amtes enthoben. Pfanner bittet im Jahr darauf freiwillig um seine »Resignation«. Er gründet seine letzte Station: »Emaus«, im Landesinneren, südwestlich von Mariannhill. Hier, in einer unscheinbaren Bretterhütte, verbringt der alte Mann, der mit seinem gewaltigen Bart einem Patriarchen des Alten Testaments auf einer russischen Ikone ähnelt, seine letzten Lebensjahre. Doch auch Emaus wächst und gedeiht. Angesichts seiner Gegner meint Pfanner gelassen: »Wenn uns jemand äußerlich zuwider ist, sollen wir es machen wie die Bienen. Diese saugen von den Giftpflanzen nicht das Gift, sondern den Honig.«

Kurz vor Franz Pfanners Tod, am 2. Februar 1909, kommt Papst Pius X. den Bestrebungen der Mariannhiller nach und trennt die Kongregation von den Trappisten. Mariannhill wird eigenständige Missionskongregation und baut seine Arbeit beständig und erfolgreich aus – bis heute.

Abt Franz Pfanner stirbt am 24. Mai 1909 in Emaus und wird auf dem Friedhof in Mariannhill beigesetzt. 1981 wurde das Seligsprechungsverfahren eingeleitet.

Arnold Janssen
*1837   †1909

Gründer der
Gesellschaft der Steyler Missionare

D ie katholische Kirche in Deutschland hatte nach der Reichsgründung von 1871 mit großen Schwierigkeiten zu kämpfen. Die Vorherrschaft Preußens begünstigte den Protestantismus als Staatskonfession. Die katholische Kirche hingegen wurde nicht zuletzt wegen ihrer übernationalen, ultramontanen, romtreuen Haltung skeptisch beäugt, im sogenannten Kulturkampf von staatlicher Seite sogar behindert und unterdrückt.

Druck erzeugt Gegendruck, Aktion Reaktion. Als Folge staatlicher Hemmnis gründeten sich in den traditionell katholischen Regionen Deutschlands eine Vielzahl von Gebetsgemeinschaften, Laienbruderschaften, Orden. Ihre Ansichten und Lehren verbreiteten sie in Zeitungen und Zeitschriften, die vornehmlich zur »inneren Mission« aufriefen. In diesem Sinne erschien seit 1874 die Monatszeitschrift *Kleiner Herz-Jesu-Bote* eines damals in Kempen bei Krefeld tätigen, erst siebenunddreißigjährigen Weltgeistlichen. Sein Name: Arnold Janssen. Doch sehr bald verschob sich der Schwerpunkt von der inneren auf die äußere Mission. Arnold Janssens Berufung zur »Heidenmission« – so der damalige Begriff – stand ganz im Zeichen der Zeit und wurde zehn Jahre später durch den Aufstieg Deutschlands zur Kolonialmacht befördert. Die Mission geriet in nationales Fahrwasser und blieb wie auch die imperialistische Weltmachtpolitik nicht frei von Irrtümern, Verfehlungen und Schuld. Trotz dieser historischen Irrtümer darf die Leistung der Männer und Frauen in der Mission nicht kleingeredet, ihre gute Absicht nicht geleugnet werden. Auch sie waren Kinder ihrer Zeit. Der historische Abstand tilgt Verfehlungen nicht, aber er sollte sie aus ihrer Zeit heraus nachvollziehbar machen.

Der *Kleine Herz-Jesu-Bote* war mit seinen in der Anfangszeit nur fünftausend

Exemplaren Auflage lediglich der Beginn einer großen Bewegung, in deren Mittelpunkt Arnold Janssen stand: die weltweite Mission durch die Steyler Missionare. Heute sind rund zehntausend Steyler Missionare und Missionsschwestern aus fünfundsechzig Ländern global tätig: in der Mission, im Schulunterricht und der beruflichen Ausbildung und in Entwicklungsprojekten. In Deutschland gibt es zehn Niederlassungen des Ordens. Eine weltumfassende Tätigkeit, die Janssen wohl in seinen kühnsten Träumen nicht vorausgesehen hätte.

Arnold Janssen kommt am 5. November 1837 im Städtchen Goch nahe der niederländischen Grenze zur Welt. Seine Eltern sind Bauern und Fuhrleute. Arnold besucht die Rektoratsschule in Goch, 1855 macht er in Münster das Abitur. Dort beginnt er auch ein Studium der Mathematik und Naturwissenschaften. 1857 wechselt er nach Bonn und tritt der Marianischen Kongregation bei. Immer noch studiert er auf Lehramt, legt 1859 die Examina ab und kehrt nach Münster zurück. Neben dem Mathematikexamen legt er die Prüfungen für die Lehrbefugnis in den Fächern Englisch, Hebräisch, katholische Religion, klassische Sprachen, Alte Geschichte und Chemie ab. Ein umfassend gebildeter Mann, der – so scheint es – seine Karriere im Schuldienst machen wird.

Doch mehr und mehr fühlt er sich zum Priestertum berufen. Zusätzlich studiert er Theologie. Im August 1861 wird er zum Priester geweiht. In den nächsten zwölf Jahren ist Janssen als Lehrer und Konrektor an der höheren Bürgerschule in Bocholt tätig. Diese Zeit prägt ihn, nicht nur fachlich, sondern auch im Umgang mit Menschen.

Wegen eines Konflikts mit dem Schulkuratorium wendet sich Arnold Janssen schließlich ganz dem Priesterberuf zu. Unterdessen ist der Druck des Staates gegen die katholische Kirche gewachsen: Marianische Kongregationen und ähnliche religiöse Gemeinschaften an höheren Unterrichtsanstalten wurden verboten.

Janssen will wirken und die Mission vorantreiben, zunächst im vom Kulturkampf geschüttelten Deutschland. Doch schon seit einigen Jahren steht er in Kontakt mit der äußeren Mission. Im Wettrennen der europäischen Mächte um die letzten »herrenlosen« Gebiete in Afrika, Südostasien und der Südsee blüht der Missionsgedanke auf.

Bereits im Jahr des erstmaligen Erscheinens des *Kleinen Herz-Jesu-Boten* entschließt sich Janssen, ein Missionshaus mit dem Ziel der Heranbildung katholischer Missionare zu gründen. Seine Wahl fällt auf die nahen Niederlande mit ihrer toleranten Gesetzgebung. Ein holländischer Priester macht Janssen auf den grenznahen Ort Steyl bei Venlo aufmerksam, wo Land günstig zu kaufen ist. Mit Erlaubnis des Münsteraner Bischofs kann Janssen das Projekt in Gang setzen, das zu seinem Lebenswerk werden wird.

Mithilfe von Spenden und Stiftungen und mit gehöriger medialer Unterstützung durch die katholische Presse wird Steyl bald überregional bekannt. Janssen unternimmt Vortragsreisen durch Deutschland, Österreich und Böhmen. Mehr als dreißig Bischöfe stellen Empfehlungen für Steyl aus. Die katholische Erneuerungsbewegung in Deutschland und der kolonial unterlegte Missionsgedanke geben dem Steyler Unternehmen Auftrieb, Zulauf und Geld.

Arnold Janssen wird Rektor des Instituts St. Michael in Steyl. Die »Gesellschaft des Göttlichen Wortes« wird gestiftet. Eine Regel nach dominikanischem Vorbild wird für Steyl eingeführt. Eine Lateinschule wird gegründet, eine Missionsdruckerei eingerichtet. Das Zeitschriftenwesen ist – bis heute – für die Steyler Missionare von großer Bedeutung, finanziell und als Podium vor der interessierten Öffentlichkeit. Fördervereine werden aufgebaut. Die ersten jungen Männer kommen nach Steyl, Priester und solche, die es werden wollen, alle mit dem Ziel, nach ihrer Ausbildung in die Mission zu gehen. 1879 werden mit päpstlicher Genehmigung die ersten Steyler Missionare nach China entsandt, zu ihnen gehört auch der junge Josef Freinademetz.

Die Geschichte der »Gesellschaft des Göttlichen Wortes« ist eine beispiellose Erfolgsstory. Bereits in den 1880er Jahren werden Kollegien und Schulen in Rom und bei Wien gegründet, auch ein Institut für Missionsschwestern wird aufgebaut. Novizenhäuser werden in den nächsten Jahren außerdem in Deutschland (Heiligkreuz in Schlesien und St. Wendel im Saarland), Argentinien und den Vereinigten Staaten gegründet. Die Mission in China, Ecuador, Chile, Togo und Neuguinea wird vorangetrieben. Neben die übliche »Heidenmission« (so der damalige Begriff) tritt mit Schulgründungen in traditionell christlich geprägten Regionen auch die »innere« Mission mit pädagogischer Ausrichtung.

Arnold Janssen, Generaloberer auf Lebenszeit, erlebt noch die offizielle Anerkennung seiner Missionsgesellschaft als »Gesellschaft des Göttlichen Wortes« (»Societas Verbi Divini«, SVD) durch den Vatikan: 1901 erhält der Orden die päpstliche Genehmigung. Ein Jahr nach Janssens Tod erfolgt die endgültige Approbation durch den Papst.

In seinen letzten Lebensjahren treibt Janssen unermüdlich sein Lebenswerk voran: Missionsstationen in Bischofshofen im Salzburger Land, in Japan, auf den Philippinen, in Brasilien und andernorts werden ins Leben gerufen. Aus der einstigen deutsch-niederländischen Gesellschaft wird ein international tätiger Orden.

Die vielfältige Tätigkeit und hohe Belastung durch Reisen in Europa und Übersee fordern ihren Tribut: Ende Oktober 1908 erleidet Arnold Janssen einen Schlaganfall. Er ist halbseitig gelähmt. »Ich bin verschlissen. Es wird Abend«, sagt Janssen zu seinen Mitbrüdern. Die Leitung am Großunternehmen der Steyler Missionare wird dem Generalassistenten übertragen. Mitte Dezember bessert sich Janssens Gesundheitszustand, er kann sogar die Messe wieder zelebrieren. Wenig später erfolgt ein Rückfall. Er stirbt am 15. Januar 1909 in Steyl und wird auf dem Fried-hof des Missionshauses beerdigt. Bischof Hubertus Drehmanns von Roermond hält das Requiem. In einer Ansprache später bei Tisch sagt er: »Wir haben einen Gerechten zu Grabe getragen. Möge der gute Geist, den der hochwürdige Stifter der Gesellschaft eingehaucht und eingepflanzt hat, der Geist des Glaubens und des Gebetes und der Opferwilligkeit, immer in ihr lebendig bleiben! Dann wird sein Werk unsterblich sein.«

Dieser fromme Wunsch hat sich bis heute bewahrheitet. Arnold Janssens Lebenswerk ist weiter gewachsen und lebendig geblieben. Bereits kurz nach seinem Tode wurden Stimmen laut, die von einem Leben in Heiligkeit sprachen. Arnold Janssen wurde 1975 seliggesprochen, 2003 erfolgte die Heiligsprechung.

Blandina (Maria Magdalena) Merten
*1883   †1918

Lehrerin und Ursuline

Schwester Blandina ist bis heute vor allem im Bistum Trier vielen Menschen ein Vorbild. Ein Vorbild wofür? Betrachtet man das kurze Leben der Lehrerin und Ursuline, so fällt auf, dass es an äußeren Ereignissen eher arm war. Auch hat sie – ohne ihre Leistung als Lehrerin schmälern zu wollen – nichts »Besonderes«, »Außergewöhnliches« vollbracht. Dennoch hat nach ihrem Tod der Trierer Bischof Hermann Josef Spital sie »liebenswerte Lehr-Meisterin in Glaube, Hoffnung und Liebe« genannt. Es waren ihr Charisma, ihre Güte, ihre Freundlichkeit, die auf Zeitgenossen ausstrahlten und sie bereits zu Lebzeiten vielen Menschen als Heilige erscheinen ließen.

Maria Magdalana Merten kommt am 10. Juli 1883 im saarländischen Düppenweiler zur Welt. Die Eltern sind Bauersleute, Maria Magdalena ist das neunte Kind. Nach der Volksschule besucht sie von 1899 bis 1902 das Lehrerinnenseminar Marienau bei Vallendar, das sie erfolgreich abschließt. Es folgen Schulstellen in Oberthal/Saar, Morscheid im Hunsrück und Großrosseln/Saar. Sie begegnet der damaligen Generaloberin der Ursulinen vom Kalvarienberg in Ahrweiler und ist von dem Orden angetan. Im April 1908 tritt Maria Magdalena Merten in den Orden ein und erhält den Namen Blandina. Vom Volk wird sie jedoch bis heute meist Blandine genannt.

Nach dem Noviziat und dem Ablegen der zeitlichen Gelübde ist Blandina Merten erneut als Lehrerin und Betreuerin in Saarbrücken und Trier tätig. Bei Schülern und Eltern ist sie beliebt, man schätzt ihre Güte und Herzenswärme, aber auch ihre tiefe Frömmigkeit und Gottergebenheit. Im November 1913 legt sie die ewige Profess ab.

Ihren geliebten Lehrberuf muss Schwester Blandina im Herbst 1916 aufgeben, weil sie unheilbar an Tuberkulose erkrankt ist. Ihre Leidenszeit trägt sie mit Geduld. Sie stirbt am 18. Mai 1918 in Trier.

Bald nach ihrem Tod häuften sich Nachrichten von Gebetserhörungen auf Fürsprache der verstorbenen Schwester Blandina – angeblich sollen es Zehntausende sein. Aber erst im Jahre 1954 wurde das Seligsprechungsverfahren eingeleitet. 1986 wurde vom Vatikan eine Wunderheilung anerkannt: Im Jahr zuvor war die an Krebs leidende Missionsschwester Irimberta Puntigam auf Fürsprache von Blandina Merten geheilt worden. Papst Johannes Paul II. sprach Schwester Blandina Merten im Jahre 1987 selig. Ihre sterblichen Überreste wurden 1990 in die eigens errichtete Blandinenkapelle auf dem Trierer Friedhof St. Paulinus übertragen.

Das Mutterhaus der Ursulinen vom Kalvarienberg in Ahrweiler gibt heute den *Blandinen-Rundbrief* in einer Auflage von vierzigtausend Exemplaren heraus. Dort ist auch das Blandinen-Archiv beherbergt. Jährlich werden Tausende von Briefen von Gläubigen zur Kenntnis genommen und beantwortet, die auf die Fürsprache Schwester Blandinas hoffen oder diese erfahren haben. Im Gedächtnis der Menschen bleibt die gütige Ursuline lebendig.

Maria Theresia
Gräfin Ledóchowska
*1863 †1922

Kämpferin gegen die Sklaverei

Der Kampf gegen die Sklaverei ist im 19. Jahrhundert vor allem mit zwei Namen verbunden: Harriet Beecher Stowe und Maria Theresia Gräfin Ledóchowska. Beide waren Schriftstellerinnen und stellten ihre Literatur in den Dienst ihrer Mission. Stowe mit dem Roman *Onkels Toms Hütte* (1851), der zwar literarisch nicht hoch anzusetzen ist, wohl aber entscheidenden Einfluss auf den Wechsel in der Bevölkerungsmeinung zur Sklavenhaltung in den Vereinigten Staaten von Amerika hatte, eine Kontroverse, die mit dem Sieg der Nordstaaten über die Südstaaten im amerikanischen Bürgerkrieg auch politisch entschieden wurde. Und andererseits Maria Theresia Ledóchowska, die unter dem Pseudonym Alexander Halka im Jahre 1889 ein »Volksdrama« mit dem Titel *Zaida, das Neger-mädchen* vorlegte und die Tantiemen für ihre Aufklärungsarbeit gegen die Verskla-vung afrikanischer Ureinwohner durch die Araber spendete. Die Gräfin widmete diesem Kampf ihr ganzes Leben. »Mutter Afrikas« nannte man sie anerkennend. Für ihren humanistischen, karitativen und mäzenatischen Einsatz wurde sie im Jahre 1975 seliggesprochen.

Maria Theresia – eine Schwester der 2003 heiliggesprochenen Ordensgründerin Ursula Julia Maria Ledóchowska – entstammte einem urkatholischen polnischen Adelshaus. Am 29. April 1863 wird sie als Tochter des Grafen Anton Ledóchowski und seiner Schweizer Frau, Gräfin Josephine Salis-Zizers, in Loosdorf in Nieder-österreich geboren.

Mehrere Familienmitglieder hatten wichtige kirchliche Positionen inne: So war der Onkel Mieczyslaw Ledóchowski (1822–1902) Kardinal und Präfekt der römi-schen Kongregation für die Glaubensverbreitung (der heutigen Kongregation für die Evangelisierung der Völker). Und Maria Theresias Bruder Wladimir (1866–1942) war General des Jesuitenordens.

Wie viele ihrer Zeitgenossen ist Maria Theresia Ledóchowska vom Missionsgedanken fasziniert. Und sie erfährt von der brutalen Versklavung schwarzer Volksstämme durch die Araber in Nord- und Ostafrika. Dagegen schreibt sie an: Mit ihrem Stück *Zaida*, aber auch mit Aufrufen und Abhandlungen wie *Was geht das uns an? Gedanken und Erwägungen über das Werk der Antisclaverei und die katholische Missionsthätigkeit in Afrika* (1892). Sie selbst geht nicht in die Mission, begreift aber sehr wohl, dass diese der »propagandistischen« Unterstützung bedarf. Also erwirbt die Gräfin in Salzburg eine Druckerei, in der religiöse Schriften und Schulbücher in zahlreichen afrikanischen Sprachen gedruckt und von dort an die in der Mission tätigen Orden und Gemeinschaften gesandt werden. Außerdem sammelt die Gräfin, die über gute Kontakte zu wichtigen Personen des öffentlichen Lebens verfügt, mit Aufrufen und Aktionen Spendengelder für Afrika. Zudem gründet sie 1894 die »St.-Petrus-Claver-Sodalität«. Diese Gemeinschaft geht selbst nicht in die Mission, setzt sich aber mit Spendensammlungen dafür ein. Benannt ist sie nach dem heiligen Petrus Claver, einem Jesuiten des 17. Jahrhunderts, der in der Mission von Sklaven in Kolumbien tätig war. Gräfin Maria Theresia Ledóchowska leitet die Sodalität zunächst von Kloster Maria Sorg bei Salzburg, später von Rom aus. Zudem reist sie zu Vorträgen ihres »neuen Kreuzzugs«, wie sie es formuliert, durch ganz Europa. Sie sammelt nicht nur Geld, sondern sucht auch junge Frauen für die Mission in Afrika zu gewinnen. Aus den Objektsammlungen der Sodalität gehen später die ethnologischen Museen in Salzburg und Wien hervor. Maria Theresia Ledóchowska stirbt am 6. Juli 1922 in Rom.

Ihr Anliegen bleibt aktuell: Nach einer Untersuchung der University of California lebten 1999 weltweit ca. 27 Millionen Menschen in Sklaverei oder sklavereiähnlichen Zuständen.

Maria Bernarda (Verena) Bütler

* 1848   † 1924

Missionsschwester in Südamerika

Anfang des 20. Jahrhunderts schreibt die Oberin eines Franziskanerinnenklosters in Kolumbien über ihren Orden: »Wir sind klein an Zahl, still und gering im Wirken; doch sind wir zufrieden und glücklich in unserer Kleinheit.«

Diese Worte spiegeln das Wesen der Oberin wider. Bis ins Alter, als sie bereits auf ein erfolgreiches Lebenswerk herabschauen konnte und von ihren Klosterfrauen wie ein Idol verehrt wurde, blieb Maria Bernarda Bütler nach Zeugnissen von Weggenossen eine demütige und bescheidene Frau. Sie war tatkräftig im Dienste ihres Ordens und des Missionswerks, liebte aber das häufige und lange Gebet, die Einkehr, das prüfende Gespräch mit Jesus Christus. Jahrzehntelang bewohnte sie in ihrem Kloster eine kleine Kammer, deren Einrichtung nur aus einer einfachen Bettstatt, einem Hocker und einem kleinen Tisch bestand. Sie pflegte die Armut und liebte das scheinbar Kleine. Ein andermal schrieb sie an ihre Schwestern:»Solange Ihr die Armut übt, so lange werdet Ihr den Segen Gottes auf allen Euren Unternehmungen erfahren.«

Verena Bütler wird am 28. Mai 1848 im schweizerischen Auw im Aargau als Kind einfacher Bauersleute geboren. Gemeinsam mit sieben Geschwistern wächst sie auf. Bereits das Mädchen wird als tiefgläubig beschrieben. Im Jahre 1867 tritt Verena Bütler als Novizin in das Kloster der Kapuzinerinnen von Maria Hilf in Altstätten in der Schweiz ein. Sie erhält den Ordensnamen Maria Bernarda vom Heiligsten Herzen Mariens und legt im Oktober 1869 die Gelübde ab.

Sie ist fleißig und zuverlässig und wird von den Schwestern sehr geschätzt. Bald wird sie Novizenmeisterin und im Jahre 1880 – mit nur zweiunddreißig Jahren –

zur Oberin gewählt. In den folgenden Jahren führt sie Reformen durch und diszipliniert das Klosterleben nach der Regel und dem Geist des heiligen Franziskus.

Im Jahre 1887 kommt der Kapuzinerpater Bonaventura Frey zu Besuch und berichtet von der missionarischen Arbeit in Nordamerika. Maria Bernarda Bütler ist von der Idee der Mission begeistert. Im Jahr darauf verlässt sie gemeinsam mit sechs Schwestern die Schweizer Heimat und fährt nach Ecuador, um hier in der Diözese des Missionsbischofs Peter Schumacher zu wirken. Den Schwestern wird ein ärmliches Haus in dem Städtchen Chone zugewiesen. Hier errichten und leiten die Schwestern eine Schule, von hier aus gründen sie weitere Filialen in Ecuador.

Nach einem Putsch werden Bischof Schumacher und die Schwestern vertrieben. Sie fliehen nach Kolumbien, in die Hafenstadt Cartagena. Dort errichten sie erneut einen Konvent. Die Nonnen sind in einem Frauenspital tätig. Sie gründen und leiten Schulen, auch für Mädchen. Außerdem sind sie im Familienapostolat und in der Katechese tätig.

Auf Betreiben von Maria Bernarda Bütler wird die Kongregation der Franziskaner-Missionsschwestern von Maria Hilf gegründet, deren Oberin sie bis 1920 bleibt. Mehrere Filialen werden in Brasilien ins Leben gerufen. Mit diesen bleibt Maria Bütler in einem regen Briefwechsel beratend verbunden.

Um den Zustrom von Postulantinnen zu fördern, wird 1908 das Haus St. Josef für Ordensanwärterinnen in Gaißau in Vorarlberg gegründet. Heute zählt der Orden rund achthundertvierzig Nonnen und wirkt in der Schweiz, in Österreich und in Ländern Südamerikas und Afrikas.

Die vielfältige Tätigkeit, die Verantwortung für den Orden und das tropische Klima zehren an der Gesundheit Maria Bernarda Bütlers. Lange Jahre kränkelt sie. Ein Hang zur Selbstaufopferung ist ihr nicht fremd. Tagelang ist sie nach Zeugenaussagen kniend im Gebet versunken, hinterher, so ihre engste Mitarbeiterin Schwester Maria Rosa Holenstein, habe man »Blutspuren an der Wand« gesehen, die wohl von ihren »Disciplinen« herrührten. Eine Selbstgeißelungspraxis, die uns Heutige sehr befremdet.

1920 wird die inzwischen Zweiundsiebzigjährige auf ihre Bitte hin nicht mehr in ihr Amt gewählt. Die letzten Lebensjahre verbringt sie als einfache Ordensfrau im Kloster Cartagena. In einem Brief mit testamentarischem Charakter drängt sie einen befreundeten Geistlichen: »Sie werden meine Bitte vor meinem Hinscheiden erfüllen, indem Sie mit aller Kraft darauf einwirken, dass die Genossenschaft bleibe: einfach und bescheiden, doch voll Opferwilligkeit im Wirken. Die hl. Armut muss deren Schatz bleiben; die wahre Demut und die Liebe soll stets die Herzen aller vereinen.« Ein anderes Mal ermahnt sie ihre Mitschwestern: »Ein weites Herz müsst Ihr haben.«

Maria Bernarda Bütler stirbt am 19. Mai 1924 in Cartagena und wird auf dem dortigen Friedhof bestattet.

Zwei Jahre später wurden ihre Gebeine umgebettet und in der Klosterkirche beigesetzt. Nach ihrem Tod begannen Gläubige, im Gebet bei der frommen Oberin Zuflucht zu suchen. Bald kursierten Berichte von Wunderheilungen, die jedoch anfangs von der Kirche nicht anerkannt wurden. Nach eingehender Prüfung wurde Maria Bernarda Bütler im Jahre 1995 von Papst Johannes Paul II. seliggesprochen. Am 12. Oktober 2008 sprach Papst Benedikt XVI. die Klosterfrau heilig, nachdem die Heilung einer Ärztin, die im Spital von Cartagena lag und im Gebet Maria Bütler um Fürsprache bat, als Wunder anerkannt worden war.

Maria Bernarda Bütler erfährt heute Verehrung in Südamerika, aber auch in ihrer Schweizer Heimat. Sie ist die erste Heilige, die aus der Eidgenossenschaft stammt.

Anton Maria Schwartz
* 1852   † 1929

Soziale Dienste für Lehrlinge

Österreich zu Zeiten der Wirtschaftskrise in den 1870er Jahren: Sozialistische Gruppierungen, Parteien und Gewerkschaften haben – gegen erbitterten Druck der Regierung – großen Zulauf. Arbeiter, die sich dem katholischen Glauben verbunden fühlen, sehen sich in ihren sozialen Nöten von ihrer Kirche nicht vertreten. Der junge Wiener Pfarrer Anton Maria Schwartz erkennt dieses Defizit. Mithilfe zweier adliger Gönnerinnen gründet er im Jahr 1885 ein katholisches Lehrlingsheim. Hier sollen bedürftige junge Arbeiter wohnen können. Auch will der Pfarrer den jungen Leuten bei der Arbeitssuche behilflich sein. Zudem geht seine Seelsorge über die klassischen Aufgaben hinaus. Er will nicht nur die Messe lesen und die Beichte hören, sondern den Lehrlingen Freizeitaktivitäten bieten und ihnen das Gefühl eines Zuhauses vermitteln.

Anton Maria Schwartz wird am 28. Februar 1852 in Baden bei Wien als Sohn eines Theatermusikers und seiner Frau geboren. Anton ist musikalisch – und schon in der Kindheit sehr religiös. Vor allem für die Marienfrömmigkeit begeistert er sich. Er besucht zunächst das Untergymnasium in Stift Heiligenkreuz, wo er auch Sängerknabe ist. 1865 kommt er ans Schottengymnasium in Wien. Antons Vater stirbt 1867 und lässt die Familie beinahe mittellos zurück. Der junge Mann findet jedoch im Abt des Klosters einen Gönner. Zudem verdient er sich mit Nachhilfeunterricht ein wenig Geld. 1869 entschließt er sich, ins Noviziat zu den Piaristen zu gehen. 1870 macht Anton Schwartz das Abitur, bleibt aber nicht bei den Piaristen, sondern studiert in Wien Theologie mit dem Ziel des Weltpriestertums. Im Juli 1875 wird er zum Priester geweiht. Doch Schwartz ist lungenkrank. Er scheint zu schwach für die Ausübung des Berufs zu sein. Dennoch wirkt er vier

Jahre lang als Seelsorger und Lehrer in Marchegg. Nebenbei schreibt er mehrere Andachtsbücher. Vor allem die Seelsorge für junge Menschen liegt ihm am Herzen. 1879 wird er Krankenhausseelsorger im Wiener Sechshauserspital. Er kommt in Kontakt zu den Barmherzigen Schwestern in der Gebrüder-Lang-Gasse, die eine Knabenschule betreiben. Anton Schwartz sieht die Nöte der Schulabgänger, die keine Lehrstelle finden. Er entschließt sich, ein Heim für Lehrlinge aufzubauen. 1882 gründet er den »Katholischen Lehrlingsverein«, 1885 kann er in der Gebrüder-Lang-Gasse, neben der Schule der Barmherzigen Schwestern, ein Lehrlingsheim eröffnen. Wohltäterinnen stiften Geld. Gleichgesinnte Männer arbeiten zum Teil unentgeltlich in dem Wohnheim. Um seine Idee fortzupflanzen, gründet Anton Schwartz im Jahre 1889 die Ordensgemeinschaft der Kalasantiner, benannt nach dem heiligen Joseph von Calasanz (1556–1648), der 1597 in Rom-Trastevere den Orden der Piaristen gründete und sich für die schulische Betreuung armer Kinder einsetzte. Anton Maria Schwartz wird erster Ordensgeneral der Kalasantiner. Die Gemeinschaft erhält 1926 die päpstliche Approbation. Ebenfalls im Jahre 1889 kann Schwartz in der Wiener Idagasse im XV. Bezirk die mit Spendengeldern erbaute Kirche »Maria, Hilfe der Christen« weihen. Es ist die erste Arbeiterkirche Österreichs. Ihr benachbart findet der Kalasantinerorden seine Heimat.

Noch zu Schwartz' Lebzeiten werden mehrere Ordensfilialen, Heime und Schulen für Knaben und junge Männer in Österreich, Ungarn und Böhmen gegründet. Trotz seiner angeschlagenen Gesundheit übt Schwartz das Amt des Ordensgenerals bis zu seinem Tod aus. Er gilt als streng und autoritär, aber auch gerecht und gütig. Viele nennen ihn liebevoll »Papa«. Anton Maria Schwartz stirbt am 15. September 1929 in Wien. Heute liegt er in der Gruft vor dem Hochaltar der Kirche in der Idagasse begraben.

Bereits zu Lebzeiten galt er im Volk als Heiliger. Etliche Gebetserhörungen sind bekundet. Am 21. Juni 1998 sprach ihn Papst Johannes Paul II. in Wien selig.

Ladislaus (László)
Batthyány-Strattmann
*1870   †1931

Arzt der Armen

Nach Herkunft und Besitz hätte ihm ein anderer Lebensweg offengestanden: Ladislaus Batthyány-Strattmann war Spross eines alten ungarischen Adelsgeschlechts. Die Familie war wohlhabend. 1915 verlieh der greise Kaiser Franz Joseph Batthyány den Fürstentitel und nahm ihn in den Orden vom Goldenen Vlies und in den St. Stephansorden auf. Er wurde zudem als Magnat Mitglied des ungarischen Herrenhauses. Als berühmter Chirurg und Augenarzt wurde Batthyány zudem in die ungarische Akademie der Wissenschaften gewählt.

Doch alle Ehrenbezeugungen, alle Titel galten Ladislaus Batthyány wenig. Er, der sich zeitlebens sowohl dem österreichischen wie dem ungarischen Kulturraum verbunden sah, wollte über Staats- und Standesgrenzen hinweg wirken: als Arzt. Er sah seinen Beruf als Dienst am Menschen und behandelte seine Patienten oftmals gratis. Er tat das aus Liebe zu den Menschen und aus Ehrfurcht vor Gott. In seinem Testament schrieb er: »Als eine der Hauptaufgaben meines Lebens habe ich mir zum Ziel gesetzt, mit meiner ärztlichen Tätigkeit der leidenden Menschheit zu dienen und auf diesem Wege Dinge zu vollbringen, die Gott wohlgefällig sind.«

Ladislaus Batthyány-Strattmann wird am 28. Oktober 1870 in Frauendorf (Dunakiliti) in Westungarn geboren. 1876 zieht die Familie auf ihr Schloss Kittsee im nördlichen Burgenland. Materiell im Überfluss, ist die Kindheit von Ladislaus doch nicht ungetrübt: Der Vater verlässt die Familie, die Mutter stirbt, als Ladislaus zwölf Jahre alt ist. Der Knabe ist in seiner Jugend richtungslos: Die Schulleistungen sind schlecht, mehrmals muss er das Institut wechseln. Er ist unstet, neigt zu cholerischen Ausbrüchen. Nach dem Abitur beginnt er in Wien ein Studium der Chemie, Philosophie und Astronomie – die Wahl der Fächer lässt erahnen, dass er sich seines Weges nicht klar ist. Ein Kommilitone bringt ihn auf den Gedanken, Medizin zu studieren. Erst jetzt wird ihm seine Berufung klar: Er will seinem leeren Leben eine Aufgabe erteilen, er will seinem Dasein Sinn geben und Menschen helfen, die – anders als er – nicht durch die Herkunft sozial bevorzugt sind. Seinen Beruf sieht er mehr und mehr als Aufgabe, vor Gott und den Menschen. Im Tagebuch schreibt Batthyány: »Bin dem lieben Gott so dankbar, dass er mich den ärztlichen Beruf wählen ließ.«

1898 heiratet er Maria Theresia Gräfin von Coreth zu Coredo und Starkenberg. Das Paar bekommt im Laufe der Jahre zwölf Kinder. Batthyány könnte sich auf seine Güter zurückziehen, seine Ehrungen und seinen Reichtum im Kreis seiner Familie genießen, er könnte seine Praxis auf wohlhabende Patienten aus Adels- und Bürgerkreisen beschränken. Doch er hat ein anderes Ziel: In seinem Schloss in Kittsee richtet er ein modernes Spital mit dreißig Betten ein. Hier operiert er. Im Laufe der Jahre spezialisiert er sich allerdings auf die Augenheilkunde und wird darin eine international geschätzte Koryphäe. Zu ihm kommen Menschen aus nah und fern, vielfach einfache Bauern, Tagelöhner, Arbeiter. Wer kein Geld hat, den behandelt Batthyány kostenlos. Vielfach bezahlt er sogar die Medikamente und gibt den Patienten Geld mit. Seine Frau, die seine Lebenseinstellung teilt, assistiert ihm dabei. Als »Arzt der Armen« wird er bei den einfachen Leuten bekannt. Bereits zu Lebzeiten wird der »Fürsten-Doktor«, wie man ihn respektvoll nennt, zur Legende. Im Volk verehrt man ihn frühzeitig als einen Heiligen. Etliche Berichte von einstigen Patienten wurden später aufgezeichnet, Menschen, die ihm nicht nur für die kostenlose ärztliche Behandlung dankbar waren, sondern auch seine aus dem Christentum sich nährende Menschenliebe und Lebensweisheit schätzten. Eine alte Frau, die als Kind von Batthyány behandelt wurde, erinnert sich: »Ich ging immer sehr gerne ins Schloss, denn er war so freundlich und lieb zu mir. Als ich mich dann endgültig von ihm verabschiedete, fragte ihn meine Mutter, was sie ihm schuldig sei. Er behandelte die Kranken gratis, jeder wusste das, und auch wir mussten nichts zahlen. Umso mehr ermunterte er uns aber, auf Gott zu vertrauen, dann könne uns nichts Böses geschehen. Zum Abschied zeichnete er mit dem Finger ein kleines Kreuz auf meine Stirn.«

Im Ersten Weltkrieg baut Batthyány sein Krankenhaus in ein Militärhospital mit siebzig Betten um. Zugleich ist er als Kreisarzt für mehrere Dörfer tätig. Er erinnert sich: »Damals waren in der Früh ein bis zwei große Operationen, dann begann erst die Ambulanz, bis achtzig Kranke, viele ambulante Operationen, dann alle Kriegsverletzten verbinden. Todmüde kam ich zum Essen, und am Nachmittag kamen die Fahrten zu den Kranken nach den Ortschaften Edelsthal – ganze Epidemien von Dyphteritis, Impfung der Schulkinder, Spanische Krankheitsepidemie in Pama. Und die Nacht war auch nie sicher; einmal um ein Uhr nachts schwere Bauchoperation, Darmblutung.«

Er ist selbstlos, bis zur Selbstaufgabe. Aber der Dank der Patienten gibt ihm Kraft: »Mein Ideal wäre es, einige hundert Betten zu haben in meinem Lieblingsfach Chirurgie und Augen und auch Interne! Wie könnte ich da Sorgen, Schmerzen lindern helfen!« Nach dem Ersten Weltkrieg übersiedelt er mit seiner Familie ins unabhängig gewordene Ungarn, nach Körmend. Auch hier gründet er ein Krankenhaus. Die Arbeitslast der 1920er Jahre ist immens: Pro Jahr behandelt er im Schnitt dreitausend Patienten. Zur damaligen Zeit kann er nach eigenen Angaben auf etwa eintausendsiebenhundert Staroperationen zurückblicken. In seinem Tagebuch bekennt er: »Ich liebe meinen Beruf, der Kranke lehrt mich Gott immer mehr lieben, und ich liebe Gott in den Kranken, der Kranke hilft mir mehr als ich ihm! Er bedeutet für mich und überhäuft mich und meine Familie mit Gnaden … Wie oft sagten mir dreißig Jahre hindurch meine Kranken: Der liebe Gott vergelte es!«

Er sieht die Krankheiten seiner Patienten – und die Krankheit seiner Zeit: Aus der menschlichen Selbstüberschätzung erwächst, so glaubt er, das Unheil der Gegenwart:

»Man ist ja schon ganz und gar nicht auf dieser Welt, um zu genießen, es ist ja wirklich mehr ein Jammertal, besonders in unseren Zeiten, wenn man so viel Schlechtes in der Welt hört und bedenkt, dass Gott so viel beleidigt wird. Dass dieser kleine Wurm, der sich Mensch nennt, sich ertraut, Gott zu leugnen, mit der Gabe, die er eben vom selben Gott als Geschenk bekam – mit seinem Verstand! … Die Folge wird sein: Kampf, Hass, Ungerechtigkeit, Unsicherheit, Elend – namenloses Elend überall, denn überall fehlt das Kennzeichen der Gottverehrer, die Liebe!«

Im Sommer 1926 diagnostiziert Batthyány bei sich selbst die Symptome eines Kehlkopfkrebses. Ergeben schreibt er im Tagebuch: »Es kann nur ein ulceröser Prozess im Larynx sein … Meine gute Misl [seine Frau] war recht besorgt. Ich habe alles dem Willen Gottes unterstellt. Wie immer Er will, Er ist mein bester Vater, und alles von Ihm ist gut gemacht!«

Mit eiserner Selbstdisziplin geht er weiterhin seinem Beruf, seiner Berufung nach – bis seine Körperkräfte versagen. Im Herbst 1929 muss er sich in ein Wiener Sanatorium begeben. Vierzehn Monate lang dauert sein Todeskampf. Zahlreiche Menschen, die er geheilt hat, besuchen ihn. Er tröstet sie und spricht ihnen Mut zu. Am 22. Januar 1931 stirbt Ladislaus Batthyány in Wien. Er wird in der Familiengruft im österreichischen Güssing bestattet.

1944 wurde das Seligsprechungsverfahren eingeleitet. 2003 wurde er von Papst Johannes Paul II. seliggesprochen.

Hildegard Burjan
*1883   †1933

Frauenrecht und Sozialarbeit

Winter 1909. Im katholischen St. Hedwig-Krankenhaus in der Großen Hamburger Straße in Berlin ringt eine gerade einmal sechsundzwanzigjährige Frau mit dem Tod. Die rechte Niere ist krank. Mehrere Operationen an Niere und Harnleiter haben nicht den erwünschten Erfolg gebracht. Eine Operationswunde schließt sich nicht. Die Patientin wird von den Ärzten bereits aufgegeben. Sie fiebert und erhält dreimal täglich Morphium. Es ist Karsamstag. Die katholischen Schwestern aber geben nicht auf und pflegen die junge Frau hingebungsvoll. Da geschieht das Wundersame: Am Ostermorgen ist das Fieber verschwunden, die Wunde geschlossen. Zwei Wochen später kann die Patientin, die hier seit bereits sechs Monaten lag, als geheilt entlassen werden.

Die junge Frau ist, obgleich jüdischer Abkunft, quasi konfessionslos. In ihrem Elternhaus galt Religion nichts. Jetzt betrachtet sie ihre Heilung als Neugeburt, als zweite Lebenschance. Und sie sieht ihre Gesundung im Zusammenhang mit der liebevollen Pflege durch die Barmherzigen Schwestern vom heiligen Karl Borromäus, die in dem Krankenhaus wirken. Die junge Frau wendet sich der katholischen Kirche zu. Wenig später lässt sie sich taufen. In einem Brief an eine Freundin schreibt sie: »So etwas wie diese Schwestern kann der natürliche, sich selbst überlassene Mensch nicht vollbringen … da habe ich die Wirkung der Gnade erlebt, so kann mich auch nichts mehr zurückhalten.«

Was die junge Frau damals noch nicht weiß: Sie wird ihr ganzes »zweites« Leben in den Dienst der sozialen Frage stellen, und sie wird zu einer der bedeutendsten katholischen Frauenrechtlerinnen, Politikerinnen und Sozialaktivistinnen werden. Ihr Name: Hildegard Burjan.

Geboren wird sie als Hildegard Freund am 30. Januar 1883 in Görlitz an der Neiße. Der Vater ist Kaufmann jüdischen Glaubens, ohne die Religion zu praktizieren. Die Mutter stammt aus altem polnischen Adel. Hildegard hat noch eine ältere Schwester. Beide Kinder werden bürgerlich erzogen und ausgebildet, religiöse Bedürfnisse bleiben jedoch unbeachtet. Hildegard Burjan gesteht später: »Mir kommt meine Jugend gar nicht glücklich vor.«

Die intellektuelle Förderung freilich könnte zu jener Zeit für ein Mädchen nicht besser sein: Hildegard besucht in Berlin, wohin die Familie 1895 gezogen ist, ein Lyzeum. 1899 geht die Familie nach Zürich. Dort absolviert Hildegard die Matura und schreibt sich 1903 als Studentin an der Zürcher Universität ein. Ein Privileg, das damals noch nicht viele Frauen besitzen. Im Deutschen Reich ist Frauen das Universitätsstudium noch versagt. Hildegard Freund studiert Germanistik und Philosophie. Besonders beeinflusst wird sie durch die Philosophen Friedrich Wilhelm Foerster und Robert Saitschik, die in ihr die Frage nach dem tieferen Sinn des Lebens anstoßen. Bereits damals interessiert sich die junge Frau für die katholische Konfession, was aber mehr ungenaue Sympathie denn Bekenntnis ist.

Um sich dem übergroßen Einfluss ihrer Lehrer zu entziehen, geht Hildegard Freund im Jahre 1905 nach Berlin und studiert hier Sozialpolitik und Nationalökonomie – als Gasthörerin, denn erst 1908 fallen die Beschränkungen für Frauen an deutschen Universitäten. Die rein schöngeistigen Interessen Hildegard Freunds verschieben sich hin zu gesellschaftsorientierten Fragen. Noch kurz vor ihrer Abreise hat sie in Zürich den ungarischen Studenten und angehenden Ingenieur Alexander Burjan kennengelernt. Er erhält kurz darauf eine Anstellung in Berlin. Im Mai 1907 heiraten sie standesamtlich. Nach der Genesung Hildegard Burjans konvertieren beide zum Katholizismus. Hildegard Burjan mutmaßt später, wie sie sich verhalten hätte, wäre sie nicht verheiratet gewesen: »Ich wäre zweifellos in einen Orden eingetreten! Wie viel einfacher hätte sich dann mein Leben abgespielt. Aber alle die Werke, die ich schaffen durfte, wären nicht. Ich bin sicher, dass dies so in Gottes Absicht war.«

Hildegard Burjan kommt von der Faszination der religiösen Gemeinschaft nicht mehr los, seit sie die Borromäerinnen im Berliner St.-Hedwig-Krankenhaus erlebt hat. Sie schreibt: »Dieses Wunder, eine ganze Gemeinschaft mit solchem Geiste zu erfüllen, bringt nur die katholische Kirche fertig.«

Sie will wirken, im christlichen Geist und zum Nutzen der Frauen, die zu ihrer Zeit noch auf allen Gebieten benachteiligt sind. Sie weiß um ihre privilegierte Stellung während der Ausbildung (sie promoviert noch im Jahr 1908 an der Philosophischen Fakultät in Zürich) und möchte, dass dies für Frauen keine Ausnahme bleibt, sondern zum verbrieften Recht wird. Sie, die selbst durch die gute Stellung ihres Mannes privilegiert ist (er wird Oberingenieur bei der Österreichischen Telephonfabrik in Wien), weiß, dass das keine Selbstverständlichkeit ist. In Berlin, aber auch in ihrem neuen Wohnort Wien nimmt Hildegard Burjan die Not des Arbeiterstandes, des »Proletariats« wahr. Sie sieht die Bemühungen der Sozialdemokratie um die Arbeiter und will dem auf katholischer Seite etwas entgegensetzen. Die drängende soziale Frage, verschärft durch Industrialisierung und Massenarmut, ist damals in der katholischen Kirche beinahe noch ein Tabu. Man begegnet den Verwerfungen der Moderne allenfalls mit Almosen, nicht mit grundlegenden Konzepten zur gerechteren Umgestaltung der Gesellschaft. Die Frauenfrage, die Teil der Proletariatsproblematik ist, wird von der Kirche noch weniger beachtet. Arbeiterfrauen stehen auf der untersten Stufe der sozialen Leiter – in der Familie, wie auch im Berufsleben. Sie werden bei gleicher Arbeit geringer bezahlt als die Männer. Sie sind die ersten, die bei schlechter Auftragslage entlassen werden. Und sie tragen neben der finanziellen Mitverantwortung für ihre Familie auch die Lasten von Haushalt und Kindererziehung. Hildegard Burjan kann seit Kurzem auch darin mitreden: 1910 bringt sie ein gesundes Mädchen zur Welt – trotz des dringenden Rats der Ärzte, das Kind abzutreiben, weil eine Geburt ihre Gesundheit unterhöhlen könne. Sie selbst schreibt: »Wenn ich daran zugrunde gehe, so geschehe Gottes Wille.«

Hildegard Burjan will wirken und die Situation ihrer Geschlechtsgenossinnen verbessern. Nicht mit schönen frommen Worten und bürgerlichen Ratschlägen, sondern tatkräftig. Sie weiß, dass es den Arbeiterfrauen an Solidarität und Organisation mangelt. Also gründet sie 1912 den »Verein der christlichen Heimarbeiterinnen«, denn diese haben es unter den arbeitenden Frauen am schwersten. Zu Beginn des Ersten Weltkriegs, als viele Frauen entlassen werden, gründet Hildegard Burjan eine Nähstube, eine Art Selbsthilfeorganisation von Frauen. Es folgen noch während des Krieges die Gründung des Vereins »Soziale Fürsorge für erwerbslose Frauen und Mädchen« und des »Vereins für Heimarbeiterinnen und durch den Krieg erwerbsbedürftig gewordene Frauen«.

Doch sie erkennt auch, dass alles soziale Engagement nur dann ein Fundament hat, wenn man auf politischem Gebiet seinen Forderungen und Projekten Gewicht verleihen kann. Es gilt, sich gesellschaftspolitisch zu vernetzen, mit Gleichgesinnten Interessengemeinschaften zu gründen, um eine Lobby zu haben. Hildegard Burjan engagiert sich in den damals noch jungen katholischen Frauenverbänden, etwa der Katholischen Reichsfrauenorganisation Österreichs. Das ist noch Verbandsarbeit, bald zieht es die organisatorisch und rhetorisch geschickte Frau in die Politik: Nachdem die Donaumonarchie im November 1918 zusammengebrochen ist, ist die Stunde da, für bürgerliche Freiheiten von Männern und Frauen einzutreten. Bereits im November 1918 zieht Hildegard Burjan für die Christlichsoziale Partei in den Wiener Gemeinderat ein. Drei Monate später wird sie die erste christlichsoziale Abgeordnete der Konstituierenden Nationalversammlung der Republik Österreich. Hildegard Burjan ist bald in ganz Österreich bekannt, als »Mutter der Heimarbeiterinnen«, die »gleichen Lohn für gleiche Arbeit« fordert, wird sie verehrt.

Doch die Parteiarbeit ist ihre Herzenssache nicht. Recht bald zieht sie sich aus der Politik zurück und wendet sich wieder ihrem eigentlichen Metier zu, der Sozialarbeit. Auch hier in der Organisation und Leitung, aber doch näher an den Sorgen und Nöten der Menschen. Ihre wohl größte und folgenreichste Tat ist die Gründung der »Caritas Socialis« (CS) im Jahre 1918. Es ist eine katholische Schwesterngemeinschaft, die sich karitativen Aufgaben widmet, etwa der Krankenpflege, der Bahnhofsmission, der Heimbetreuung von Frauen und Mädchen, der Familienpflege, der Kinder- und Jugendarbeit, der Suchtprävention und der Seelsorgehilfe.

Bereits zu Hildegard Burjans Lebzeiten hat die »Caritas Socialis« rund einhundertfünfzig Mitglieder und unterhält Häuser in rund dreißig Orten in Österreich, Deutschland und der Tschechoslowakei. Im Gefolge der »Caritas Socialis« entstehen auf Engagement Hildegard Burjans in den 1920er Jahren noch andere Verbände und Vereinigungen, etwa die »Zentralorganisation der katholischen Frauenbewegung«, die reaktivierte Bewegung der Bahnhofsmissionen, das »Österreichische Komitee für Mädchenschutz«, die Familienpflege, der »St.-Elisabeth-Tisch« für in der Wirtschaftskrise verarmte Bürgerinnen und Bürger und die Gründung der Zeitschrift *Soziale Hilfe*.

Hildegard Burjan ist eine innovative, tatkräftige und organisatorisch geschickte Frau, die die Zeichen ihrer Zeit sieht und richtig deutet, die um die Bedürfnisse der Menschen in einer Zeit schwindender sozialer Bindungen weiß, und die diese Bedürfnisse nicht nur materiell zu stillen sucht, sondern auch geistig. Sie erhält viel Hilfe, aus dem Kreis der Schwestern der »Caritas Socialis«, aber auch aus der Politik und der Amtskirche. Persönlich befreundet ist Hildegard Burjan mit dem damaligen Erzbischof von Wien, Kardinal Gustaf Piffl, und mit dem langjährigen österreichischen Bundeskanzler, dem Priester Ignaz Seipel. Ihm zu Ehren initiiert sie nach seinem Tod im Jahre 1932 den Bau einer Gedächtniskirche, der Christus-König-Kirche im XV. Wiener Stadtbezirk.

Hildegard Burjan stirbt am 11. Juni 1933 in einem Sanatorium an einem Nierenleiden. Sie wird auf dem Wiener Zentralfriedhof beerdigt. Auch politische Gegner zollen ihr Respekt. Der sozialistische Bürgermeister von Wien, Karl Seitz, schreibt in einem Nachruf: »Mit Dr. Hildegard Burjan ist eine Frau von uns geschieden, deren Andenken überall, wo man selbstlose Fürsorge schätzt, in Ehren gehalten wird. Ihr Leben war geleitet von einem hohen Gedanken der Nächstenliebe, ihr Wirken vom edlen Drang zu helfen. Allzu früh hat der Tod dieses bewundernswerte Leben beendet, aber aus der Trauer erhebt sich die tröstende Gewissheit: Ihr Geist wirkt fort.«

Heute noch wirken die Schwestern der »Caritas Socialis« im Geiste Hildegard Burjans. Auch außerhalb dieser Gemeinschaft ist ihr Name in der Frauenrechtsbewegung ein Begriff. 1998 besuchte Papst Johannes Paul II. das Hospiz der »Caritas Socialis« in Wien und lobte dort Hildegard Burjans Wirken. Ihre sterblichen Überreste wurden im Mai 2005 exhumiert und in die Hildegard-Burjan-Kapelle im Stammhaus der »Caritas Socialis« in Wien-Alsergrund überführt. Das Seligsprechungsverfahren steht vor dem Abschluss. Die Seligsprechung soll angeblich in allernächster Zeit erfolgen.

Maria Teresa vom heiligen Josef
(Anna Maria) Tauscher

*1855   †1938

Heime für Heimatlose

Eine Karriere im sozialen Bereich scheint der jungen Frau vorgezeichnet: Anna Maria Tauscher, Tochter des angesehenen Berliner Superintendenten Hermann Traugott Tauscher, leitet mit Anfang dreißig bereits ein Kölner Heim für geistig Behinderte. Doch dann konvertiert sie zum Katholizismus. Für die protestantische Familie ein Fiasko. Die Eltern brechen mit der Tochter. Anna Maria Tauscher muss ihre leitende Stellung aufgeben. Sie beginnt ganz neu. Und sie beginnt ganz unten: als Putzfrau und Spülhilfe in einem Kloster. Aber sie hat eine Vision: Sie will in ihrer Heimatstadt Berlin arme und verwahrloste Kinder von der Straße holen und ihnen ein Zuhause bieten.

Anna Maria Tauscher kommt am 19. Juni 1855 in Sandow bei Frankfurt an der Oder als Tochter von Hermann Tauscher und seiner Frau Pauline, geborene van den Bosch, zur Welt. Sie wächst in Berlin auf, dessen Bevölkerung damals im Zeitalter der Industrialisierung explosionsartig wächst. Und explosionsartig nehmen auch die sozialen Nöte und Konflikte zu. Anna Maria Tauscher ist sozial engagiert. Ihr Weg scheint – im Windschatten des mächtigen Vaters – vorgebahnt. Doch sie tut das, was in Zeiten des preußischen Staatsprotestantismus und wenige Jahre nach dem »Kulturkampf« zwischen Staat und katholischer Kirche als übelster Schimpf erscheint: Sie konvertiert – und fällt auf der sozialen Leiter ziemlich tief.

Nach schwierigen und entbehrungsreichen Jahren als einfache Arbeiterin gründet sie am 2. August 1891 in der Berliner Pappelallee das St.-Joseph-Kinderhaus, ein »Heim für Heimatlose«, wie sie es nennt. Später gilt dieses Datum als Gründungstag des »Karmels vom göttlichen Herzen Jesu«. Das Heim erhält Unterstützung durch die katholische Kirche und arbeitet zunächst mit bezahltem weltlichen

Personal. Doch bald schließen sich Anna Maria Tauscher gleichgesinnte, religiös empfindende Frauen an. Sie gründen die Gemeinschaft des Karmels vom göttlichen Herzen Jesu, in Anlehnung an die Regel des Ordens vom Berge Karmel. Anna Maria Tauscher nimmt den Ordensnamen Maria Teresa vom heiligen Josef an. Ziel der Gemeinschaft ist es, das kontemplative Leben des Karmels mit sozialer Tätigkeit zu verbinden.

Doch die neue Gemeinschaft stößt trotz des starken Zulaufs zunächst auf wenig Gegenliebe seitens der Amtskirche. Maria Teresa Tauscher entschließt sich, mit ihrer Gemeinschaft ins Ausland zu gehen. 1899 gründen sie in Sittard in den Niederlanden ihr Mutterhaus, 1904 wird die Ordenszentrale in die Nähe von Rom verlegt. Jetzt endlich erfährt die Gemeinschaft auch die offizielle Approbation: 1905 wird sie bischöflich anerkannt, 1930 päpstlich. Der Orden gründet in den nächsten Jahren und Jahrzehnten etliche Niederlassungen in Europa und Amerika. Beim Tod von Maria Teresa Tauscher am 20. September 1938 im Mutterhaus in Sittard sind es bereits achtundfünfzig Filialen mit über tausend Schwestern.

Heute unterhält der Orden mit weltweit über fünftausend Schwestern Filialen und Einrichtungen in sieben Ländern Europas und in mehreren Ländern in Nord- und Südamerika und in Afrika. Das Betätigungsfeld des Ordens hat sich seit den Zeiten der Gründerin geweitet: Die Schwestern sind außer in der Kinder- und Jugendarbeit auch in der Müttererholung engagiert, zudem betreiben sie Exerzitienhäuser, unterstützen die Seelsorge und erteilen Religionsunterricht.

Maria Teresa Tauscher liegt auf dem Friedhof der Karmelitinnen in Sittard begraben. Sie wurde am 13. Mai 2006 von Papst Benedikt XVI. seliggesprochen.

Ursula (Julia Maria)
Gräfin Ledóchowska
* 1865   † 1939

Sozialaktivistin und Gründerin der
Grauen Ursulinen

W ie ihre Schwester, die seliggesprochene Maria Theresia Ledóchowska, war Julia Maria, die den Ordensnamen Ursula führte, dem österreichischen wie dem polnischen Kulturraum verbunden. Im österreichischen Exil ihres Vaters verbrachte sie ihre prägende Kindheit und Jugend, bevor sie mit den Eltern zunächst ins damals noch zur Donaumonarchie gehörende Galizien zog, später nach Krakau, um von dort aus wiederum nach Russland und nach Skandinavien umzusiedeln. Ursula Ledóchowska war in ihrem Denken und Wirken übernational, im Herzen freilich war sie der polnischen Heimat ihrer väterlichen Ahnen inniger verbunden als ihre Schwester Maria Theresia. Als Papst Johannes Paul II. sie im Jahr 1983 seligsprach, betonte er die Bedeutung Ursula Ledóchowskas für Polen, das auch seine eigene Heimat war: »Indem wir Mutter Ursula Ledóchowska in die Reihe der Seligen aufnehmen, überlassen wir sie der Kirche Polens und der Kongregation der Ursulinenschwestern zum Lobe Gottes, zur Erbauung der Seelen und zu deren ewigem Heil.«

Julia Maria Ledóchowska wird am 17. April 1865 im niederösterreichischen Loosdorf als Tochter des Grafen Anton Ledóchowski und seiner Schweizer Frau, Gräfin Josephine Salis-Zizers, geboren. In Loosdorf bewohnt die Familie (drei Kinder aus erster Ehe des Grafen, sieben aus der zweiten Ehe mit Josephine) eine Villa. Doch beim Börsenkrach von 1873 verliert der Graf einen Großteil seines Vermögens. Die Familie zieht nach St. Pölten. Dort werden die Töchter im Institut der Englischen Fräulein unterrichtet.

Das Heimweh lässt den Grafen nicht los. 1883 kann er günstig das Landgut Lipnica Murowana in Österreichisch-Galizien kaufen und zieht mit seiner Frau und den beiden Töchtern Maria Theresia und Julia Maria dorthin. Von Kind auf wird den Töchtern eine tiefe Religiosität vermittelt. Julia Maria entschließt sich, ins Kloster einzutreten. 1887 geht sie zu den Ursulinen nach Krakau und nimmt den Namen der Patronin Ursula (von Köln, gestorben 452) an. Die vielseitig gebildete Frau widmet sich in den folgenden Jahren dem Unterricht und der Erziehung von Jugendlichen. Sie sieht in jenen Jahren der fortschreitenden Industrialisierung die wachsende Not der Arbeiterschaft – eine Frage, die sie später, nach dem Ersten Weltkrieg, noch mehr beschäftigen und die ihr Tun leiten wird.

1907 wird Ursula Ledóchowska nach St. Petersburg geschickt. Hier gründet sie ein Ursulinenkloster und arbeitet erneut in Unterricht und Erziehung, vornehmlich der Töchter polnischer Familien. Sie weitet ihren Wirkungskreis aus: Im finnischen Sortavala – damals zum russischen Zarenreich gehörend – gründet sie ebenfalls ein Kloster. Für die finnische Diaspora übersetzt sie den Katechismus und ein Gesangbuch in die Landessprache. Zudem gründet sie eine Krankenstation, in der arme finnische Fischer kostenfrei behandelt werden.

Ihr karitatives Engagement sieht Ursula Ledóchowska immer eng verbunden mit einer apostolischen Mission, wobei sie – gerade in Skandinavien – stets auch den ökumenischen Kontakt zu den protestantischen Kirchen sucht. Das freilich – und auch ihr Bekenntnis zu den polnischen Interessen – macht sie bei den russischen Behörden verdächtig. Sie wird beobachtet und unter Druck gesetzt. Als der Erste Weltkrieg ausbricht, ist Ursula Ledóchowska als österreichische Staatsbürgerin unerwünscht. Um der Internierung zu entgehen, flieht sie ins neutrale Schweden. In den folgenden sechs Jahren entfaltet sie ein vielfältiges, internationales Engagement für die Diaspora in den nordischen Ländern, aber auch für unter Krieg und Flucht notleidende Menschen. Die polyglotte Frau reist zu Kongressen und Konferenzen in den skandinavischen Ländern und hält Vorträge in sechs Sprachen. Sie veranstaltet Einkehrtage und Exerzitien für die Katholiken Skandinaviens, gründet eine Marianische Kongregation, ruft eine katholische Monatszeitschrift ins Leben (die heute noch, wenngleich unter anderem Titel, in Uppsala erscheint). Im dänischen Ålborg gründet sie eine Hauswirtschaftsschule und ein Waisenheim. Sie sammelt Spenden und Sachmittel und schickt sie an Hilfskomitees in der Schweiz. Und sie engagiert sich für das Recht der Polen auf Einheit, Freiheit und staatliche Souveränität.

Als nach dem Krieg Polen eine unabhängige Republik wird, kehrt Ursula Ledóchowska in ihre väterliche Heimat zurück. Erneut bezieht sie das Ursulinenkloster in Krakau. Die junge Republik hat mit immensen wirtschaftlichen und sozialen Schwierigkeiten zu kämpfen. Es gibt eine hohe Erwerbslosigkeit und große Not, vor allem unter der Arbeiterschaft. In den Jahren des Exils hat sich die soziale

Wahrnehmung Ursula Ledóchowskas geschärft. Auch ist sie zu einer selbstbewussten und fähigen Aktivistin mit Führungsqualitäten herangewachsen. In das Leben im Mutterkloster in Krakau, das eine gewisse Realitätsferne und Distanz zum Proletariat pflegt, will sie sich nicht mehr eingewöhnen und unterordnen. Ursula Ledóchowska trennt sich im Einverständnis mit dem Mutterhaus vom polnischen Ursulinenorden und gründet eine eigene Kongregation, die 1930 endgültig anerkannt wird: die »Ursulinen von dem Todesangst leidenden Herzen Jesu«. Nach ihrem grauen Habit werden die Schwestern bald auch die »Grauen Ursulinen« genannt. Der neue Orden widmet sich intensiv der sozialen Arbeit – in Unterricht und Bildung für Kinder und Jugendliche, aber auch in der Kranken- und Altenpflege. Prägend wird Ursula Ledóchowskas Forderung an die Mitschwestern: »Es reicht nicht aus, nur zu beten ›Dein Reich komme‹, es soll gearbeitet werden, damit das Reich Gottes kommt.« In den von ihr verfassten Konstitutionen heißt es ausdrücklich, der Orden solle »Christus und die Liebe seines Herzens verkünden«, aber auch »den Dienst an unseren ärmsten und unterdrückten Brüdern zum Ziel setzen«.

Ihre letzten Lebensjahre verbringt Ursula Ledóchowska im Generalat der Ursulinen in Rom. Dort stirbt sie am 29. Mai 1939. Bei ihrem Tod unterhält der von ihr gegründete Orden bereits fünfunddreißig Klöster. Heute sind es rund einhundert Klosterfilialen in Europa (darunter auch in Deutschland), Nord- und Südamerika.

Ursula Ledóchowska wurde 1983 von Papst Johannes Paul II. seliggesprochen. 2003 sprach derselbe Papst sie heilig.

Eustachius (Joseph) Kugler
* 1867   † 1946

Der unbeirrte Weg eines Gehbehinderten

Im Jahre 1884 stürzt der siebzehnjährige Schlosserlehrling Joseph Kugler von einem Baugerüst – er versuchte, einer Ohrfeige des Gesellen auszuweichen. Bei dem Unfall zieht sich Kugler schwere Verletzungen am Fuß zu. Lange wird sich die Wunde nicht schließen. Zeitlebens bleibt Kugler gehbehindert und hat starke Schmerzen. Doch seinen Weg wird er unbeirrt gehen, auch gegen große Widerstände.

Joseph Kugler entstammt ärmlichsten Verhältnissen. Geboren wird er am 13. Januar 1867 im Dorf Neuhaus bei Nittenau in der Oberpfalz. Er ist das sechste Kind einer Waldbauernfamilie. Der Vater bringt die achtköpfige Familie mit einer kleinen Landwirtschaft und Gelegenheitsarbeiten im Wald und in einer Schmiede mühselig durch. Joseph arbeitet früh auf dem Feld und im Stall mit. In der Volksschule ist er einer der Besten, doch an den Besuch eines Gymnasiums oder gar an ein Studium ist wegen fehlenden Geldes nicht zu denken. Franz Xaver, ein älterer Bruder Josephs, besucht unter großen Opfern der Eltern ein paar Jahre erfolgreich das Gymnasium in Regensburg und muss dann doch abbrechen und als kleiner Angestellter bei der Post arbeiten.

Vater Kugler stirbt 1874. Dadurch verschärft sich die Misere der Familie. Joseph wird gleich nach der Volksschule zum Arbeiten nach München geschickt. Dort beginnt er eine Lehre als Bau- und Kunstschlosser. Das Lehrgeld ist so gering, dass er hungern müsste, würde ihm die Schwester Katharina, die in der Landeshauptstadt in einer Metzgerei arbeitet, nicht immer wieder etwas Essbares zustecken.

Dann ereignet sich der Unfall auf dem Baugerüst. Für Joseph Kugler das berufliche Aus. Als »Krüppel«, wie man damals sagt, kehrt er in die Oberpfalz zurück.

Bei seiner Schwester Margarete in Reichenbach findet er Unterschlupf und verdingt sich mit kleineren Arbeiten im Haus und im Wald. Die Abhängigkeit von Schwester und Schwager macht den jungen Mann unglücklich. 1886 stirbt Josephs Mutter.

Ein Zufall kommt ihm zu Hilfe: Seine Schwester Katharina hat nach Reichenbach geheiratet. Ihr Mann ist Schlossermeister und erklärt sich bereit, den kranken Schwager mit kleineren Arbeiten zu betrauen. Aufträge kommen aus dem ehemaligen Benediktinerkloster Reichenbach. Dort unterhalten seit Kurzem die »Barmherzigen Brüder« eine Pflegeanstalt für Epileptiker und geistig Kranke. Joseph Kugler kann kleinere Arbeiten ausführen: Türschlösser reparieren, Fenstergitter anbringen und dergleichen mehr. Der junge Mann sieht das Leid in der Anstalt und ist tief bewegt. Das Wirken der Barmherzigen Brüder betrachtet er mit Bewunderung.

Er entschließt sich, um die Aufnahme in den Orden anzufragen. Doch die Ordensstatuten verlangen von den Brüdern körperliche Gesundheit. Dem steht Joseph Kuglers Behinderung entgegen. Subprior Hermann Wasinger ebnet ihm dennoch den Weg und schickt Kugler als Postulant ans Sebastianeum in Wörishofen. Doch ein Jahr später entscheidet sich der dortige Konvent mit knapper Mehrheit gegen die Aufnahme Kuglers ins Noviziat. Auch sie halten ihm seine schwache Gesundheit und seine Behinderung vor.

Wieder kommt dem Postulanten Subprior Wasinger zu Hilfe: Er setzt sich bei dem Ordensprovinzial Cajetan Pflügl ein, der daraufhin Kugler als Novizen aufnimmt. Joseph Kugler nimmt den Ordensnamen Eustachius an.

In den folgenden Jahren und Jahrzehnten beweist sich Eustachius Kugler in diversen Anstalten des Ordens in ganz Bayern als Schlosser und Krankenpfleger. Er wird von Mitbrüdern als demütig und geduldig, freundlich und hilfsbereit beschrieben. Trotz vereinzelter Anfeindung im Orden wächst Kuglers Ruf. Nach Tätigkeiten als Prior in Straubing, Gremsdorf und Neuburg an der Donau wird er im Jahre 1925 zum Ordensprovinzial in Bayern gewählt. Dieses Amt übt er bis zu seinem Tod aus.

Gegen Kritik und Anfeindungen setzt er 1927 den Bau zweier Krankenhäuser in Regensburg durch. In der NS-Zeit hat der Orden der Barmherzigen Brüder Not und Verfolgung zu erleiden. Etliche Brüder werden von der Gestapo verhaftet. Eustachius Kugler selbst wird dreißigmal verhört. Im Zweiten Weltkrieg werden mehrere Einrichtungen des Ordens durch Fliegerbomben zerstört. Die Krankenhäuser in Regensburg bleiben unbeschädigt, werden jedoch nach Kriegsende von den Amerikanern für eigene Zwecke requiriert.

Eustachius Kugler tut bis zum Ende pflichtbewusst seinen Dienst. Geduldig und ohne zu klagen, erträgt er auch seine Krankheiten. Seit Jahren leidet er an Magen- und Darmkrebs. Am 10. Juni 1946 stirbt er in Regensburg und wird auf dem Fried- hof der Brüder beerdigt. Bereits bei seinem Tod steht er im Ruf der Heiligkeit, als Vorbild für demütige und bescheidene Pflichterfüllung.

Seine Gebeine werden zehn Jahre später in die Krankenhauskirche St. Pius über- führt, im Jahre 1982 schließlich in eine eigens angebaute Kapelle umgebettet.

Das Seligsprechungsverfahren für Eustachius Kugler ist eingeleitet. Im Januar 2009 erkannte Papst Benedikt XVI. ein Wunder an, das auf die Fürsprache Eusta- chius Kuglers zurückgeführt wird. Eustachius Kugler wurde am 4. Oktober 2009 im Dom zu Regensburg seliggesprochen.

Johannes Maria Haw
*1871 †1949

Seelsorger der Alkohol- und Drogenkranken

Zu Beginn des 20. Jahrhunderts ist in Holz an der Saar der Pfarrvikar Johannes Maria Haw tätig. Die Region ist vom Bergbau geprägt. Unter der Last der Arbeit und der sozialen Not greifen viele Arbeiter zur Flasche, um ihr Leid im Alkohol zu ertränken. Anders als viele Zeitgenossen erkennt Haw den Zusammenhang von Sucht, sozialen Missständen und seelischer Desorientierung. Die Not der Suchtkranken lässt ihn nicht mehr los. Ihr wird er sein Lebenswerk widmen.

Geboren wird Johannes Maria Haw am 26. Mai 1871 in Schweich an der Mosel. Die Eltern sind Bauern. Johannes, von eher schwacher Konstitution, will Priester werden. Nach dem Studium der Theologie wird er im März 1895 im Dom zu Trier geweiht. Seine ersten Pfarrstellen versieht er in Koblenz, in Holz an der Saar und in Wintersdorf an der Sauer, wo er mithilfe einer von ihm initiierten Briefkollekte sogar den Bau einer Kirche veranlassen kann.

Seinem Wunsch entsprechend gewährt ihm der Trierer Bischof die Zulassung zur außerpfarrlichen Arbeit. Haw wird Bistumsbeauftragter des »Mäßigkeitsbundes« mit der Geschäftsstelle in Trier, kurz danach Vorsitzender für ganz Deutschland. In Leutesdorf erwirbt Haw im Jahr 1912 ein Haus, in dem Alkoholkranke leben können und betreut werden. Neu ist damals die Verbindung von medizinisch-psychologischer Therapie und Glaubensseelsorge. Nur wer eine Stütze im Glauben hat, so Haws Erkenntnis, kann nach erfolgter Therapie der Sucht auch weiterhin widerstehen.

Haw will dieser seelsorgerischen Komponente stärkeres Gewicht geben. Am 15. Oktober 1919 gründet sich in Leutesdorf der »Johannesbund«, der in Johannes dem Täufer, der den Weg für Christus geebnet hat, seinen Patron hat. Aus dem von Haw geleiteten Bund gehen zwei Ordensgemeinschaften hervor, die »Johannesschwestern von Maria Königin« und die »Missionare vom heiligen Johannes dem Täufer«, beide mit Sitz in Leutesdorf.

Es ist nicht nur ein religiöses Unternehmen, sondern auch ein ökonomisches: Haw gründet und leitet den Johannes-Verlag zur publizistischen Unterstützung der Arbeit des Johannesbundes, außerdem werden in den folgenden Jahren noch andere Häuser in ganz Deutschland gebaut. Nicht nur Alkohol- und Drogenkranke werden betreut, sondern auch entlassene Strafgefangene und Heimatlose. Ein Gymnasium für mittellose Jungen folgt. Schließlich wird auch die apostolische Laienarbeit ausgebaut: Gruppen des Johannesbundes bilden sich in zahlreichen Gemeinden, Exerzitien werden angeboten, die religiöse Bildung wird weitergetragen.

In der NS-Zeit haben Johannes Haw und seine Bewegung viel zu erdulden. 1941 verfügen die nationalsozialistischen Behörden die Auflösung des gesamten Werks und seiner Einrichtungen.

Nach dem Krieg beginnt der Wiederaufbau, erneut unter der Federführung Johannes Haws. Er stirbt am 28. Oktober 1949 in Leutesdorf und wird in einer Gruft der Ölbergkapelle gegenüber der Wallfahrtskirche Heiligkreuz beigesetzt.

Die Ordensgemeinschaften des Johannesbundes unterhalten heute neben Niederlassungen in Deutschland auch Filialen in Portugal, Mosambik und Indien. Das Seligsprechungsverfahren für Johannes Maria Haw ist eingeleitet.

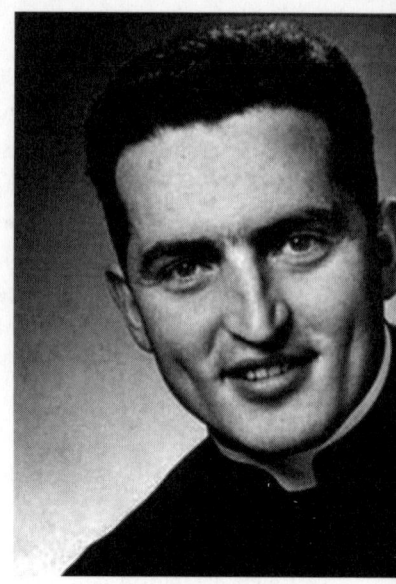

Rudolf Lunkenbein
* 1939 † 1976

Der weiße Indianer der Bororo

Es ist der 15. Juli 1976. Staatliche Landvermesser sind seit drei Tagen im Stammesgebiet der Bororo im brasilianischen Bundesstaat Mato Grosso tätig. Das Ziel der Aktion: Ein Reservat soll ausgemessen werden, weiße Großgrundbesitzer sollen zu Unrecht angeeignetes Land den Eigentümern, den Bororo, zurückgeben. Bei den Großgrundbesitzern, die mit Sojaanbau immense Gewinne erzielen, stößt die Aktion auf Widerstand. Sie machen einen Hauptverantwortlichen aus: den Salesianerpater Rudolf Lunkenbein. Er wurde von den Indianern nicht nur offiziell in ihren Stamm aufgenommen, sondern er hat auch Kontakte zur Regierung in Brasilia. Die Plantagenbesitzer und Siedler rotten sich zusammen und fahren zur Missionsstation. Mit dabei sind gedungene Handlanger. Es wird ein blutiger Tag werden.

Rudolf Lunkenbein ist der Sohn oberfränkischer Kleinbauern. Die Nöte »kleiner Leute« sind ihm daher nicht fremd. Weil die Eltern dem Buben das Schulgeld für das Gymnasium nicht bezahlen können, vermittelt der Dorfpfarrer ihm einen Freiplatz im Internat der Salesianer in Buxheim im Allgäu. Früh zeigt Rudolf Lunkenbein Interesse für Brasilien. Sein einstiger Klassenkamerad und Kommilitone P. Alois Gaßner erinnert sich: »Der Rudi war ein Tüftler und Bastler. Alles Technische und Elektrische hat ihn von früh bis abends beschäftigt, und er hat sich für die große weite Welt interessiert, besonders für Südamerika und die Indianer.« Rudolf Lunkenbein sagt einmal: »Da geh ich später hin.«

Aus seinem Traum wird Wirklichkeit werden. 1958 geht er nach São Paulo in Brasilien und beginnt im Haus der Salesianer das Noviziat. Von 1963 bis 1965 sammelt Lunkenbein praktische Erfahrungen in der Mission in Meruri im Bundesstaat

Mato Grosso. Die Lage der indianischen Ureinwohner ist prekär: Plantagenbesitzer reißen sich widerrechtlich – oft unter dem Schutz korrupter Regierungsbeamter und Polizisten – deren Land unter den Nagel. In jenen Jahren leben schätzungsweise noch fünfhundert Bororo. Der Stamm ist verzweifelt und beschließt seinen eigenen Untergang: Die Frauen trinken bewusst den Saft einer Urwaldpflanze, der empfängnisverhütend wirkt.

Lunkenbein lässt das Schicksal der Bororo nicht los. Für einige Jahre geht er nach Deutschland zurück, studiert Theologie in Benediktbeuern, wird zum Priester geweiht. Anfang der 1970er Jahre kehrt er nach Meruri zurück. Er selbst versteht sich als Vertreter der »Theologie der Befreiung«, die damals in Lateinamerika in der Aufbruchstimmung des Zweiten Vatikanischen Konzils viele Anhänger gewinnt. Er trägt nicht nur die christliche Botschaft weiter, sondern versteht seine Mission auch als Hilfe zur Selbsthilfe. Unter seiner Leitung lernen die Bororo bessere Anbaumethoden, um sich selbst versorgen zu können. Ein Wasserkraftwerk wird gebaut. Die Kinder erhalten Schulbildung. Lunkenbein erlernt die Sprache der Bororo. Die nehmen Lunkenbein offiziell in ihren Stamm auf – eine bis dahin einem Weißen noch nicht erwiesene Ehre. Lunkenbein überzeugt die Indianer, weiterleben zu wollen. Die Empfängnisverhütung wird abgebrochen, die Bororo nehmen gemeinsam mit dem Salesianerpater den Kampf gegen die mächtigen Weißen auf.

Lunkenbein gibt ihnen eine Stimme: Er engagiert sich in der staatlichen Indianerschutzbehörde: »Zunächst einmal gilt es, diesen Menschen auf den Weg zurück ins Leben zu helfen, sie zur Selbstbesinnung zu bringen, ihnen klarzumachen, was in ihnen steckt, welche Kräfte sie einfach brachliegen, welch großartige Traditionen sie einfach verkommen lassen.« Der Pater findet Verbündete in der Regierung – trotz der weitreichenden Korruption und der mächtigen Lobby der Großgrundbesitzer.

Der Gegenwind weht immer schärfer, das spürt Lunkenbein. In seinem letzten Brief an die Eltern vom 18. Mai 1976 schreibt er von seinem Erfolg, dass die Landvermessung nun bald aufgenommen werden soll, um die Landrechte der Bororo zu sichern. Aber er weiß auch um die Gefährlichkeit seines Einsatzes:

»Wahrscheinlich wird das Problem mit unseren Farmern in diesem Jahr vollständig gelöst werden. In ein bis zwei Monaten wird das Indianergebiet vermessen und dann wird die ganze weiße Bevölkerung gerichtlich aufgefordert, das Gebiet zu verlassen. In diesen Tagen kann es dann sein, dass es zu Schüssen kommt, einige haben schon gedroht. Es wird also noch ein sehr schwieriges Jahr für uns werden. Aber wir stehen ja immer in Gottes Hand. Und tun alles, um Ungerechtigkeiten zu vermeiden.«

Lunkenbeins Ahnungen sind mehr als begründet: Am Vormittag des 15. Juli 1976 erscheinen rund sechzig Siedler und deren Handlanger auf der Missionsstation. Lunkenbein, der auf dem Feld gearbeitet hat, eilt herbei. Es entsteht ein scharfer Wortwechsel zwischen Siedlern und Missionsmitarbeitern. Lunkenbein versucht zu vermitteln. Doch die Stimmung ist aufgeheizt. Einer der Siedler greift zur Waffe und streckt Lunkenbein und einen indianischen Begleiter nieder. Lunkenbein stirbt kurz darauf. Die Bororo bestatten ihn feierlich als Mitglied ihres Stammes. In Brasilien und Deutschland ruft der Tod des Missionars Entsetzen und Trauer hervor.

Heute hat sich die Lage der Bororo verbessert. Es leben wieder rund dreitausend Stammesmitglieder. Ihre Landrechte sind staatlich verbrieft. An der Don-Bosco-Universität in Campo Grande (Mato Grosso) existiert heute das Institut zur Erforschung der Kultur indigener Völker. Auch etliche Bororo studieren dort. Aber der Kampf gegen das Unrecht geht weiter. Man vermutet im Stammesgebiet der Bororo Ölvorkommen. Erneut richten sich begehrliche Augen auf die Region. Der Salesianerpater und Beauftragte für missionarische Animation Karl Oerder stellte 2006 in einem Vortrag fest: »Zwar sind die Rechte der Bororo verfassungsmäßig garantiert. Aber in vielen Fällen bestehen diese Rechte nur auf dem Papier. In Wirklichkeit haben die Interessen von Plantagenbesitzern, Politikern und Industriellen mehr Gewicht.« Und er resümierte: »Da gibt es noch viel zu tun.«

Oerder ist ein Befürworter der Seligsprechung Rudolf Lunkenbeins. Das Verfahren ist in Vorbereitung.

Geistliches und geistiges Engagement:

Ordensgründer, Seelsorger, Leben in Demut, Künstler

Pius (Johannes) Keller

* 1825   † 1904

Retter des Augustinerordens

W ie für andere Orden auch sah es für die Augustiner nach der Säkularisation – die Enteignung von Kloster- und Kirchenbesitz und die Auflösung der geistlichen Territorien im Jahre 1803 – im 19. Jahrhundert
düster aus. Sie litten nicht nur unter der erfolgten Aufhebung und Zerstörung vieler Klöster und dem Nachwuchsmangel, sondern auch unter der andauernden
politischen Restriktion. Im Jahre 1825 gab es in Deutschland gerade noch acht
Augustinerpatres und sieben Laienbrüder. Ein klägliches Ende des Ordens schien
bevorzustehen.

In jenem Jahr 1825, am 30. September, wird in Ballingshausen bei Schweinfurt
Johannes Keller als Kind von Kleinbauern geboren. Der Knabe ist intelligent und
wird bereits in der Volksschule vom Dorfpfarrer in Latein unterrichtet. Mit zwölf
Jahren wird Johannes auf die Augustinerschule nach Münnerstadt in Unterfranken
geschickt. Für die Eltern bedeutet das ein großes Opfer, denn pro Halbjahr sind
zwanzig Gulden Schulgeld zu bezahlen (was einem heutigen Wert von in etwa
neunhundert Euro entspricht). Nach dem Abitur, das Johannes mit Auszeichnung
besteht, beginnt er ein Studium der Philologie an der Universität Würzburg und
tritt 1846 ins Priesterseminar ein. Das Studium beendet er mit der Note »sehr gut«,
1849 wird er zum Priester geweiht.

Es folgt eine Karriere, die nach außen hin ohne Brüche zu verlaufen scheint:
1849 tritt Johannes Keller als Novize dem Augustinerorden in Münnerstadt bei
und nimmt den Namen Pius an. 1850 legt er die ewigen Gelübde ab. 1853 wird er
Prior in Münnerstadt, gleichzeitig wirkt er lange Jahre als Lehrer am dortigen
Gymnasium. Seit 1859 ist er Generalkommissar des Ordens, von 1865 bis 1870

Prior von Kloster Germershausen, und seit 1895 erster Provinzial der wiedererrichteten bayerisch-deutschen Ordensprovinz der Augustiner, von 1872 bis 1881 ist er zudem Generalassistent für sämtliche Augustinerklöster in Deutschland, Holland, Belgien, Polen und Böhmen, und von 1903 bis zu seinem Tod erneut Prior von Münnerstadt.

Zahlen und Daten, die leicht vergessen lassen, welche Bürde diese Ämter bedeuteten. Auf Bildern sieht Pius Keller denn auch ernst und streng drein, und Strenge – gegen andere wie gegen sich selbst – gehörte zu seinen hervorstechenden Eigenschaften. Er verlangte von seinen Mitarbeitern und Mitbrüdern das Äußerste und hatte kein Verständnis, wenn sie wegen Überlastung den Orden verließen. Aber er zeigte auch Mitleid und Nachsicht bei Menschen, von denen er sich mehr erwartete. Als ein Lehrer am Münnerstädter Gymnasium einen Schüler durchfallen lassen wollte, schrie Pius Keller den Kollegen in seinem »heiligen Zorn« als »Würgengel« an. Der Schüler, so Keller, benötige keine Bestrafung, sondern besondere Förderung und Unterstützung!

Besonders viel Kraft fordert die Neugründung des Klosters Germershausen im Untereichsfeld ab. Dorthin schickt Keller – auf Einladung des Hildesheimer Bischofs – im Oktober 1864 sechs Augustiner. Es ist die erste Klostergründung der Augustiner nach der Säkularisation. Pius Keller umgeht dabei ein Verdikt des bayerischen Staates, wonach Novizen in Münnerstadt nur aufgenommen werden dürfen, wenn sie später am dortigen Gymnasium als Lehrer wirken wollen.

Doch die Neugründung steht anfänglich unter keinem guten Stern. Bereits nach wenigen Wochen verlassen drei Augustiner Germershausen – die Einfachheit und Armut dort ist ihnen zu groß. Sogar die Kapuziner haben einige Jahre zuvor Germershausen aufgegeben – trotz ihrer sprichwörtlichen Fähigkeit zur Askese.

Pius Keller nimmt nun die Sache selbst in die Hand: Er zieht selbst nach Germershausen und baut die dortige Gemeinschaft (mit einigen Rückschlägen) auf. Unerwartete Hilfe erhalten sie von den Bauern der Nachbardörfer, die bald merken, dass sie von den Augustinern profitieren – in der Seelsorge, aber auch in bezahlten Handlangerdiensten.

1870 kann Pius Keller Germershausen wieder verlassen. Das Klosterleben hat sich gefestigt. Seine Ordenskarriere ruft ihn wieder ins Fränkische. Als er am 15. März 1904 in Münnerstadt stirbt, zählt der Augustinerorden bereits wieder siebenundvierzig Patres, achtunddreißig Brüder und zahlreiche Novizen und Klosterschüler.

Heute zählen die Augustiner deutschlandweit rund fünfundachtzig Patres, Brüder und Novizen.

1934 wurde das Seligsprechungsverfahren für P. Pius Keller eingeleitet.

Maria Theresia (Aline) Bonzel

*1830   †1905

Anbetung und Fürsorge

Im Jahre 1865 kommt es innerhalb einer erst zwei Jahre zuvor gegründeten Schwesterngenossenschaft in Olpe zu Verwerfungen. Die einen tendieren eher zur Regel des heiligen Augustinus, die anderen zu der des Franziskus. Für die einen steht die soziale Fürsorge im Vordergrund, für die anderen die ewige Anbetung des Altarsakraments, erst in zweiter Linie dann die karitative Arbeit. Außerdem kommt es zu einer unseligen Konkurrenz mit den ebenfalls in Olpe tätigen Vinzentinerinnen. Auch die beiden Gründerinnen der Genossenschaft, Klara Pfänder und Maria Theresia Bonzel, einst enge Freundinnen, haben sich entfremdet. Schließlich löst der Paderborner Bischof Konrad Martin den Knoten: Er trennt die Gemeinschaften, räumlich wie rechtlich. Für Maria Theresia Bonzel ein Neubeginn – unter erschwerten Bedingungen.

Geboren wird Regina Christina Wilhelmine (genannt Aline) Bonzel am 17. September 1830 in Olpe. Die Eltern sind wohlhabend. Alines Vater stirbt früh. Über Alines Kindheit ist nicht viel bekannt. Eine Zeit lang lebt sie im Internat der Ursulinen in Köln. Früh trägt sie sich mit dem Gedanken, ins Kloster zu gehen – gegen den Willen der Mutter.

Aline ist herzkrank. Die Mutter fürchtet um die Gesundheit der Tochter unter den klösterlichen Verhältnissen. Der Eintritt bei den Salesianerinnen ist bereits besprochen, da erkrankt Aline an einer Gesichtsrose. Doch an ihrem grundsätzlichen Entschluss ändert das nichts.

Noch ist sie auf der Suche. Sie tut sich mit den Freundinnen Klara Pfänder und Regina Löser zusammen. Nach einigen Auseinandersetzungen mit dem bischöflichen Ordinariat erhalten die drei Frauen 1860 die Erlaubnis, die Schwesterngenossenschaft »Franziskanerinnen von der Ewigen Anbetung« in Olpe zu gründen. Aline Bonzel erhält den Namen »Maria Theresia vom Heiligsten Sakrament«. Sie bekommen bald Zulauf, eine erste Filiale wird gegründet, ein kleines Waisenhaus unterhalten. In den Jahrzehnten beginnender Industrialisierung und vor der Einführung der staatlichen Sozialgesetze ist die Not vor allem in der Arbeiterschaft groß.

Seit dem Neubeginn der Genossenschaft im Jahre 1865 ist Maria Theresia Bonzel Generaloberin. Sie wird diese Aufgabe bis zu ihrem Tod erfüllen. Die Schwestern leben einfach, schlafen auf Stroh, erhalten nur bescheidene Mahlzeiten. Die Betätigung der Gemeinschaft wechselt zwischen der Anbetung und der Arbeit im Waisenhaus. Anfänglich ist die Gemeinschaft so arm, dass die Schwestern auf den Straßen Olpes betteln gehen müssen. Zum Waisenhaus kommt bald eine Hostienbäckerei hinzu, außerdem lassen sich einige Schwestern zu Krankenpflegerinnen und Lehrerinnen ausbilden. Während des Deutsch-Französischen Krieges pflegen die Schwestern Verwundete, zwei Schwestern infizieren sich mit Typhus und sterben. Bald gründen die Schwestern in Olpe eine höhere Mädchenschule, und in Blankenstein an der Ruhr ein Krankenhaus. Auch in anderen Orten übernehmen sie in den Jahren nach 1870 Hospitäler und gründen Filialen.

Obwohl Maria Theresia Bonzel nach dem Krieg aus den Händen der Kaiserin das Verdienstkreuz erhalten hat, trifft auch sie der »Kulturkampf«. Die Gemeinschaft in Olpe muss staatliche Visitationen erdulden. 1875 werden das Waisenhaus und die Elementarschule in Olpe zwangsweise aufgelöst, das Pflege- und Sorgerecht wird den Franziskanerinnen entzogen. Nicht einmal eine Nähschule dürfen die Schwestern weiterbetreiben. Die Gemeinschaft steht vor dem finanziellen Ruin.

In dieser existenziell schwierigen Situation entscheidet sich Maria Theresia Bonzel, einige Postulantinnen nach Nordamerika zu schicken. 1877 erreichen die ersten Schwestern die Neue Welt, sie lassen sich in Lafayette im Staat Indiana nieder und sind dort in einem Krankenhaus tätig. Ein Jahr später folgt die Generaloberin persönlich. In Amerika gründet Maria Theresia Bonzel mehrere Filialen des Ordens und versucht den franziskanischen Geist weiterzutragen.

Zurück in Deutschland, muss sich die Generaloberin weiterhin mit den Beschränkungen infolge des Kulturkampfes auseinandersetzen. Das zehrt an ihrer Gesundheit, das alte Herzleiden macht ihr zu schaffen. Dennoch geht sie unbeirrt ihren Weg. In einem Brief an eine Mitschwester schreibt sie: »Alles, wie der liebe Gott es will! Er führt, ich gehe!«

Unterdessen »boomt« der Orden in Amerika. Beinahe vierzig Filialen werden gegründet. Dreimal fährt die Generaloberin über den Atlantik – zur damaligen Zeit eine anstrengende und zeitraubende Reise.

Doch auch in Deutschland geht es nach dem Ende des Kulturkampfes mit dem Orden wieder bergauf. Bei Maria Theresia Bonzels Tod existieren zweiundsiebzig Niederlassungen. Insgesamt zählt die Gemeinschaft damals rund eintausendfünfhundert Schwestern.

Maria Theresia Bonzel ist nicht nur eine fähige »Managerin« eines expandierenden Ordens, sondern sie hat für alle Ratsuchenden auch Zuspruch und Trost. Im sauerländischen Platt meint sie scherzhaft »Klimm up!«, wenn eine Schwester Zweifel hegt. Anbetung und Fürsorge sind die beiden Säulen ihrer Gemeinschaft. Im Zentrum steht die Liebe, die zu den Menschen, aber auch die zu Gott. Maria Theresia Bonzel sorgt für »sozialverträgliche« Gebühren in den Hospitälern und Waisenhäusern der Gemeinschaft. Im Notfall entscheidet sie auch pragmatisch. »Die Geldsache können wir immer noch regeln«, sagt sie einmal, »bringen Sie uns erst mal die Kinder, und wenn es mit der Bezahlung noch zwanzig Jahre dauert. Sie können es uns ohne Zinsen zurückzahlen!«

Ein Jahr vor ihrem Tod schreibt Maria Theresia Bonzel in einem Brief: »Es geht mir wie alten Leuten, bin müde, doch zufrieden und heiter.« Sie stirbt am 6. Februar 1905 in Olpe an der Grippe.

Heute unterhält die Kongregation, die 1961 päpstlich anerkannt wurde, zahlreiche Filialen in Deutschland, Nordamerika, Lateinamerika und auf den Philippinen. 1961 wurde das Seligsprechungsverfahren für Maria Theresia Bonzel eingeleitet.

Maria Theresia von den Aposteln
(Theresia) von Wüllenweber

* 1833   † 1907

Gründerin der Salvatorianerinnen

ie Wege ihres Lebens schienen lange Zeit verschlungen, etliche waren
Sackgassen. Dennoch hatte Theresia Freifrau von Wüllenweber ein kla-
res Ziel vor Augen: Sie wollte als Klosterfrau für die Mission und den
karitativen Dienst arbeiten. Anders sah das ihr strenger Vater: Er hatte die älteste
Tochter – ein männlicher Stammhalter fehlte – als Verwalterin der Erbgüter vorgesehen. Doch Theresia hatte ihren eigenen Kopf.

Geboren wird sie am 19. Februar 1833 auf Schloss Myllendonk bei Mönchengladbach. Vier weitere Töchter folgen. Als adliges Fräulein erhält Theresia die übliche Ausbildung. Später sollte sie einmal heiraten und den Besitz der Wüllenwebers
erhalten und mehren. Als Fünfzehnjährige wird Theresia in das Pensionat der
Benediktinerinnen nach Lüttich geschickt. Zwei Jahr später kehrt sie – im heirats-
fähigen Alter – nach Hause zurück und erklärt dem entsetzten Vater, sie wolle
Klosterfrau werden und sich in der Mission einsetzen. Gegen den Willen des Vaters,
aber mit Unterstützung der Mutter geht Theresia nun ihren eigenen Weg. Doch sie
wird fast dreißig Jahre benötigen, bis sie ihre Bestimmung gefunden hat. Ein Weg,
den sie nicht immer ohne Zweifel beschreitet, auf dem sie aber doch ihr eigentli-
ches Ziel nie aus dem Blick verliert.

Theresia von Wüllenweber versucht es in diversen Klöstern und Gemeinschaften – doch nie kann sie sich zum Ablegen der ewigen Gelübde entschließen, nie ist
sie im Innersten vom Wesen und Wirken des jeweiligen Ordens restlos überzeugt.
Ein paar Jahre ist sie bei den »Schwestern vom Heiligen Herzen Jesu« im niederländischen Vaals, dann in Warendorf in Westfalen, schließlich im französischen
Orléans. Von dort wird sie 1863 von ihrem Vater nach Deutschland zurückgeholt.

Theresia geht ins Kloster der »Schwestern von der Heimsuchung Mariens« nach Mülheim an der Ruhr, kehrt aber nach wenigen Wochen in ihr Elternhaus zurück. 1868 unternimmt sie einen neuen Versuch: Sie geht zu den »Schwestern von der Ewigen Anbetung« nach Brüssel, später nach Lüttich und Gent, ist aber erneut nicht überzeugt. 1871 kehrt sie nach Hause zurück. Fünf Jahre später ein weiterer Anlauf: Theresia von Wüllenweber pachtet das säkularisierte Kloster Neuwerk in Mönchengladbach, kauft die Gebäude drei Jahre später. Das Anwesen nennt sie Barbarastift. Gemeinsam mit anderen alleinstehenden Damen betreibt sie ein Waisenheim. Sie ist ihrem Lebensziel einen Schritt näher. Doch Erfüllung glaubt sie erst im klösterlichen Zusammenleben finden zu können.

Dann die entscheidende Begegnung: 1882 wird sie auf Johann Baptist Jordan aufmerksam, trifft sich mit ihm, ist von seinen Ideen begeistert. Privat legt sie ein Gelübde ab. Jordan hat im Jahr zuvor die Salvatorianer gegründet und nennt sich nun Franziskus Maria vom Kreuz. 1888 gründet Theresia von Wüllenweber gemeinsam mit Franziskus Jordan in Tivoli bei Rom den weiblichen Zweig des neuen Ordens, die »Schwestern vom Göttlichen Heiland«, im Volksmund die Salvatorianerinnen genannt. Sie nimmt den Ordensnamen Maria Theresia an. Jetzt endlich findet sie in ihrer Arbeit Erfüllung. Die Gemeinschaft wird ihre späte Lebensaufgabe. Sie wird Generaloberin des schnell wachsenden Ordens, der bald Filialen in Italien, der Schweiz, Deutschland, Österreich, Ungarn, Belgien, Indien und den USA unterhält. Maria Theresia von Wüllenweber bereist persönlich die Niederlassungen in Europa. Der Orden, der 1911 päpstlich anerkannt wird, ist in Mission, sozialer Fürsorge und Schuldienst tätig. Heute arbeiten in dreißig Ländern über zwölfhundert Schwestern in rund zweihundert Niederlassungen.

Am 25. Dezember 1907 stirbt Maria Theresia von Wüllenweber in Rom an einer Hirnhautentzündung. Sie wird auf dem Campo Teutonico im Vatikan begraben. 1952 wurden ihre Gebeine ins Mutterhaus der Salvatorianerinnen in Rom überführt. Im Jahre 1968 wurde sie von Papst Paul VI. seliggesprochen.

Franziskus Maria vom Kreuz
(Johann Baptist) Jordan
*1848   †1918

Gründer der Salvatorianer

Einer der zahlreichen Orden, die im späten 19. Jahrhundert im Zuge einer Glaubenserneuerung gegründet wurden, ist die »Gesellschaft des Göttlichen Heilandes«, kurz Salvatorianer genannt. Ihr Gründer war Franziskus Maria vom Kreuz Jordan. In seinen zahlreichen Ansprachen an die Mitbrüder spielte das Streben nach einem Leben in Heiligkeit eine zentrale Rolle. Die diesbezügliche Aufgabe eines Salvatorianers vor sich und der Welt umriss Franziskus Jordan so: »Bei unserer Aufgabe für den Salvatorianer ist an erster Stelle sein eigenes Heil, seine eigene Heiligung zu wirken. Man ist in die Gesellschaft eingetreten, um heilig zu werden. Das ist die erste und wichtigste Aufgabe. Ferner: Sie wurden berufen, um Heilige heranzubilden.«

Ein andermal brachte er seine Forderungen an die Ordensmitglieder in drei knappen Punkten zum Ausdruck: »1. die möglichst größte Ehre Gottes. 2. die möglichst größte Selbstheiligung. 3. möglichst viele Seelen retten mit der Gnade Gottes.« Dies fasst programmatisch die Aufgaben des Ordens zusammen: persönliche Mission (»Selbstheiligung«) und äußere Mission (Bekehrung zum christlichen Leben im In- und Ausland).

Die Gründung des Salvatorianerordens ist nur vor dem historischen Hintergrund nachzuvollziehen: als kämpferische Reaktion auf die kirchenfeindliche Politik unter Bismarck (den sogenannten Kulturkampf) und im Zuge der Begeisterung für die Mission in den »heidnischen« Ländern (im Windschatten imperialistischer Kolonialbegeisterung). So gesehen tragen die Gründung des Ordens und die Intention des Ordensgründers sehr zeitbedingte nationale Züge – wenngleich sich Wesen und Wirkungsfelder des Ordens (wie auch die anderer Gemeinschaften) in den Jahrzehnten nach dem Zweiten Weltkrieg stark gewandelt haben, sie internationalisiert wurden.

Johann Baptist Jordan kommt am 16. Juni 1848 in Gurtweil im südlichen Schwarzwald zur Welt. Nach der Schule lernt er Dekorationsmaler. Doch er fühlt sich zum Priester berufen. Mit sechsundzwanzig Jahren holt Jordan das Abitur nach und studiert Philosophie und Theologie an der hoch angesehenen Universität von Fribourg in der Schweiz. 1878 wird er zum Priester geweiht, erhält aber wegen der Kulturkampfgesetze keine Stelle im Deutschen Reich. Jordan absolviert daher noch ein Studium der aramäischen, syrischen und koptischen Sprachen an der Päpstlichen Akademie in Rom. Eine Bildungsreise führt ihn in den Orient zu den heiligen Stätten.

Im Dezember 1881 ruft er die Gemeinschaft ins Leben, die sein Lebensinhalt wird: die Salvatorianer. Jordan nimmt den Ordensnamen Franziskus Maria vom Kreuz an. Der Ordenssitz ist in Rom. Die Gemeinschaft erhält bald regen Zulauf. Auch Frauen bezeugen Interesse. Sieben Jahre später gründet Franziskus Jordan gemeinsam mit Theresia von Wüllenweber den weiblichen Ordenszweig, die »Schwestern vom Göttlichen Heiland« (Salvatorianerinnen).

In den nächsten Jahren entstehen Filialen in Europa, Indien, Nord- und Südamerika. Im Ersten Weltkrieg verlegt Jordan den Ordenssitz kurzzeitig in die neutrale Schweiz. Im schweizerischen Tafers stirbt er am 8. September 1918. Vier Jahre später wird der neue Orden päpstlich anerkannt. Jordans sterbliche Überreste werden 1956 in das Generalat nach Rom überführt.

Bereits 1943 wurde das Seligsprechungsverfahren eingeleitet. Heute sind die Salvatorianer in ganz Europa, Nord- und Südamerika und in Afrika in Seelsorge und Mission tätig.

Wilhelm Eberschweiler

*1837   †1921

Heiterkeit und Freudigkeit des Herzens

In einer Zeit, die immer schnelllebiger wird, in der von den Menschen immer mehr an Einsatz, Flexibilität und Leistung verlangt wird, in der Menschsein zunehmend nach dem äußeren Erfolg definiert und bemessen wird, kann das Leben eines Mannes, der im Stillen wirkte, der in der unscheinbaren Erfüllung der Forderungen des Alltags sein Ideal sah, zum Umdenken anregen. Solch ein Mensch war der Jesuitenpater Wilhelm Eberschweiler. Einer seiner Leitsprüche lautete: »Ich will treu sein im Täglichen bis ins Kleinste; etwas anderes haben wir ja nicht zu geben. Das ist es, womit wir dem Vater zu dienen, seinen heiligen Willen zu erfüllen haben.«

Geboren wird Wilhelm Eberschweiler am 5. Dezember 1837 im saarländischen Püttlingen als ältester Sohn eines Volksschullehrers und dessen Frau. Sechs weitere Kinder folgen. Die Familie zieht nach Waxweiler, später nach Bitburg in der Eifel. Der Lohn des Vaters ist klein, deshalb müssen die Kinder so bald wie möglich außer Haus zum Arbeiten geschickt werden. Der Knabe Wilhelm ist erst elf Jahre alt, als ihm angeboten wird, in einem abgelegenen Weiler die Kinder zu unterrichten. Bei einem Bauern erhält er Kost und Logis. Wilhelm ist ein kluges Kind. Aber sein Wunsch, ein Gymnasium zu besuchen und später zu studieren, scheint aus finanziellen Gründen unerfüllbar. Doch eine wohlhabende Tante hilft. Wilhelm wird nach Trier geschickt, wohnt im bischöflichen Konvikt und besucht das Friedrich-Wilhelm-Gymnasium.

Sein größter Wunsch ist es, später als Priester in die Mission zu gehen. Kurz vor dem Abitur ist er drauf und dran, den missionarisch tätigen Lazaristen beizutreten. Die Eltern und Lehrer überreden ihn, zuerst die Schule zu beenden. Nach einem Exerzitienkurs der Jesuiten entscheidet sich der junge Mann, in die Gesellschaft Jesu einzutreten. Drei seiner Brüder wählen den gleichen Weg.

Wilhelms Gesundheit ist angeschlagen. Der Orden schickt ihn noch während des Noviziats in ländliche Niederlassungen nach Göttendorf bei Münster und Feldkirch in Vorarlberg. 1861 legt Wilhelm Eberschweiler die Gelübde ab, danach studiert er in Münster, Aachen und Maria Laach (in der altehrwürdigen Benediktinerabtei war von 1863 bis 1872 ein Jesuitenkolleg untergebracht) Philosophie, Rhetorik und Theologie. 1868 wird er in Maria Laach zum Priester geweiht.

Eine glänzende Ordenskarriere scheint dem begabten und eifrigen jungen Mann offenzustehen. Doch die Zeitläufte und Eberschweilers persönliche Demut führen ihn einen anderen Weg. Nach der Reichsgründung werden die Jesuiten im Rahmen des Bismarck'schen Kulturkampfs in Deutschland verboten. Sie müssen das Land verlassen. Die Jesuiten aus Maria Laach gehen im November 1872 nach Exaten in den Niederlanden, Wilhelm Eberschweiler folgt im Dezember. Er wirkt zunächst als Rektor in der Niederlassung Wynandsrade. Die Zustände dort sind mehr als bescheiden. Eberschweiler berichtet: »Wir wohnen hier sehr eng. Bis unters Dach sind alle Zimmer besetzt. Ein einziger Saal dient als Schul-, Speise- und Erholungszimmer. Der zur Kapelle eingerichtete Raum reicht so eben, dass alle noch ein Plätzchen finden.« Er erfüllt seine Aufgaben und Pflichten mit Bescheidenheit, Zuverlässigkeit und vor allem mit innerer Gelassenheit und Freude. In einem schriftlich niedergelegten Lebensplan hat er seine Maximen wenige Jahre zuvor so umrissen: »Die Heiterkeit und Freudigkeit des Herzens will ich ununterbrochen zu bewahren suchen, um dadurch allen zu zeigen, einem wie guten Herrn ich diene.« Diese Heiterkeit des Herzens strahlt Eberschweiler zeitlebens aus, das haben etliche seiner Mitbrüder und Schüler bezeugt. Nie macht er Aufhebens von sich, lebt in Einfachheit und heiterer Gelassenheit, geht auf seine Mitmenschen mit Offenheit und Empfänglichkeit zu, ist ein interessierter Gesprächspartner.

Wilhelm Eberschweiler dient einige Jahre als Rektor und Spiritual in Ditten Hall in England, seit 1894 bis zu seinem Tod in Exaten in den Niederlanden. Dort hält er Exerzitien und Vorträge, ist Beichtvater in mehreren Nonnenklöstern der Umgebung. Schwierige Entscheidungen fällt er immer im Gebet, in der Zwiesprache mit Gott. Das Sich-Fügen empfindet er nicht als eine Frage fehlender Durchsetzungskraft, sondern als Zeichen des Vertrauens in Gott. »In Schwierigkeiten«, so bekennt er einmal, »will ich mich an erster Stelle an Gott wenden als an meinen Vater und Freund und ihn um Rat fragen.«

Ein nach außen eher unspektakuläres Wirken, aber doch ein Leben, das in den Seelen vieler Menschen, die ihm begegneten, tiefe Spuren der Dankbarkeit und der empfangenen Freude hinterlässt.

In den letzten Lebensjahren ist Eberschweiler häufig krank. Er stirbt am 23. Dezember 1921 in Exaten und wird am Weihnachtsfest auf dem Klosterfriedhof begraben.

1951 wurde das Seligsprechungsverfahren eingeleitet. 1958 wurden seine Gebeine in die Jesuitenkirche nach Trier überführt.

Jordan (Heinrich) Mai
* 1866   † 1922

Die Idee des Sühneopfers

Es ist der 21. Januar 1922. Im Franziskanerkloster zu Dortmund herrscht helle Aufregung: In der Nacht zuvor ist in die Klosterkirche eingebrochen worden. Der Tabernakel wurde gewaltsam geöffnet, das Altargeschirr mit dem Allerheiligsten geraubt.

Frater Jordan Mai, ein schwächlicher, unter chronischen Kopfschmerzen leidender Mann, der seit vielen Jahren Dienst in der Küche und an der Pforte tut, ist ganz besonders entsetzt. Er ist der Idee verpflichtet, für die Sünden anderer Sühne zu leisten. Auch jetzt bietet er sich zum Sühneopfer an. Er sagt – so überliefern es die anderen Patres –: »Für diesen Gottesraub opfere ich dem Herrgott mein Leben. Heute in einem Monat wird er mich holen.«

Heinrich Theodor Mai kommt am 1. September 1866 in Buer bei Gelsenkirchen zur Welt. Es ist eine kinderreiche Familie. Der Vater übt das Handwerk des Gerbers und Sattlers aus. Heinrich lernt aus eigener Erfahrung die Not in den Arbeiterrevieren kennen.

Früh schließt er sich der Kolpingsfamilie an, hat religiöse und soziale Neigungen. Zwei seiner Schwestern treten dem Franziskanerorden bei. Heinrich liebäugelt ebenfalls damit, doch steht sein Vater dem kritisch gegenüber. Drei Jahre wartet Heinrich, dann geht er in die Niederlande und beginnt das Noviziat bei den Franziskanern in Harreveld. Er erhält den Ordensnamen Jordan. In Harreveld lernt er Koch und arbeitet in den folgenden Jahren als Laienbruder in der Küche und an der Pforte in verschiedenen Franziskanerklöstern in Holland und Deutschland, seit 1907 bis zu seinem Tod in Dortmund.

Jordan Mai ist nur eingeschränkt einsetzbar. Seit seinem vierzigsten Lebensjahr leidet er unter starken chronischen Kopfschmerzen. Er betet viel, sucht im Gebet Sühne für die Sünden anderer zu leisten. Bei Mitbrüdern und Gemeindemitgliedern gilt er als bescheidener und frommer Fürsprecher, als Mann, der ein offenes Ohr für Hilfesuchende hat und Rat und Trost weiß.

Ein nach außen hin unspektakuläres Leben, das sich ganz im Stillen vollzieht. Gerade das wissen viele Menschen, die zu Bruder Jordan kommen, zu schätzen.

Am 20. Februar 1922, einen Monat nach dem Einbruch in die Kirche und der Entwendung des Allerheiligsten, stirbt Jordan Mai, ganz so, wie er es als Sühne dargeboten hat.

Bereits bei seinem Tod steht Jordan Mai im Ruf der Heiligkeit. Tausende strömen an sein Grab auf dem Dortmunder Ostenfriedhof und bitten um Fürsprache. 1932 wurden seine Gebeine erhoben, konserviert und in einem ausgemauerten Grab beigesetzt. 1950 erfolgte die Übertragung in die Dortmunder Franziskanerkirche. Rund einhunderttausend Gläubige säumten die Straße. Der damalige Kardinal Lorenz Jaeger sagte über Bruder Jordan: »Hier erleben wir, wie der Mensch als Diener zur Größe gelangt, weil er nicht der Macht vertraut, sondern der Liebe gedient hat.«

Jordan Mai ist heute einer der meistverehrten »Volksheiligen« des 20. Jahrhunderts. Das Seligsprechungsverfahren steht vor dem Abschluss.

Viktrizius (Anton Nikolaus) Weiß

*1842 †1924

Neubegründer der Kapuzinerseelsorge in Vilsbiburg

Oberhalb von Vilsbiburg in Niederbayern erhebt sich die neuromanische Wallfahrtskirche Maria Hilf. Der Bau aus dem 19. Jahrhundert lässt nicht unbedingt vermuten, dass sich mit ihm ein alter Wallfahrtsort verbindet: Der aus Locarno stammende Kaminkehrer Donatus Barnabas Orelli baute dort 1686 eine erste Kapelle. Bald wurden erste Reliquien dort aufbewahrt und Ablässe beim Besuch des Gotteshauses gewährt. Eine rege Wallfahrt setzte ein. Im Laufe des 18. Jahrhunderts wurde mehrfach an- und umgebaut. Die barocke Kirche Maria Hilf erstand. Bereits 1704 gründeten die Kapuziner zur Betreuung der Wallfahrer ein Hospiz. Der Orden betrieb auch die Wallfahrtsseelsorge. Mit der Säkularisation 1803 mussten die Kapuziner Vilsbiburg verlassen. Diözesanpriester übernahmen die Seelsorge. 1832 musste die baufällige Barockkirche abgerissen werden. Sie wurde in den folgenden Jahren durch einen neuromanischen Bau ersetzt. 1846 zogen erneut Mönche in die Wallfahrtskirche ein: die Redemptoristen. Doch auch sie wurden im Zuge des Kulturkampfes 1873 vertrieben. Dreizehn Jahre später schlug erneut die Stunde für die Kapuziner: Ein zweites Mal siedelten sie sich in Vilsbiburg an und übernahmen die Wallfahrtsseelsorge. Zu verdanken hatten sie das ihrem bayerischen Provinzial, P. Viktrizius Weiß. Er liegt heute in der Kirche begraben und gilt vielen Gläubigen als ein heiliger Mann.

Anton Nikolaus Weiß wird am 18. Dezember 1842 im niederbayerischen Eggenfelden geboren. Der Vater ist Wundarzt, der sich auch im Gemeinwesen ehrenamtlich engagiert und als tiefreligiös und sozial denkend beschrieben wird. Die Familie hat zehn Kinder. Der stille und etwas schwächliche Knabe Anton Nikolaus besucht die Volksschule in Eggenfelden, dann das Gymnasium in Landshut. Er ist ein guter Schüler. Zunächst schwankt er in seinen Berufsplänen. Soll er, wie der Vater, Mediziner werden? Oder doch besser Priester? An der Münchner Universität studiert er zunächst Philosophie. Er gerät in eine Krise, kommt in Kontakt zu nationalen, kirchenfeindlichen Kreisen, die den Einfluss der Kirche zurückdrängen wollen. Nach einiger Zeit findet der junge Mann dann doch zu sich: Er entscheidet sich, Priester zu werden, und bezieht im Herbst 1862 das Seminar im nahen Freising. 1866 wird er geweiht. Eine kirchliche, sogar akademische Karriere scheint ihm offenzustehen: 1869 wird er Dozent in Freising. Er promoviert über die Liturgie und Frömmigkeit der frühen afrikanischen Kirche.

Es ist eine Zeit der Unruhe an den theologischen Fakultäten: Der Kulturkampf spaltet die national empfindenden Katholiken, die sich plötzlich zwischen Berlin und Rom entscheiden sollen. Auch gibt es innerkirchliche Konflikte aufgrund des Unfehlbarkeitsdogmas des Papstes. Die »Altkatholiken« wenden sich daraufhin von Rom und dem Papst ab.

Für Anton Nikolaus Weiß keine leichte Zeit. Er entscheidet sich schließlich gegen eine akademische Laufbahn. Er will im Bescheidenen wirken, im Stillen dienen. Am 10. September 1874 notiert er: »... der Beruf steht fest, denn ich halte es für mein Seelenheil für notwendig, in einen Orden einzutreten, und bin bereit, mit Freuden die Leiden desselben auf mich zu nehmen. Es sind nicht die etwaigen Annehmlichkeiten, die mich anziehen wie früher, sondern vielmehr die Armut usw.« Im Jahr darauf wird Weiß Novize bei den Kapuzinern in Burghausen. Er erhält den Ordensnamen Viktrizius. Im Provinzialat ist man sehr bald von den geistigen Fähigkeiten und der religiösen Kraft des jungen Paters überzeugt. 1882 wird er zum Vikar des Klosters Eichstätt bestellt, 1883 wird er Guardian des Novizialklosters in Laufen, 1884 Provinzial der bayerischen Ordensprovinz (er bleibt dies bis 1890, und nochmals von 1905 bis 1908). In dieser Funktion beschließt Viktrizius Weiß die Wiederansiedlung der Kapuziner in Vilsbiburg und die Übernahme der Wallfahrtsseelsorge und des Klosters. Auch weitere Klöster werden unter dem Provinzialat von Viktrizius Weiß von den Kapuzinern übernommen: St. Josef in München (1898) und St. Ingbert in der damals bayerischen Pfalz (1907).

Viktrizius Weiß ist kein Mann der kühlen Organisation. Selbst in seinen leitenden Stellungen ist ihm immer die Seelsorge, das Gespräch mit Mitbrüdern und Laien wichtig. Die strenge Ordensregel stellt er über alles, das Armutsgebot ist ihm Zeichen religiöser Verinnerlichung.

Nach 1900 ist Viktrizius Weiß in der Ausbildung von Missionaren tätig. Nach seinem Ausscheiden aus dem Amt des Provinzials im Jahre 1908 zieht sich der sechsundsechzigjährige, kränkelnde Mann ins Kloster Vilsbiburg zurück, das ihm besonders ans Herz gewachsen ist. Dort hört er noch lange Jahre die Beichte, bis er – inzwischen fast taub und blind – auch das nicht mehr kann. Sein langes Leiden trägt er geduldig. Er stirbt am 8. Oktober 1924 und wird zunächst auf dem Klosterfriedhof begraben, 1927 in das rechte Seitenschiff der Wallfahrtskirche umgebettet. Zahlreiche Gläubige besuchen seither das Grab. Etliche Gebetserhörungen sind bekundet. Das Seligsprechungsverfahren für Viktrizius Weiß läuft seit 1929.

Die Kapuziner indes mussten sich ein zweites Mal aus der Wallfahrtskirche zurückziehen. Aus personellen Gründen verließen sie am 15. September 1999 Vilsbiburg. Die Seelsorge ging zunächst an die Diözese, seit 2005 sind wieder Mönche dort tätig: die Salesianer Don Boscos. Sie betreuen nicht nur die Wallfahrer, sondern setzen einen wichtigen Akzent ihrer Arbeit auch auf die Jugendseelsorge.

Meinrad (Joseph) Eugster

*1848   †1925

Schneider und einfacher Klosterbruder

E in Leben im Verborgenen. Ohne Aufhebens. Ohne Geschrei und Geschwätz. Aber auch ein Leben im stillen Dienst: als Klosterbruder, Messdiener, Schneider. Ein Leben voller Arbeit und Pflichterfüllung – trotz schwerer Krankheit gegen Ende. Ein Leben in der Enge – er kommt, abgesehen von einem Besuch im österreichischen Vorarlberg, nie aus der Schweiz heraus. Doch gerade weil er so im Stillen und in der Begrenzung arbeitete und wirkte, wird Bruder Meinrad Eugster heute von vielen Menschen verehrt.

Joseph Gebhard, so sein Taufname, wird am 23. August 1848 am Gätziberg bei Altstätten im Schweizer Kanton St. Gallen als jüngstes von zwölf Kindern der Familie Eugster geboren. Josephs Vater ist Schulmeister am Gätziberg. Die Eltern sind fromm. Die Familie lebt in bescheidenen Verhältnissen, ist aber nicht arm. Drei der Söhne können sogar studieren. Joseph hilft früh in Garten und Stall. In Altstätten besucht er die Volksschule. Mit zwölf Jahren schickt man ihn in die Fabrik, damit er mit seinem Verdienst die Familie unterstützen kann. Mit fünfzehn Jahren beginnt er eine Lehre bei einem Kaufmann. Mit sechzehn schickt man Joseph zu einem Schneidermeister in Altstätten in die Lehre. Zeitlebens wird Eugster diesen Beruf mit Geschick und Fleiß ausüben.

Nach der Lehrzeit geht Joseph Eugster im Jahre 1867 auf Wanderschaft: Er dient in Rorschach, Feldkirch und St. Gallen, bleibt also in der engeren Heimat. In diesen Jahren reift sein Plan, ins Kloster zu gehen. Er liebäugelt mit den Kapuzinern und den Jesuiten.

Dann jedoch wird ihm das Benediktinerkloster Einsiedeln empfohlen. Am 1. Januar 1872 tritt Joseph Eugster als Postulant dort ein. Er arbeitet in der Schneiderei und erhält 1874 mit der Aufnahme ins Noviziat den Ordensnamen Meinrad. Am 5. September 1875 legt er die Profess ab.

Meinrad Eugster bleibt Laienbruder. Er arbeitet im Kloster in der Schneiderei, als Messdiener, ist verantwortlich für die Kleiderkammer, hilft in Speisesaal und Küche, besorgt die Wohnung des Subpriors. Ein Mitbruder bemerkt anerkennend: »Bruder Meinrad diente uns wie ein Nothelfer, soweit immer es ihm möglich war.«

Er tut seine Arbeit geduldig und zufrieden, ohne zu murren, gerne im Verborgenen, ohne unnötig zu reden. Sein Grundsatz ist: »Nur nichts Besonderes, nur keine Ausnahmen, wenn es nicht nötig ist!« Er gilt als fromm, ohne das hervorzukehren. Viele Stunden sieht man ihn in der Kirche knien, im Gebet versunken.

Gegen die Mitbrüder ist er umgänglich, zuvorkommend und liebevoll. Ein Mönch berichtet: »Bruder Meinrad war wirklich immer lieb zu jedermann.« Für die Klosterbrüder hat Meinrad immer ein Wort des Trostes und der Aufmunterung übrig. Auch kümmert er sich um die Pflege der Kranken. In Gesprächen hält er sich – der nur über geringe Schulbildung verfügt – gern mit der Bemerkung zurück: »Ich weiß halt nichts.« Geschwätz ist ihm zuwider.

In den letzten Jahren leidet Meinrad Eugster an chronischen Magenschmerzen und Rheuma. Zuletzt kann er kaum noch gehen. Seine Leiden trägt er mit Geduld. Er stirbt am 14. Juni 1925 in Kloster Einsiedeln und wird zwei Tage darauf in der Gruft der Stiftskirche bestattet. Bereits damals wird Meinrad von den Mönchen als Heiliger betrachtet. Ein Mitbruder meint: »Was ich am meisten an Bruder Meinrad bewunderte, war sein Gleichmut in allen Wechselfällen des Lebens: untrügliches Zeichen einer in Gott verankerten Seele, deren Ruhe sich durch keine von irgendeiner Leidenschaft herrührenden Gemütsbewegung stören ließ.«

Das Seligsprechungsverfahren für Bruder Meinrad Eugster ist vor etlichen Jahren eingeleitet worden.

Wilhelm Janauschek

*1859   †1926

Redemptorist und Volksmissionar

In der Kirche Maria am Gestade in Wien befindet sich nicht nur das Grab des heiligen Klemens Hofbauer (1751–1820), sondern auch des Mannes, der die Heiligsprechung Hofbauers (1909) und seine Erhebung zum Wiener Stadtpatron (1914) entschieden vorangetrieben hat: Wilhelm Janauschek. Der Redemptoristenpater wird seit seinem Tod im Jahre 1926 von zahlreichen Menschen als Heiliger verehrt. Bei seiner Überführung vom Zentralfriedhof zur Kirche im Jahre 1934 säumten Hunderttausende die Straßen. Inzwischen sind rund zehntausend Gebetserhörungen bekundet.

Doch was lässt die Gläubigen so auf die Fürsprache Janauscheks hoffen? Was bedeutete er ihnen zu Lebzeiten, was heute, mehr als achtzig Jahre nach seinem Tod?

Wilhelm Janauschek kommt am 18. Oktober 1859 in der Wiener Himmelpfortgasse unweit des Stephansdoms zur Welt. Die Eltern betreiben ein Lebensmittelgeschäft. Siebzehn Kinder kommen zur Welt, acht erreichen das Erwachsenenalter. Die Familie gilt als tiefreligiös. Zwei Töchter werden später Klosterfrauen, drei Söhne Patres. Wilhelm besucht das Wiener Schottengymnasium. Häufig geht er in die Redemptoristenkirche Maria am Gestade zum Beten. Bereits mit siebzehn Jahren entschließt er sich zum Eintritt in den Orden. Er wird Novize im Kloster Eggenburg. Später studiert er in Mautern in der Steiermark klassische Sprachen, Philosophie und Theologie. Am 28. August 1882 wird Wilhelm Janauschek zum Priester geweiht.

Janauschek macht im Orden schnell Karriere. Er bekleidet in den nächsten Jahren und Jahrzehnten einige wichtige Positionen: als Juventasdirektor in Leoben, als

Novizenmeister, Exerzitienleiter und Rektor. Von 1901 bis 1907 ist er Provinzial der Wiener Provinz. In jenen Jahren setzt er sich besonders für die Heiligsprechung Klemens Hofbauers ein. Schließlich wird Janauschek Rektor von Kloster Wien-Hermals (bis 1918) und danach von Maria am Gestade.

Ein erfülltes, pflichtenreiches, verantwortungsvolles Leben. Was aber machte ihn im Volk so beliebt?

Wilhelm Janauschek galt in all jenen Jahren als ein gerechter, einfühlsamer Seelsorger, gegenüber den Novizen, deren Meister er war, gegenüber Mitbrüdern, aber auch gegenüber den Laien in den Gemeinden, die er als Priester betreute. Er war ein Vertreter und Förderer der »Volksmission«. Seine warmherzige, verständnisvolle Art öffnete ihm die Herzen vieler Menschen. Er ist ein »Heiliger des Alltags«, wie der heutige Provinzial der Wiener Redemptoristenprovinz P. Lorenz Voith feststellt. Und Janauschek war ein Meister der Gelassenheit. Sein Wahlspruch lautete: »Wenn der liebe Gott dies so möchte, dann wird das schon passen.« Damit fügt sich Janauscheks Glaubens- und Lebensauffassung sehr gut in eine heutige, weltoffene und menschenverständige Seelsorge, die das Gespräch sucht und nicht auf Prinzipien beharrt. Dieses Bild von Janauschek wollen die Redemptoristen auch heute vermitteln, gerade unter den erschwerten Bedingungen einer »City-Seelsorge«. Oder, wie P. Lorenz Voith sagt: »Diese Gelassenheit kann auch für den modernen Menschen eine Anregung sein: sich wirklich bemühen, das Beste zu tun, aber in dem Wissen, dass es Gott ist, der alles lenkt.«

Wilhelm Janauschek starb am 30. Juni 1926 nach langem und mit Geduld ertragenem Leiden im Wiener Hartmannsspital. Bald nach seiner Überführung vom Zentralfriedhof nach Maria am Gestade wurde das Seligsprechungsverfahren eingeleitet. Zur Kanonisation fehlt trotz zahlreicher Gebetserhörungen noch ein anerkanntes Wunder. Aber hierin sind die Redemptoristen zuversichtlich.

Clemens (Vinzenz) Fuhl
*1874   †1935

Generaloberer des Augustinerordens

Im Frühjahr 1935 ist der Generalobere des Augustinerordens Clemens Fuhl auf Visitationsreise in Chile unterwegs. Sein Pflichtbewusstsein, neben seiner Bescheidenheit eine seiner hervorstechenden Eigenschaften, drängt ıhn, auch die entlegene Filiale der Augustiner in La Paz in Bolivien zu besuchen. Man rät ihm ab. Die lange und anstrengende Fahrt mit dem Zug geht über die Anden. Von Meereshöhe aus auf über viertausend Meter. Doch Clemens Fuhl, ein sechzigjähriger Mann mit schwächlicher Gesundheit, will sich nicht schonen. Er telegrafiert nach La Paz und kündigt sein Kommen an.

Der Zug quält sich die viertausendeinhundert Meter bis zum Pass hinauf. An der Grenzstation zwischen Chile und Bolivien, in Charana, wird dem Ordensgeneral übel. Es ist die gefürchtete Höhenkrankheit, der »Soroche«, wie ihn die Einheimischen nennen. Clemens Fuhl quartiert sich in einem Dorfgasthof ein und legt sich zu Bett. Ein Augustinerpater, der ihm von La Paz entgegengereist ist, besucht ihn noch auf seinem Zimmer und wünscht Fuhl eine gute Nacht. Tags darauf, am 29. März, ist Clemens Fuhl bewusstlos. Man bringt ihn mit dem Zug hinunter nach La Paz, im Krankenhaus wird er noch mit Sauerstoff und Medikamenten versorgt. Doch alle Bemühungen sind umsonst. Clemens Fuhl stirbt zwei Tage darauf, betrauert vom gesamten Augustinerorden.

Der Lebensweg von Clemens Fuhl war von stiller und demütiger Pflichterfüllung geprägt, in seinen Kinder- und Jugendjahren auch von materieller Not. Geboren wird Vinzenz Fuhl am 18. Juni 1874 in Aidhausen bei Schweinfurt. Der Vater ist Bauer und Töpfer, der seine Familie – seine Frau, sechs Kinder, ein Großvater und eine kranke Tante – nur mühselig ernähren kann. Als Vater Fuhl mit vierzig Jahren stirbt, stürzt das die Familie in Armut. Vinzenz, der sich als intelligent und hoch-begabt erweist, wird jedoch mithilfe des Dorfpfarrers Georg Weimer auf das Gymnasium der Augustiner nach Münnerstadt geschickt. Im Studienseminar erhält Vinzenz Fuhl 1888 einen Freiplatz, und hier begegnet er auch dem Mann, der den Augustinerorden wiederbelebt hat, und der auch für den jungen Vinzenz Fuhl zur prägenden Gestalt werden wird: Pius Keller.

Vinzenz Fuhl tritt dem Orden bei und erhält den Namen Clemens. Schnell macht er Karriere. Nach der Priesterweihe 1897 wird er 1905 Sekretär des Provinzials, später Prior, seit 1920 wird er mehrfach zum Provinzial gewählt. Er bewahrt in all jenen Jahren seine Bescheidenheit und Demut, wirkt lieber im Stillen, weiß aber auch Pläne und Projekte mit fester Hand zu führen. Das macht ihn unter Ordensleuten und Gemeindemitgliedern beliebt und angesehen.

Nach dem Ersten Weltkrieg wächst die Zahl der Augustiner in der deutschen Ordensprovinz auf einhundertfünfundsiebzig an. Es sind wirtschaftlich schwierige Jahre, vor allem in Deutschland. Clemens Fuhl hat die Idee, in Kanada und den Vereinigten Staaten Filialen zu gründen und von dort aus die deutsche Ordensprovinz zu entlasten. Bald wächst der Orden auf vierhundertfünfzig Mitglieder an. Als 1931 die Wahl eines neuen Ordensoberen ansteht, ist Fuhls Name im Gespräch. Er wehrt sich zunächst dagegen – vergebens. Fuhl wird am 28. September 1931 gewählt – und er fügt sich in sein Geschick und seine Pflicht. Die nächsten Jahre sind ganz von den weltumspannenden Aufgaben der Ordensleitung erfüllt und geprägt. Fuhl schont sich nicht. Auf dem Weg zu seinen Mitbrüdern in La Paz stirbt er am 31. März 1935 und wird dort gegraben. Seine Gebeine werden 1953 in die Augustinerkirche nach Würzburg überführt. 1962 wird der Seligsprechungsprozess eröffnet. In Clemens Fuhl ehrt der Augustinerorden einen fähigen und pflichtbewussten Mitbruder und General, der durch seine stille und bescheidene Art zum Vorbild geworden ist.

Firminus (Josef) Wickenhäuser
* 1876   † 1939

Künstlersignatur »Vier minus«

In der Krypta der wiederaufgebauten Franziskanerkirche St. Antonius in Düsseldorf liegt Pater Firminus Wickenhäuser begraben. Hinter der Grabkapelle befindet sich ein Gedächtnisraum mit bildnerischen Arbeiten des Paters, der sich zu Lebzeiten als Bildhauer und Restaurator überregional einen Namen machte. Seine Werke signierte er bescheiden mit einer »Vier minus« – eine Assonanz seines Ordensnamens »Firminus«. Mehr waren sie seiner Meinung nach nicht wert. Bereits die Zeitgenossen sahen es anders.

Josef Wickenhäuser kommt als zehntes Kind eines Schäfers und Melkers und dessen Ehefrau am 19. Januar 1876 in Massenbachhausen bei Heilbronn zur Welt. Sechs der zehn Kinder sterben früh. Josef ist fünfzehn, als er den Vater verliert. Um zum Unterhalt der Familie beizutragen, geht er bei einem Steinmetzen in die Lehre. Er ist geschickt und fleißig. 1899 legt er in Stuttgart die Gesellenprüfung mit Auszeichnung ab. Nach dem Militärdienst geht er 1903 auf die Walz. Wickenhäuser ist verlobt. Doch während seiner Wanderzeit stellt ihn seine Braut vor die ultimative Wahl: Ein anderer Mann habe um ihre Hand angehalten. Wickenhäuser gibt seine Braut frei. Sein Beruf verspricht ihm eine Karriere als Bildhauer.

1905 stirbt seine Mutter. Josef Wickenhäuser, seit Kindheit tiefreligiös, sucht nach einer neuen Lebensgemeinschaft. In Harreveld in den Niederlanden tritt er im September 1906 in den Franziskanerorden ein und erhält den Namen Firminus. 1908 kommt er ins Franziskanerkloster nach Düsseldorf, das ihm bis zu seinem Tod Heimat sein wird. Weiterhin betätigt er sich in seinem Beruf als Steinmetz, Bildhauer und Restaurator, bald mit einem überregionalen, auch über die Klostersphäre hinausgehenden Ruf.

Im Ersten Weltkrieg wird Firminus Wickenhäuser als Sanitäter an die Front eingezogen. In Operations- und Krankensälen tut er Dienst. Im französischen St. Remy wird er Ende 1915 dem deutschen Kaiser Wilhelm II. vorgestellt. Der lässt sich von ihm modellieren – und ist von seiner Büste angetan. P. Firminus wird daraufhin ein gefragter Künstler und erhält Aufträge aus aristokratischen und gutbürgerlichen Kreisen.

Nach Kriegsende kehrt er nach Düsseldorf zurück. Jetzt widmet er sich wieder der religiösen Kunst und restauriert auch Kirchen und Kapellen der weiteren Umgebung. So arbeitet er in der St. Apollinariskirche in Remagen, im Kloster Kreuzberg in Bonn und in Klöstern in Sachsen. Er bleibt bescheiden, will seine Kunst trotz aller Liebe zu ihr nicht herausstellen. Sein Talent sieht er als Aufgabe für einen höheren Dienst. Seine Kunst bindet er ganz ins klösterliche Leben ein. Bei den Menschen ist er als stiller und in sich ruhender, bescheidener und auch humorvoller Mann beliebt. Durch die Steinmetzarbeiten zieht er sich eine Staublunge zu. Im Frühjahr 1939 muss er ins Krankenhaus eingeliefert werden. In Gebet und Meditation bereitet er sich auf seinen Tod vor. Er stirbt am 30. September 1939 und wird in der Franziskanergruft auf dem Stoffeler Friedhof beigesetzt.

Bereits bei seinem Tod stand Firminus Wickenhäuser im Ruf der Heiligkeit. Viele Tausende pilgern seither zu einem Grab. Sie ehren ihn als Künstler, aber auch als Menschen, der ein bescheidenes, arbeitsames und pflichterfülltes einfaches Leben führte und dabei viel Fröhlichkeit ausstrahlte. Das Seligsprechungsverfahren wurde im April 1957 eröffnet. Fünf Monate später übertrug man seine sterblichen Überreste in die Krypta der Düsseldorfer Franziskanerkirche. 1998 wurde ihm vom Vatikan der »heroische Tugendgrad« zuerkannt, ein wichtiger Schritt hin zur Seligsprechung.

Alois (Franz Seraph) Ehrlich

* 1868   † 1945

Ein bescheidener Schreinermeister und Karmelitenbruder

Bruder Alois Ehrlich war ein Meister, ohne die Meisterprüfung abgelegt zu haben. Seine Schreinerarbeiten waren so kunstvoll, seine Zuverlässigkeit war so bekannt, dass ihn sein Orden oftmals »auslieh«: in ganz Deutschland, aber auch nach Rom und ins Heilige Land. Dabei blieb Alois Ehrlich immer bescheiden und kollegial, hilfsbereit gegenüber Mitbrüdern, Nachbarn und Schülern. Nie stellte er seine kunsthandwerklichen Fähigkeiten heraus, immer sah er sein Talent im Dienst am Ganzen. Sein Schreinerhandwerk war für ihn eine Form des Gottesdienstes. Ein Mitbruder, Frater Pius, sagte über ihn: »Sein Leben war Gebet und Arbeit bei beständigem Wandel in Gottes Gegenwart.«

Franz Seraph Ehrlich, so sein Taufname, kommt am 20. September 1868 als Sohn des Schreinermeisters Johann Baptist Ehrlich und seiner Ehefrau Margaretha im niederbayerischen Massing bei Eggenfelden zur Welt. Die Verhältnisse im Elternhaus sind bescheiden (insgesamt zehn Kinder kommen zur Welt). Bereits als Volksschüler dient Franz Seraph als Ministrant, später als Hilfsmesner. Nach der Schule geht er beim Vater in die Lehre und zeigt großes Geschick. Vom Abschluss einer Meisterprüfung ist jedoch nichts bekannt.

Nach der Vorstellung der Eltern soll Franz Seraph den in der Umgebung gut angesehenen Betrieb übernehmen. Der jedoch hat andere Lebenspläne: Nach dem Tod des Vaters verkauft Franz Seraph das Geschäft an einen Onkel und tritt am 6. Februar 1897 in Straubing ins Kloster der Karmeliten ein. Er erhält den Ordensnamen Aloisius Rabatá. Im Jahr darauf legt er die zeitliche Profess ab. Alois Ehrlich bleibt Laienbruder. Im Jahre 1902 wird Ehrlich zu den Karmeliten nach Bamberg versetzt.

Alois Ehrlich arbeitet bis kurz vor seinem Tod als Klosterschreiner. Nicht nur die einfachen, stets anfallenden Reparatur- und Verschönerungsarbeiten liegen in seinen Händen, er wird wegen seiner kunsthandwerklichen Fähigkeiten auch für Arbeiten in Kirchen eingesetzt und vom Orden »ausgeliehen«. So baut er Altäre, Beichtstühle und Sakristeischränke in den Karmelitenkirchen in Bamberg und Straubing, in Springiersbach an der Mosel, Bad Reichenhall und Wien. Auch für die Kirchen San Alberto und Santa Maria in Traspontina in Rom arbeitet er. Im Jahre 1929 unternimmt er sogar eine Reise nach Palästina, um in der Kirche des Ordens vom Reinsten Herzen Mariens in Nablus Hochaltar, Beichtstühle und Chorstühle zu schreinern.

Doch nicht nur diese »offiziellen« Arbeiten erledigt er zuverlässig. Auch für die kleinen Wünsche der Mitbrüder und Schüler hat er stets ein offenes Ohr. Braucht ein Seminarist Material zum Basteln, unterbricht Bruder Alois seine Arbeit, um ihm zu helfen. Sein einziger Wunsch ist, seine Arbeit in Frieden und ohne Hast verrichten zu dürfen – angesichts des heutigen Zwangs zu Automation und Akkord eine hochaktuelle Forderung. »Lass mich«, so sagt er zu einem Mitbruder, »meine Arbeit mit Ruhe ohne Hast, mit Demut verrichten; keine selbstgefälligen Gedanken aufkommen lassen. Unvollkommen ist alles, was nicht auf die Ehre Gottes abzielt.«

Als Bamberg im Februar 1945 schwer bombardiert wird und auch das Kloster Schäden erleidet, kümmert sich Alois Ehrlich um die nötigen Reparaturarbeiten. Ende April 1945 diagnostiziert man bei ihm Magenkrebs. Er stirbt am 21. Juni 1945 und wird auf dem Friedhof der Karmeliten bestattet. Seine sterblichen Überreste wurden 1947 und nochmals 1981 umgebettet. Sie ruhen heute in einer Seitenkapelle der Bamberger Karmelitenkirche. Das Seligsprechungsverfahren wurde 1953 eröffnet.

Maria Julitta (Theresia Eleonora) Ritz

* 1882   † 1966

Kindlichkeit in Gott

A m 16. März 1945 werden große Teile der altehrwürdigen Bischofsstadt Würzburg durch alliierte Kampfbomber vernichtet. Im Feuersturm gehen auch Kirche und Kloster der »Töchter des Allerheiligsten Erlösers« (heute »Schwestern des Erlösers«) zugrunde. Die Schwestern warten in Kellern und Bunkern das Ende des Angriffs ab. Nachdem die Brände erloschen sind, machen sie sich zu Fuß auf den Weg aus der zerstörten Stadt. Sie ziehen nach Schweinfurt und kommen im nahen Kloster Maria Hilf unter. Doch nicht lange harren sie dort aus. Bereits kurz darauf gehen die Schwestern nach Würzburg zurück und richten sich in Kellern und Ruinen notdürftig ein. Viele Ausgebombte, Flüchtlinge, Waisenkinder, Versehrte sind in der Stadt. Die Not unmittelbar nach dem Krieg ist groß. In dieser schweren Zeit übernimmt Schwester Maria Julitta Ritz den Dienst an der Pforte, der viel Einfühlungsvermögen, Geduld und ein stets offenes Ohr fordert. Zwanzig Jahre lang wird sie den Dienst ausüben, obwohl sie ursprünglich weit »höhere« Aufgaben innehatte.

Theresia Eleonora Ritz wird am 24. September 1882 im fränkischen Uissigheim bei Tauberbischofsheim geboren. Die Eltern sind einfache Bauern. Theresia ist ein bescheidenes, ernstes Kind. Sie äußert früh den Wunsch, in ein Kloster einzutreten. 1901 findet sie Aufnahme in die Kongregation der »Töchter des Allerheiligsten Erlösers«. Die Gemeinschaft wurde 1849 von Elisabeth Alphonsa Maria Eppinger mit dem Ziel der Kranken- und Armenpflege gegründet. In der Ebracher Gasse in Würzburg hat die Gemeinschaft ihr Zuhause. Theresia Ritz nimmt den Ordensnamen Maria Julitta an. Sie wird zur Volksschullehrerin ausgebildet. 1906 legt sie ihre Gelübde ab. Lange Jahre wirkt sie als Volksschul- und Haushaltungslehrerin in

Obernau bei Aschaffenburg und in Lülsfeld, außerdem in der Betreuung der Novizinnen. Sie glaubt ihre Erfüllung gefunden zu haben.

Doch mit der Machtübernahme durch die Nationalsozialisten geraten Kirchen und Klöster unter Druck. Die Nonnen dürfen keine Schülerinnen mehr annehmen. Schwester Maria Julitta Ritz übernimmt die Arbeit an der Klosterpforte – in den schweren Jahren der NS-Zeit, des Kriegs, und wieder in der von Hunger und Not geprägten Jahren nach Kriegsende, in den Ruinen Würzburgs. Sie erfüllt ihre Pflichten mit Hingabe und in Demut, vor Gott und den Menschen. Vielen Menschen bietet sie Halt, sie hilft mit Rat und Tat, führt Gespräche mit Suchenden, erzählt ihnen von ihrem eigenen Glauben, ihrer Zuversicht.

»Kindlichkeit« ist ein zentraler Begriff in der Gottesgläubigkeit von Maria Julitta Ritz. »Unsere Einstellung zu Gott: kindlich froh«, schreibt sie einmal. Es ist eine naive Gläubigkeit, die aus dem Vertrauen, der Hingabe kommt. Sie lebt den Glauben vor: in ihrer Demut, ihrer Bescheidenheit, ihrer kindlichen Seele. »Wieder hat sich meine Gebetsweise vereinfacht«, sagt sie lapidar über ihre jahrzehntelang geübte Annäherung an Gott. Maria Julitta Ritz tut ihren Dienst bis zu ihrem Ende. Sie stirbt am 13. November 1966 in Würzburg, bereits damals im Ruf der Heiligkeit. Kardinal Julius Döpfner, der die Schwester gut kannte, sagte in seinem Nachruf: »Möge sie in der gegenwärtigen schweren Zeit Fürsprecherin sein!«

Ihr Leben verlief unspektakulär, ganz in Unscheinbarkeit und Abgeschiedenheit. Aber auch im Glauben an den Wert des ihr zugewiesenen Feldes, in Liebe zu ihrem Dienst, ihrer Pflicht. Gerade das kann uns Heutige in einer Zeit wachsenden Leistungsdrucks und unmenschlicher Rollenklischees zum Nachdenken anregen. Die Gebeine von Maria Julitta Ritz wurden 1983 in die Kirche der Kongregation übertragen. Das Seligsprechungsverfahren ist eingeleitet.

Joseph Kentenich
*1885 †1968

Erneuerung aus der Marienverehrung

Es ist der 20. September 1941. Der Pallottinerpater Joseph Kentenich zelebriert wie üblich morgens um sechs Uhr die heilige Messe im Marienheiligtum von Schönstatt bei Vallendar am Rhein. Nach der Messe zieht er seine älteste Soutane und ein Paar abgetragene Schuhe an und wandert allein die sieben Kilometer nach Koblenz. Um Punkt acht Uhr klingelt er an der Tür des Gestapo-Quartiers. In der Tasche hat er die Vorladung zum Verhör. Zunächst lässt man den Pater fünf Stunden lang warten, um ihn zu zermürben. Als er endlich ins Verhörzimmer gebracht wird, glauben die Gestapo-Offiziere leichtes Spiel mit dem älteren, unscheinbaren und schwächlich wirkenden Mann zu haben. Sie konfrontieren ihn mit staatsfeindlichen Äußerungen, die er in Predigten und Gesprächen gemacht haben soll. Doch so leicht ist dem Pater nicht beizukommen: Mit geschickten Winkelzügen versucht er nachzuweisen, dass diese Zitate gar nicht von ihm kommen können. Völlig konsterniert sind sie, als der Verhörte sagt: »Ich stehe vor Ihnen als Jurist.«

Die Gestapo lässt Pater Kentenich ihre Macht spüren: Sie sperren ihn für vier Wochen in eine enge, dumpfe und finstere Betonzelle, den sogenannten Bunker. Doch zu ihrem Erstaunen machen sie ihn nicht mürbe. Sie hören ihn in der Zelle beten und fromme Lieder singen. Sogar die Wachmänner sind beeindruckt. Bisher hat noch jeder Gefangene geängstigt und gebrochen den Bunker verlassen. Pater Kentenich jedoch sagt den Offizieren beim nächsten Verhör ins Gesicht: »Ich habe unten im Bunker keine einzige bittere Sekunde gehabt.«

Es nützt ihm wenig. Er bleibt im Gefängnis. Im März 1942 wird er ins Konzentrationslager Dachau verschleppt. Doch auch dort bleibt er ungebrochen, bis zu seiner Entlassung kurz vor Kriegsende. Anders als andere Lagerinsassen bleibt er gesund, trotz seiner inzwischen fast sechzig Lebensjahre. Es gelingt ihm sogar, über Mauern und Stacheldraht hinweg seine Kongregation, die sogenannte Schönstatt-Familie, illegal weiterzuführen. Als man ihn im April 1945 entlässt, geht er gleich daran, sein Lebenswerk fortzuführen und sogar international auszubauen. Eine geistige und körperliche Leistung, die manch jungen, kräftigen Mann schon überfordert hätte. P. Joseph Kentenich zieht seine Kraft aus dem Glauben, insbesondere aus der Liebe zur Muttergottes. Die Marienverehrung steht im Zentrum seines Lebens und Schaffens, seiner Weltanschauung.

Joseph Kentenich wird am 18. November 1885 in Gymnich bei Köln geboren. Die Eltern sind Arbeiter. Joseph wächst zunächst bei den Großeltern auf, mit zwölf Jahren wird er in ein Waisenhaus gegeben, wo er fünf Jahre zubringen muss. Er ist unglücklich. Mehrmals reißt er aus, wird wieder zurückgebracht. Bereits mit elf Jahren äußert der intelligente Junge den Wunsch, Priester werden zu wollen. Auch fasst er früh eine besondere Liebe zu Maria – vielleicht auch eine Art Mutterersatz. Mit vierzehn Jahren darf er in das Kleine Seminar der Pallottiner nach Ehrenbreitstein bei Koblenz wechseln. Hier werden die künftigen Missionare ausgebildet. Nach dem Abitur geht er als Novize ins Kloster der Pallottiner nach Limburg an der Lahn. In jenen Jahren durchläuft Joseph Kentenich eine geistige Krise, die ihn nach eigenen Aussagen an den Rand des Wahnsinns treibt. Verbunden ist diese Phase mit einer tiefgreifenden Zivilisationskritik. Er leidet an der Moderne, am Auseinanderbrechen von weltlicher und göttlicher Wahrheit, am »mechanistischen Denken«, wie er sich ausdrückt.

Er überwindet die Krise im Vertrauen auf die göttliche Vorsehung und das Wirken Mariens. Für Kentenich wird Maria zur Fürsprecherin und Mittlerin. Für ihn ist die Gottesmutter »in ihrem vollendeten Sein für uns der klassische Schnittpunkt von Natur und Übernatur, die einzigartige Verkörperung der harmonischen Verbindung von Natur und Gnade«.

Nicht überall stößt Joseph Kentenich mit seiner Art der Marienfrömmigkeit auf Freunde. Nur knapp, und erst im zweiten Anlauf, wird er von den Mitbrüdern zu den ewigen Gelübden zugelassen. Nach der Priesterweihe im Juli 1910 arbeitet Kentenich als Lehrer für Deutsch und Latein am Gymnasium in Ehrenbreitstein, seit Herbst 1912 als Spiritual des Pallottinergymnasiums in Vallendar. Bei seinen Schülern ist er beliebt, vor allem seine Begeisterungsfähigkeit wirkt ansteckend.

Frühjahr 1914, Europa am Vorabend des Ersten Weltkriegs. Pater Kentenich ist immer mehr von der zentralen Rolle Mariens im menschlichen Leben überzeugt. Und er ist überzeugt von seiner eigenen Sendung. Er sammelt junge Männer, hauptsächlich Priester, um sich. In Exerzitien und Vorträgen will er sie für eine neue Marienfrömmigkeit gewinnen. »Wir wollen lernen, uns unter dem Schutz Mariens selbst zu erziehen zu festen, freien und priesterlichen Charakteren«, schreibt er in einem Vortrag. Und an anderer Stelle verurteilt er das wissenschaftsgläubige, allein rationale Denken der Zeit: »Unsere Herrschaft über die Gaben und Kräfte der äußeren Natur ist nicht Hand in Hand gegangen mit der Unterwerfung des Elementaren und Tierischen in unserer menschlichen Brust … Der Grad unseres Fortschrittes in den Wissenschaften muss der Grad unserer inneren Vertiefung, unseres seelischen Wachstums sein.« Die Brücke über diese Kluft soll Maria sein. Um sich ihr fromm zu nähern und um ihren Beistand zu bitten, gründet Pater Kentenich im April 1914 eine Marianische Kongregation und unterstellt sie dem Schutz der Muttergottes: »Wir weihen uns ohne Rückhalt der allerseligsten Jungfrau, damit sie uns zu ihrem göttlichen Sohne führe.«

Der Krieg bricht aus. Viele junge Männer ziehen in der irrigen Meinung an die Front, dass das Alte nun zerbrochen und »in Stahlgewittern« ein neuer Mensch geboren werde. Doch die Hoffnungen werden enttäuscht, gehen blutig in den Schützengräben und Stacheldrahtverhauen zugrunde. Pater Kentenich sammelt junge Priester, die nun als Soldaten dienen müssen, um sich. Im Oktober 1918 ruft er in Vallendar-Schönstatt in der alten Kapelle auf dem Gelände eines ehemaligen Klosters die Bewegung der Schönstatt-Familie aus. Das Bild der »Mater ter admirabilis«, der »dreimal wunderbaren Mutter« wird aufgehängt. Die Mitglieder der Kongregation wollen durch die Anbetung der Gottesmutter zu einer neuen Existenz kommen, einer Erneuerung ihres menschlichen Wesens, gerade in schwerer Zeit. Schönstatt soll Zentrum der Bewegung sein, und zugleich Wallfahrtsort, auf dem der besondere Segen Mariens liegen soll. Pater Kentenich fragt: »Wäre es nun nicht möglich, dass unser Kongregationskapellchen zugleich unser Tabor würde, auf dem sich die Herrlichkeit Mariens offenbare?« 1916 wird eine Zeitschrift ins Leben gerufen, die bereits im Jahr darauf eine Auflage von zweitausend Stück hat. Die Schönstatt-Familie wächst schnell. Die Idee des »neuen Menschen« zieht gerade in den seelischen Wirrungen des Krieges viele an. Es ist von der Heiligung, auch der eigenen, die Rede: »So soll für uns diese Kongregationskapelle die Wiege der Heiligkeit werden.« Bald gibt es erste Kriegsopfer unter den Mitgliedern der Schönstatt-Familie. Einer, Josef Engling (1898–1918) stirbt an der Front im Rufe der Heiligkeit.

Die Kongregation ist zunächst elitär angelegt. Im Laufe der Jahre und Jahrzehnte jedoch wird sie zur Bewegung einer neuen Frömmigkeit. 1921 werden Frauen zur Kongregation zugelassen, 1926 wird das Institut der Marienschwestern von Schönstatt gegründet, 1928 ein Exerzitienhaus. Exerzitien und Seminare locken Tausende von Menschen nach Schönstatt. Vor allem in der Priesterseelsorge ist Kentenich unermüdlich tätig und reist zu Vorträgen durch ganz Deutschland. Seine Korrespondenz schwillt ins Unermessliche an. Immer mehr Menschen suchen bei ihm Rat. Bald steht er bei seinen Anhängern im Ruf der Heiligkeit.

Den Nationalsozialisten ist die Bewegung ein Dorn im Auge. Früh wird Kentenich von der Gestapo bespitzelt. Doch er ist klug und vorsichtig. Jahrelang kann man ihm nicht genug nachweisen. Intern freilich macht er keinen Hehl aus seiner ablehnenden Haltung gegenüber der NS-Ideologie: »Wir werden nämlich nicht so sehr angefochten durch die Partei (d. h. durch ihre Doktrin und ihr Parteiprogramm)«, sagt er bereits 1934, »sondern durch die Macht, durch die Brutalität; und dieser kann man nur durch ein kraftvolles Leben standhalten.«

Im Oktober 1941 wird er verhaftet, im März des folgenden Jahres ins Konzentrationslager Dachau verbracht. Er lebt dort volle drei Jahre – und überlebt. Im Konzentrationslager kann er sogar heimlich die Messe feiern, kommunizieren und die inhaftierten polnischen Priester betreuen. Er wird von Mitgefangenen gedeckt. Sogar der kommunistische Blockälteste hält voller Hochachtung zu ihm und rettet ihm mehr als einmal das Leben. Und Kentenich hält über Mittelsmänner, die Nachrichten hinein- und hinausschmuggeln, regen Kontakt zur Schönstatt-Familie, kann sogar aus dem Lager heraus die Gemeinschaft der Schönstatter Marienbrüder ins Leben rufen.

Am 6. April 1945 – Heinrich Himmler sucht insgeheim nach einem Waffenstillstand und entlässt als Zeichen guten Willens etliche Priester aus Dachau – verlässt Kentenich das Konzentrationslager, erstaunlich frisch und gesund, wie Freunde bemerken. Kentenich meint: »Weil der liebe Gott mir diese innere Freiheit im außergewöhnlichen Grade geschenkt hat, bin ich so urgesund, körperlich und seelisch, aus dem Lager herausgekommen.«

Er gönnt sich keine Erholungspause, reist nach Schönstatt und bald wieder zu Vorträgen durch Deutschland. Die Kongregation hat inzwischen internationale Ausmaße angenommen. Kentenich bereist 1947 die Filialen in Südamerika, Südafrika und den Vereinigten Staaten. 1948 wird das Institut der Marienschwestern vom Bischof von Trier offiziell anerkannt.

Da trifft die Bewegung ein schwerer Schlag. Aufgrund gewisser theologischer »Sonderideen« Kentenichs wird Schönstatt einer apostolischen Visitation unterzogen. Kentenich hat zahlreiche einflussreiche Feinde, bis hinauf in den Vatikan. Man verlangt von ihm die Trennung von seinem Lebenswerk. Kentenich bleibt fest und weigert sich. Daraufhin wird er im Herbst 1951 nach Milwaukee in den Vereinigten Staaten versetzt. Joseph Kentenich bleibt gelassen: »Alle, die eine Marianische Sendung haben, müssen sich auf beständigen Kampf gefasst machen. Sie nehmen teil am Heilandsschicksal.«

In Milwaukee arbeitet Kentenich weiter als Seelsorger und schart auch hier eine große Gemeinde um sich. Sein Charisma ist ungebrochen.

In der Amtskirche weht zu Beginn der 1960er Jahre ein neuer Geist, der Geist des Zweiten Vatikanischen Konzils. Die Stimmung dreht sich zugunsten Kentenichs und seiner Schönstatt-Bewegung. Im Oktober 1964 verfügt der Heilige Stuhl die Selbständigkeit des Schönstattwerks und seine Trennung von den Pallottinern. Kentenich selbst wird rehabilitiert und darf 1965 aus dem vierzehnjährigen Exil nach Europa zurückkehren. In Rom wird er sogar zu einer Privataudienz mit Papst Paul VI. zugelassen, einem Freund der Schönstatt-Bewegung und der vertieften Marienfrömmigkeit.

Kentenich kehrt nach Schönstatt zurück, nimmt die Seminare und Exerzitien wieder auf, lässt auf Berg Schönstatt eine neue Kirche erbauen. Er arbeitet mehr denn je, ohne zu klagen, ganz im Feuer seines Sendungsbewusstseins.

In den letzten Jahren wird er von vielen Gläubigen als Heiliger unserer Tage betrachtet. Doch seine Person polarisiert – damals wie heute. Seinen Anhängern gilt er als unanfechtbares, verehrungswürdiges Vorbild. Andere Stimmen kritisieren Kentenichs autoritären Führungsstil und gewisse elitäre Züge seines Programms.

Am 15. September 1968, dem Fest der Sieben Schmerzen Mariens, hält er in der Kirche auf Berg Schönstatt die Frühmesse. Kurz nach der Messe bricht er in der Sakristei zusammen. Ein herbeigeholter Arzt kann nur noch den Tod feststellen. Joseph Kentenich wird in einem Sarkophag in der Kirche bestattet.

1975 eröffnete der Trierer Bischof Bernhard Stein mit Zustimmung des Heiligen Stuhles (»Nihil obstat«, »Nichts steht entgegen«) das Seligsprechungsverfahren für Joseph Kentenich.

Mystiker, Stigmatisierte und Dulder

Ulrika (Franziska) Nisch

*1882   †1913

Demütiges Leben als Küchenschwester

D ie Klosterfrau Ulrika Nisch hat nach außen hin nichts Außergewöhnliches »geleistet«. Sie führte ein Leben im Verborgenen, im Stillen, in untergeordneter Tätigkeit als Küchenschwester. Aber sie hat dieses Leben mit großer Bescheidenheit und Demut geführt, ganz im Vertrauen auf ihren Gott, der ihr einen Platz und eine Bestimmung zugewiesen hat. Bereits zu Lebzeiten stand sie im Rufe der Heiligkeit, auch – aber nicht nur – weil sie nach eigenen Angaben Visionen von Heiligen und Engeln gehabt hat. Bald nach ihrem Tod pilgerten Gläubige zu ihrem Grab und baten um ihre Fürsprache. Am 1. November 1987 sprach Papst Johannes Paul II. sie selig. In seiner Predigt hob er das einfache Wesen Ulrika Nischs hervor: »Ganz von Gott erfüllt, wurde Ulrika Nisch immer mehr zu einem Gefäß seiner Liebe, die all ihr äußeres Wirken durchdrang und die einfachsten Dienste für die Menschen zu einer Kostbarkeit machte … Sie ist selig, weil sie einer Liebe ohne Maß vertraut hat.« Abseits der religiösen Hingabe kann Ulrika Nisch den heutigen Menschen auch insofern etwas zu sagen haben, als sie beispielhaft steht für ein Dasein »am Rande«, das dennoch Sinn und Erfüllung fand.

Das Kind kommt am 18. September 1882 in Mittelbiberach in Oberschwaben zur Welt und wird auf den Namen Franziska getauft. Im Taufregister steht als Nachname der der Mutter: Dettenrieder. Es ist ein uneheliches Kind, ein großer Makel im damaligen Verständnis. Der Vater ist einfacher Rossknecht und Tagelöhner. Weil die Kindseltern nicht genug Geld für Haushalt und Mitgift haben, wird ihnen vom Bürgermeister zunächst die Verehelichung verweigert. Franziska ist ein »Bankert«. Die Eltern bekommen das von der Dorfbevölkerung zu spüren. Ein

Jahr später können Ulrich Nisch und Klothilde Dettenrieder schließlich doch heiraten. Sie ziehen nach Unterstadion. Insgesamt dreizehn Kinder kommen in den nächsten Jahren zur Welt, nur fünf überleben. Das Mädchen Franziska wächst zunächst bei den Großeltern auf, erst mit sechs Jahren kommt sie zu den Eltern. Der Vater führt ein strenges Regiment, Franziska fürchtet sich vor ihm. Oft flüchtet sie sich ins Gebet. Früh muss sie im Haushalt mithelfen. Auch mit Botengängen verdient sie ein wenig zum Unterhalt dazu. Mit zwölf Jahren verlässt sie die Volksschule. In diversen Stellungen in Schwaben und in der Schweiz arbeitet sie als Magd und Dienstmädchen – in einer Bäckerei, einer Brauerei, einer Gastwirtschaft, einer Käserei, auch in Privathaushalten. Die schwere Arbeit schwächt ihre Gesundheit. Mit zweiundzwanzig Jahren erkrankt sie schwer an einer Gesichtsrose und wird im Krankenhaus zu Rorschach in der Schweiz von Barmherzigen Schwestern vom Heiligen Kreuz (den sogenannten Ingenbohler Schwestern) gepflegt. Franziska ist vom Beruf und der Berufung der Nonnen fasziniert. Sie hegt den bedingungslosen Wunsch, selbst zu den »Kreuzschwestern« zu gehen. Doch ohne Mitgift ist das nicht ohne Weiteres möglich. Mithilfe ihres Beichtvaters gelingt es ihr doch. Im Mutterhaus des Ordens in Hegne am Bodensee fragt man sie nach ihren Wünschen. Franziska Nisch antwortet: »Geben Sie mir einen Posten, wo ich viele Opfer bringen kann.«

Die Postulantin mit dem Ordensnamen Ulrika wird in den nächsten Jahren als »zweite Küchenschwester« eingesetzt. Sie verrichtet die niedrigen, körperlich schweren Arbeiten, zunächst in Hegne, dann in Zell-Weierbach bei Offenburg, schließlich in Bühl und Baden-Baden. Zudem arbeitet sie in den Klöstern und Krankenhäusern als Putzfrau und in der Krankenpflege. Das schwächt ihre schlechte Gesundheit weiter. Nach dem Noviziat legt sie im April 1907 ihre ersten Gelübde ab. Ulrikas Wahlspruch ist: »Kein Maß kennt die Liebe, und wir wollen nur in der Liebe und für die Liebe alles leiden und arbeiten.«

In den nachfolgenden Jahren hat sie nach eigenem Bekunden wiederholt Visionen: Sie sieht Heilige und ihren Schutzengel, auch die Muttergottes und fühlt sich auch vom Teufel bedrängt. Man kann solchen Bekundungen durchaus skeptisch gegenüberstehen. Für die Zeitgenossen jedenfalls sind es nicht anzuzweifelnde Realitäten, die auch Aussagekraft über die mystischen Fähigkeiten Ulrika Nischs und ihre Auserwähltheit vor Gott besitzen.

Erschöpft und krank kehrt Schwester Ulrika Nisch im Sommer 1912 aus ihrem Dienst im St.-Vinzentius-Krankenhaus in Baden-Baden ins Mutterhaus nach Hegne zurück. Sie leidet an Lungen- und Kehlkopftuberkulose. Ihre letzten Monate verbringt sie nach Aussage der Mitschwestern in großer Demut und Geduld. Einmal sagt sie: »Der liebe Gott will, dass ich sterbe, wie ich gelebt habe. Er wird zu seiner Zeit tun, was Ihm gefällt.« Sie stirbt am 8. Mai 1913 in Hegne und wird auf dem Friedhof des Klosters beigesetzt. Seit 1991 ruhen ihre Gebeine in der Krypta der Klosterkirche.

In ihrem Geburtshaus in Mittelbiberach sind heute vier Wohnungen für Mütter mit unehelichen Kindern untergebracht. Träger ist die Ulrike-Nisch-Stiftung. Hier können die Frauen – sozialpädagogisch betreut – wohnen und einen Neuanfang für sich und ihre Kinder finden, damit sie bessere Chancen haben als das hier im September 1882 zur Welt gekommene Mädchen Franziska.

Hieronymus Jaegen

*1841 †1919

Bankdirektor im Ruf der Heiligkeit

In einer Zeit des globalen, neoliberalen Kapitalismus drohen viele Menschen unter den Ansprüchen der Wirtschaft und der Austauschbarkeit der »Ressource Mensch« zu zerbrechen. Auch das 1871 neu gegründete Deutsche Reich kannte eine industriell-kapitalistische Gründerzeit und eine Spekulantenblase, die denn auch nach wenigen Jahren platzte. Zahlreiche Firmen und Banken gingen pleite, zahllose Sparer verloren ihre Einlagen, Arbeitnehmer ihre Stellung. Gewissenlose Raffgier weniger bedrohte damals wie heute die Existenz vieler. Eine christlich-humanistische Werteorientierung in der Wirtschaft wird bis heute oftmals belächelt und ist doch nötiger denn je.

Ein Vorbild in dieser Hinsicht ist der Bankdirektor und Politiker Hieronymus Jaegen. Geboren wird er am 23. August 1841 in Trier. Nach der Volksschule besucht er eine Gewerbeschule, 1860 verlässt er seine Vaterstadt und geht nach Berlin, um Technik zu studieren. Die Eltern können finanziell nur wenig beisteuern, doch erhält Hieronymus aufgrund seiner guten Leistungen ein Stipendium. In der Diaspora der überwiegend protestantischen preußischen Hauptstadt intensiviert Jaegen sein katholisches Bekenntnis. Er liest theologische Literatur, besucht nach Möglichkeit täglich die Messe und schließt sich der Marianischen Kongregation an.

1864 meldet sich der junge Mann als Einjährig-Freiwilliger bei einem Trierer Regiment. 1866 nimmt er am Preußisch-Österreichischen Krieg teil und wird nach der Schlacht bei Königgrätz zum Leutnant befördert. Aufgrund seiner bekennenden katholischen Haltung wird Jaegen jedoch 1873 im »Kulturkampf« aus dem Militärverhältnis entlassen, was damals deutschlandweit für Aufsehen sorgt.

Hieronymus Jaegen arbeitet zunächst als Konstrukteur in der Trierer Maschinenfabrik Laeis, 1879 wird der inzwischen hoch angesehene Mann zum Vorstand der neu gegründeten Volksbank seiner Vaterstadt gewählt. Fast zwanzig Jahre lang führt er das Institut mit großem Erfolg. 1898 scheidet er wegen gesundheitlicher Probleme auf eigenen Wunsch aus dem Vorstand aus. Von 1899 bis 1908 ist er für zwei Legislaturperioden Abgeordneter des Wahlkreises Wittlich-Bernkastel im Preußischen Landtag.

Zeitlebens, und vor allem nach dem Ausscheiden aus Bankwesen und Politik, widmet Hieronymus Jaegen seine Kraft dem ehrenamtlichen Engagement. Er gehört der Trierer Bürgerschaft an, der Marianischen Bürgersodalität, dem Trierer Gesellenverein und anderen Organisationen.

Im privaten Leben zeigt der Junggeselle Bescheidenheit: Er wohnt in einer kleinen, einfach eingerichteten Wohnung und versagt sich auch sonst jegliche Form des Luxus.

Sein Einsatz speist sich aus patriarchalischem Bürgersinn, vor allem aber aus einer grundsätzlichen, pragmatischen, christlich-humanistischen Lebens- und Welteinstellung. Das zeigt sich nicht nur in seinem karitativen Wirken nach außen, sondern auch in Gebet und Meditation. Als religiöser Autor der damals viel gelesenen Abhandlungen *Der Kampf um die Krone* und *Das mystische Gnadenleben* gibt er Laien Anregungen und Anleitungen zur seelischen Vervollkommnung im Gebet und zur mystischen Versenkung in Gott – noch 1934 werden Jaegens Bücher von Edith Stein empfohlen.

Hieronymus Jaegen stirbt nach schwerer Krankheit am 26. Januar 1919 in Trier im Ruf der Heiligkeit. Sein Vermögen vermachte er Bedürftigen.

Eine 1931 gegründete Jaegen-Gesellschaft wurde wenige Jahre später von den Nationalsozialisten verboten. Mitten in der NS-Zeit wurde 1939 ein Seligsprechungsprozess eröffnet. 1948 erfolgte die Neugründung des Hieronymus-Jaegen-Bundes. Jaegens Gebeine wurden in die Kirche St. Paulus in Trier – seine Taufkirche – umgebettet.

Maria Fidelis (Eleonore Margarete) Weiß
*1882   †1923

Franziskanerin mit mystischen Fähigkeiten

S ie kannte die Nähe Gottes – auch die schmerzliche – ebenso wie den bestürzenden Glaubenszweifel. Ihr Leben verlief nach außen hin ruhig. Im Innern war Maria Fidelis Weiß bisweilen zerrissen, auch bewegt von mystischen Erfahrungen.

Geboren wird sie am 12. Juni 1882 in Kempten und auf den Namen Eleonore Margarete getauft. Ihr Vater, der Schneidermeister Johann Carl Weiß, stirbt bereits 1890. Eleonore geht bei den Englischen Fräulein in Kempten zur Schule. Bereits als Kind soll sie mystisch-religiöse Erfahrungen gehabt haben. Mit sechzehn Jahren beginnt sie eine Lehre als Verkäuferin in einem Textilgeschäft. Doch sie fühlt sich zu einem geistlichen Leben berufen. Im September 1900 tritt Eleonore ins Institut der Armen Schulschwestern in Lenzfried bei Kempten ein. Im Oktober 1902 wechselt sie zu den Franziskanerinnen nach Reutberg in Oberbayern. Ihre Profess legt sie im Juni 1904 ab. Sie erhält den Ordensnamen Maria Fidelis. In den folgenden zwanzig Jahren tut sie ihren Dienst im Kloster unter anderem als Organistin. Auch gibt sie in der Mädchenschule Handarbeitsunterricht.

Sie hat in diesen Jahren intensive mystische Erlebnisse. Nach eigenen Angaben hat sie »ununterbrochen eine große Gewissheit und das Empfinden der Gegenwart Gottes«. Jahrelang soll sie donnerstags und freitags – an den Leidenstagen Christi – große Schmerzen voller Geduld ertragen haben. Sie kennt aber auch die anderen, die dunklen Seiten des Menschseins: So hat sie eine jahrlange Glaubenskrise, die »Nacht des Glaubens«, wie sie es nennt. Auch diese Lebensphase durchsteht sie mit Geduld und Zuversicht. Maria Fidelis Weiß stirbt am 11. Februar 1923 in Reutberg. Dreizehn Jahre später wird das Seligsprechungsverfahren eingeleitet.

Maria Lichtenegger

*1906 †1923

Eine jugendliche Dulderin

Vor allem die Volksfrömmigkeit sieht in Maria Lichtenegger eine Heilige. Das Mädchen starb im Alter von knapp siebzehn Jahren nach mit Geduld ertragener Krankheit. Objektiv gesehen kein Ausnahmefall. Viele junge Menschen müssen ihren frühen Tod nach oftmals langer Krankheit ergeben hinnehmen. Bei Maria Lichtenegger mag ein außergewöhnliches Charisma hinzukommen, das sie im ganzen Dorf beliebt und angesehen machte. Auch ihre bezeugte Religiosität und ihre Absicht, sich ganz Gott zu weihen, waren und sind für viele Menschen Zeichen eines Lebens in Heiligkeit.

Maria wird am 4. August 1906 in St. Marein bei Graz als einziges Kind der Eheleute Lichtenegger geboren. Der Vater ist ein angesehener Schreiner, später auch Bürgermeister des Ortes. Bereits als Kind fällt Maria wegen ihrer tieffrommen Empfindung auf. In der Volksschule hat sie überdurchschnittlich gute Leistungen. Nach der Schule hilft sie im elterlichen Haus mit. Im Dorf ist sie bei allen beliebt. Sie gilt als hilfsbereit, bescheiden, selbstlos und umgänglich. Sie will, so ist bezeugt, ihr Leben Gott weihen. Früh soll sie Todesahnungen gehabt haben.

Im Mai 1923 erkrankt die Sechzehnjährige an einer Nervenentzündung. Die Krankheit verschlimmert sich: Eine Hirnhaut- und eine Lungenentzündung treten hinzu, außerdem ist sie partiell taub. Ihr zweimonatiges Leiden erträgt sie mit großer Geduld, in der Überzeugung, ihre Schmerzen seien ein Opfer für ihre Mitmenschen. Maria Lichtenegger stirbt am 8. Juli 1923.

Bald nach ihrem Tod wurden Gebetserhörungen bekannt. Im Jahre 1956 wurde das Seligsprechungsverfahren eingeleitet.

Jakob (Franz Alexander) Kern

*1897   †1924

Stellvertretung und Sühne

Am 11. September 1916 erleidet der erst neunzehnjährige Soldat Franz Alexander Kern im Stellungskrieg an der Alpenfront einen Lungen- und Leberdurchschuss. Im Lazarett wird die verunreinigte Wunde versorgt. Eine Rippe muss entfernt werden, um den Eiter abfließen zu lassen. Es ist der Beginn eines langen Leidenswegs, den der tiefreligiöse Kern, der seine Berufung im Priesteramt sieht, geduldig auf sich nimmt. Er will seine Schmerzen als »Stellvertretung und Sühne« durchstehen und opfern. Bereits bei etlichen Zeitgenossen steht er im Ruf eines Lebens in Heiligkeit.

Franz Alexander Kern entstammt einfachsten Verhältnissen. Er wird am 11. April 1897 in Wien geboren. Sein Vater, eigentlich Gärtner von Beruf, verdingt sich als Nachtportier beim Wiener Eislaufverein. Franz Alexander hegt früh den Wunsch, Priester zu werden. Nach der Volksschule tritt er 1908 in das Knabenseminar der Erzdiözese Wien in Oberhollabrunn ein. Nur mühsam können die Eltern für das Schulgeld aufkommen. Der Erste Weltkrieg unterbricht seinen Lebensweg. Kern legt im Oktober 1915 das Notabitur ab und zieht eine Woche später in den Krieg. Er rückt ins 4. Tiroler Kaiserregiment ein und kommt an die Alpenfront, wo er ein Jahr später schwer verwundet wird. Bei den Schulschwestern in Vöcklabruck kann er einen Erholungsurlaub verbringen. Im Wintersemester 1917 tritt er ins Wiener Priesterseminar ein. Seine Studien muss er jedoch nochmals unterbrechen. Erneut wird der zum Leutnant Beförderte in den letzten Kriegsmonaten an die Front geschickt.

Nach dem Krieg setzt Kern seine Studien fort. Eigentlich will er Weltpriester werden, da erfährt er, dass der Prämonstratenser Isidor Bogdan Zahradnik das

Kloster Strahov in Prag im Dezember 1919 verlassen hat, um sich der schismatischen Tschechischen Nationalkirche anzuschließen. In Kern reift der Gedanke der Stellvertretung und Sühne. Er beschließt, anstelle von Zahradnik in den Orden der Prämonstratenser einzutreten. Weil die Tschechoslowakei nun ein eigenständiger Staat ist, wählt Kern eine Abtei in Österreich: Geras im niederösterreichischen Waldviertel. Am 18. Oktober beginnt er dort das Noviziat und erhält den Ordensnamen Jakob.

In all jenen Jahren leidet Kern unter den Folgen seiner Kriegsverletzung: Er hat Hustenanfälle und spuckt Blut. Körperlich wird er immer schwächer. 1922 kann er in Wien sein Theologiestudium abschließen. Der Abt von Geras ahnt Kerns baldiges Ende und holt aus Rom eine Sondergenehmigung für eine vorgezogene Priesterweihe Jakob Kerns ein. Die wird am 28. Juli durch Kardinal Friedrich Piffl im Wiener Stephansdom vollzogen. Ein Jahr lang ist der zunehmend schwache Jakob Kern in der Seelsorge in Geras und Umgebung tätig. Dann muss er sich erneut einer Operation unterziehen. Im August 1923 werden ihm im Krankenhaus Oberhollabrunn vier Rippen entfernt – ohne Narkose, weil sein Zustand zu schlecht ist. Nach einem Erholungsurlaub in Meran kehrt Kern im Mai 1924 nach Geras zurück, bald darauf müssen jedoch weitere vier Rippen entfernt werden – der Brustkorb ist voller Eiter und das Rippenfell hat zu faulen begonnen.

Seine Ewige Profess wäre für den 20. Oktober 1924 angesetzt. Doch just an jenem Tag muss er sich erneut einer Operation unterziehen. Kern ahnt seinen Tod. Am Vorabend sagt er zu einer Krankenschwester: »Und morgen wird meine letzte heilige Kommunion sein. Die Ewige Profess werde ich schon im Himmel feiern.« Er stirbt während der Operation.

1956 wurden seine Gebeine in eine Kapelle der Stiftskirche Geras überführt. Zwei Jahre später wurde das Seligsprechungsverfahren eingeleitet. Papst Johannes Paul II. sprach Kern am 21. Juni 1998 auf dem Wiener Heldenplatz selig.

Anna Schäffer

*1882 †1925

Der lange Leidensweg einer jungen Frau

A m 4. Februar 1901 kommt es in der Waschküche des Forsthauses in Stammham in Bayern zu einem tragischen und folgenschweren Unfall: Während die Lauge kocht, löst sich das darüber verlaufende Ofenrohr aus der Wand. Die neunzehnjährige Magd Anna Schäffer steigt hinauf, um das Rohr wieder zu befestigen. Sie gleitet aus und rutscht mit den Beinen in die Lauge. Ein Kutscher hört die rasenden Schreie der jungen Frau und zieht sie heraus. Man übergießt ihre Beine mit kaltem Wasser, dann bringt man die vor Schmerz Tobende mit dem Pferdefuhrwerk ins nächste Krankenhaus. Nach kurzer Behandlung stellt die Krankenversicherung die Zahlungen ein. Anna Schäffer, aus mittelloser Familie stammend, wird nach Hause zur Mutter gebracht und erst später in einem Krankenhaus – diesmal in der Universitätsklinik Erlangen – ärztlich betreut. Dreißig operative Eingriffe muss die junge Frau über sich ergehen lassen. Zum Teil muss das brandige Fleisch an den Beinen bis auf die Knochen entfernt werden. Doch alle Behandlungsmethoden der damaligen Medizin sind vergebens. Anna Schäffer bleibt ein Pflegefall. Sie wird nie mehr ohne Schmerzen sein.

Diesem tragischen Unglück geht ein seltsames Erlebnis voraus. Anna Schäffer wird am 1. Februar 1882 im Dorf Mindelstetten zwischen Ingolstadt und Regensburg geboren. Das Mädchen ist aufgeweckt, fleißig und gottesfürchtig und träumt von einem späteren Dienst als Missionsschwester. Doch die kinderreiche Familie kann das Geld für die klösterliche Mitgift nicht aufbringen. Also entscheidet sich Anna, das Geld selbst zu verdienen. Nach Abschluss der Volksschule geht sie mit erst dreizehn Jahren in Stellung, zunächst in Regensburg, dann in Landshut. Hier hat sie im Jahre 1896 nach eigenem Bekunden eine Erscheinung: Sie hört den

Anruf Jesu, sie werde bald viel und lange leiden müssen. Anna ist verstört, sie flüchtet zu ihrer Familie nach Mindelstetten und weigert sich, nach Landshut zurückzukehren. Wenige Jahre später wird die Vorhersage Wirklichkeit.

In ihrem beinahe ein Vierteljahrhundert währenden Leiden durchläuft Anna Schäffer alle Phasen des Zweifels und der seelischen Bedrängnis, aber auch des Duldens und der Selbstüberwindung. Zunächst ist die junge Frau verzweifelt – über ihre Schmerzen, die Bettlägerigkeit, die Unmöglichkeit, je in die Mission gehen zu können, über den brutalen Schnitt in ihrem jungen Leben. Doch sie lernt, sich in ihr Leiden einzufinden, es mithilfe ihres Glaubens anzunehmen. Sie weiht ihr schweres Schicksal als Sühneopfer für Jesus Christus und bemüht sich, ihr Leiden tapfer und klaglos zu tragen. Und sie versucht, vom Krankenbett aus zu trösten und Freude zu bereiten. Sie fertigt Handarbeiten an und verschenkt sie. Bald wird ihr Schicksal über Mindelstetten hinaus bekannt. Aus Deutschland, Österreich, der Schweiz, sogar aus Amerika erhält sie Briefe von Menschen, die Rat suchen. Anna Schäffer antwortet und tröstet, wo sie kann. Häufig betet sie den Rosenkranz. Sie bekennt: »Der Rosenkranz ist mein Buch, worin ich alles Leid vergesse.« Auch hat sie Visionen, »Träume« nennt sie sie bescheiden: von Jesus Christus, der Muttergottes, der heiligen Crescentia von Kaufbeuren, dem heiligen Franziskus und anderen. Seit Oktober 1910 trägt sie – so wird berichtet – die Wundmale Christi, doch wissen das nur ihr Nahestehende. Sie will kein Aufhebens davon machen.

Der Dorfpfarrer Rieger versteht es unterdessen, jeglichen »Betrieb« von Neugierigen oder Wallfahrern zu verhindern. Später bezeugt er, in den fünfundzwanzig Jahren von Anna Schäffers Leiden nie eine Klage aus ihrem Mund gehört zu haben.

1923 verschlechtert sich Anna Schäffers Gesundheitszustand noch weiter: Sie leidet an Krämpfen, ist völlig gelähmt, hat Darmkrebs. Zuletzt kann sie kaum noch sprechen und ist beinahe blind. Am 5. Oktober 1925 empfängt sie mit den Worten »Jesus, dir leb' ich« zum letzten Mal die heilige Kommunion. Kurz darauf stirbt sie. Anna Schäffer wird auf dem Friedhof zu Mindelstetten beerdigt. Bald strömen Tausende von Menschen zu ihrem Grab, es gibt Nachrichten von Gebetserhörungen.

1972 wurden die Gebeine der Dulderin mit bischöflicher Genehmigung in die Pfarrkirche übertragen. 1999 sprach Papst Johannes Paul II., nachdem einige Jahre zuvor bereits der »heroische Tugendgrad« verliehen worden war, Anna Schäffer selig.

Dulcissima (Helena Joanna) Hoffmann

*1910   †1936

Geistliche Kindschaft im Gefolge der Thérèse von Lisieux

D as Leben von Schwester Dulcissima Hoffmann lässt nach außen hin nichts »Außergewöhnliches« erkennen. Ihr Dasein vollzog sich in Demut, in den letzten Lebensjahren auch in einem geduldigen Ertragen ihres Leidens. Sie selbst sah sich in geistiger Gefolgschaft der heiligen Thérèse von Lisieux (1873–1897), die den Glauben als geistliche Kindschaft verstand.

Helena Joanna Hoffmann stammte aus einfachen Verhältnissen. Sie wird am 7. Februar 1910 im oberschlesischen Eintrachthütte (heute: der Stadtteil Zgoda in Świętochłowice bei Katowice), das damals zum Deutschen Reich gehört, geboren. Zwei Jahre später kommt ein Brüderchen zur Welt. Die Eltern sind Arbeiter. Sie verstehen sich als Deutsche, sprechen aber auch polnisch. Helena wächst zweisprachig auf. Sie besucht die Volksschule in Eintrachthütte und wird stark von der oberschlesischen Volksfrömmigkeit geprägt. Als sie neun Jahre alt ist, stirbt der Vater. 1921 wird jener Teil Oberschlesiens an Polen abgetreten. Wegen einer Typhusepidemie wird die Familie nach Beuthen in eine Notunterkunft umgesiedelt, die kurz darauf geplündert wird. Die Familie muss materiell ganz von vorne beginnen. Helenas Mutter heiratet nach einiger Zeit den Bruder ihres verstorbenen Mannes, ein weiteres Kind kommt zur Welt. Mit elf Jahren empfängt Helena die erste heilige Kommunion. Seit jener Zeit verehrt sie die kurz darauf selig- und heiliggesprochene französische Karmelitin und Mystikerin Thérèse von Lisieux. Sie äußert den Wunsch, Klosterfrau zu werden und stößt auf Widerstand bei Mutter und Stiefvater.

1927, im Jahr ihrer Firmung, tritt Helena Hoffmann doch ins Kloster ein: zu den Schwestern der unbefleckten Maria in Eintrachthütte, die nach der Teilung

Oberschlesiens auch im Bistum Kattowitz eine eigene Provinz führen. Helena erhält den Ordensnamen Maria Dulcissima. Sie arbeitet in einem Kindergarten in Eintrachthütte und in einem Krankenhaus in Schoppnitz. 1928 geht sie als Ordenspostulantin nach Breslau, 1929 als Novizin nach Neiße. In jenem Jahr treten erste Beschwerden und Lähmungen auf. Die Ärzte stellen einen Gehirntumor fest.

Die folgenden Lebensjahre sind von großem Leid geprägt. Dulcissima Hoffmann erträgt ihre Krankheit mit Geduld. Sie verbringt ihre Zeit – nur beschränkt im Klosterleben einsetzbar – abwechselnd in Eintrachthütte, in Kloster Hohenbirken an der Oder und in Ratibor. Oft verliert sie das Bewusstsein, sie hat Krämpfe, Lähmungen der linken Hand und der Zunge treten auf, zeitweise kann sie nur an Krücken gehen.

Dennoch kann sie 1932 die ersten Gelübde ablegen. Früh gilt sie bei Mitschwestern und in der Bevölkerung als Heilige. Etliche Menschen vertrauen sich mit ihren Sorgen und Nöten der im Bett liegenden Klosterfrau an. Dulcissima Hoffmann unterhält sich sowohl mit Deutschen als auch mit Polen in ihrer jeweiligen Muttersprache.

Sie stirbt am 18. Mai 1936 in Hohenbirken bei Ratibor (heute der Stadtteil Brzezie in Racibórz/Ratibor). Zu ihrer Beerdigung kommen zahlreiche Menschen. Bis heute ist ihr Grab Anziehungspunkt vieler Gläubiger, die hier beten, Blumen niederlegen und – wenn sie in den Westen übersiedeln – etwas Erde vom Grab der Klosterfrau mitnehmen. So ist Schwester Dulcissima Hoffmann Fürsprecherin der Menschen, die ihre Heimat aus unterschiedlichsten Gründen verlassen müssen. Sie wird von beiden Bevölkerungsgruppen – deutschen und polnischen Schlesiern – gleichermaßen verehrt. Damit ist ihr Name auch Zeichen der Hoffnung auf eine Aussöhnung der beiden Nationen.

Das Seligsprechungsverfahren für Dulcissima Hoffmann wurde 1999 eingeleitet.

Klara (Rosa) Fietz
*1905   †1937

Schulschwester bei den Franziskanerinnen

1927 tritt eine junge Frau namens Rosa Fietz dem Orden der Schulschwestern des heiligen Franziskus in Eggenberg/Graz bei. Die begabte und hellwache Frau will Lehrerin werden. Doch ihr Lebensweg wird eine andere Richtung nehmen.

Rosa Fietz wird im Januar 1905 im mährischen Niederlindewiese (heute Lipové Lázně) geboren. Mit fünfzehn Jahren kommt sie nach Graz in der Steiermark. Nach dem Abitur studiert sie an der Lehrerinnenbildungsanstalt und arbeitet nach dem Examen einige Jahre als Volksschullehrerin. Dann geht sie an die Universität, um das Gymnasialexamen für die Fächer Deutsch und Geografie nachzuholen. In jener Zeit kommt Rosa Fietz auch zu den Franziskanerinnen und erhält den Ordensnamen Klara.

Die sensible Frau schreibt Gedichte. Nach ihrem frühen Tod findet man ihre Tagebuchnotizen und sonstige Manuskripte. Die Verse sind spätromantisch-schwärmerisch, sie besingen unter anderem die zurückgelassene Heimat in Mähren: »Rauer Nord, ich liebe deine Menschen / mit der herben, sinnig-tiefen Art, / wo sich träumerisch-versonnen Wesen / mit energisch-zähem Willen paart. / Meine glühend starke Heimatliebe / schlingt um dich, o Nord, den weichen Arm. / Lob' ich fremder Größe bunt Getriebe, / wird doch nur bei dir das Herz mir warm.« Andere Gedichte benennen das Heimweh zu Gott: »Doch willst du mein Wandern in Sonnenglut, / ich bin bereit. / ... Ich lege mein Schicksal in deine Hand. / Führ du mich heim / und trag meine Seele, die heimwehkrank, / ins Sonnenland.«

1932 schließt Rosa Fietz ihr Studium mit der Promotion über *Das Romeo-und-Julia-Motiv im deutschen Drama* ab, 1933 wird sie für das höhere Lehramt zugelassen. Doch ihre Gesundheit ist angegriffen: Sie leidet an Tuberkulose. Klara Fietz verbirgt ihre Krankheit zunächst. Ihr Leiden trägt sie mit Geduld und sieht darin Gottes Wille, ja eine Auszeichnung vor Gott.

In ihrem Tagebuch beschreibt sie ihre vom Leiden geprägte mystische Annäherung an Gott. So heißt es dort: »Gott lieben, meine einzige Wissenschaft. Ihn lieben zu dürfen, die große Gnade meines Lebens. Wenn ich den Menschen zulächle, ist es ein bewusstes Werben, allen die göttliche Liebe zu verkünden und mitzuteilen, damit sie Ihn wiederlieben.«

Klara Fietz stirbt nach geduldig und klaglos erlittener Krankheit am 15. Juni 1937 in Graz, bereits damals im Ruf der Heiligkeit.

1949 wurden ihre Aufzeichnungen publiziert und in mehrere Sprachen übersetzt. Das Seligsprechungsverfahren wurde bereits 1944 eingeleitet. Nach Auskunft der Schulschwestern von Graz steht es vor dem Abschluss. Allerdings fehlt noch die Anerkennung eines Wunders.

Wegen ihrer Herkunft wird Klara Fietz vor allem in Kreisen der Sudetendeutschen verehrt.

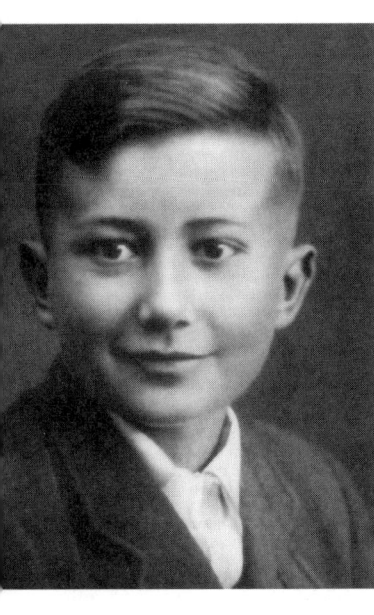

Bernhard Lehner
*1930   †1944

Ein Schüler als Dulder

Im Herbst 1941 kommt der elfjährige Bernhard Lehner aus einem Dorf in Niederbayern nach Regensburg. Er bezieht das bischöfliche Knabenseminar und besucht das Alte Gymnasium. Die Eltern haben ihm dies ermöglicht, denn der Junge äußert seit einiger Zeit den Wunsch, Priester zu werden. Bernhard tut sich zunächst mit Latein und Mathematik schwer. Aber er ist fleißig und beharrlich und holt in seinen Schulleistungen bald auf. Der Lebensweg scheint dem klugen, aufgeweckten Jungen offenzustehen.

Bernhard Lehner kommt am 4. Januar 1930 als Sohn eines Schreiners und dessen Frau im niederbayerischen Herrngiersdorf zur Welt. Die Eltern sind tiefgläubig, die Mutter pilgerte vor der Geburt Bernhards, des zweiten Kindes, nach Altötting und bat dort um eine glückliche Niederkunft. Bernhard ist ein stiller und nachdenklicher Knabe. Früh interessiert er sich für das Leben Jesu und Marias, betet den Rosenkranz. In der Volksschule in Semerskirchen hat er gute Noten. 1939 feiert er die Erste Heilige Kommunion.

Sein Wunsch, Priester zu werden, überrascht die Eltern. Aber sie wollen alles tun, um seinen Lebensweg zu ebnen. So schicken sie ihn in die Stadt, nach Regensburg. Das Abitur kann nicht schaden, egal welchen Beruf der Knabe später wirklich wählen wird.

Nach den anfänglichen schulischen Schwierigkeiten scheint alles wieder im Lot zu sein. Bis Bernhard Anfang Dezember 1943 an septischer Diphtherie erkrankt. Zunächst verheimlicht er die Schmerzen. Erst als er nicht mehr schlucken kann, geht er zum Arzt. Der weist ihn sofort in die Kinderklinik ein. Zunächst bessert sich sein Zustand, vor Weihnachten jedoch verschlechtert er sich erneut. Hinzu treten Lähmungen des Gaumensegels, des Zwerchfells und schließlich der Zunge, sodass er sich nicht mehr mitteilen kann. Zuletzt muss Bernhard künstlich ernährt werden. Doch alle Anstrengungen sind vergebens. Er stirbt, bis zuletzt bei vollem Bewusstsein, am 24. Januar 1944.

Das Leiden und Sterben Bernhard Lehners hinterlässt bei Angehörigen, Priestern, Ärzten und Pflegepersonal großen Eindruck. Seiner am Bett sitzenden und weinenden Mutter sagt Bernhard wenige Tage vor seinem Tod die trostreichen Worte: »Ich gehe ja in den Himmel zum Heiland, da dürft ihr nicht weinen. Wer wird denn weinen, wenn einer in den Himmel geht!« Bernhard betrachtet seinen Tod, dessen Tag er sogar richtig vorhergesagt haben soll, als Opfer: »Ich habe schon alles für euch aufgeopfert«, meint er. Ein Zeuge seines Sterbens sagt später: »Der ist gestorben wie ein Heiliger, so etwas haben wir bei einem Vierzehnjährigen noch nicht erlebt.«

Bernhard Lehner wird auf dem Friedhof seines Heimatdorfes begraben. Doch die Erschütterung über das geduldige Leiden und Sterben Bernhard Lehners hält an. Nicht nur in Herrngiersdorf, sondern in der ganzen Welt. Sogar in Amerika, Afrika und Japan kursieren bald Lebensbeschreibungen und Bilder des jungen Dulders. Auch erste Nachrichten über Gebetserhörungen am Grab des Jungen verbreiten sich.

Die Kirchengemeinde nimmt das im September 1952 zum Anlass, die Gebeine des Jungen in die Dorfkirche zu übertragen und dort in einer Gruft beizusetzen. 1950 wurde das Seligsprechungsverfahren eingeleitet. Alljährlich am zweiten Sonntag im September gedenkt man in Herrngiersdorf in einem feierlichen Gottesdienst des Dulders und betet um die Seligsprechung des Knaben.

Ungebrochen wird er als Vorbild betrachtet, schweres, unheilbares Leiden im Glauben an Jesus Christus ergeben zu dulden und zu durchstehen.

Therese Neumann
*1898 †1962

Die »Resl von Konnersreuth«

An der stigmatisierten Therese Neumann scheiden sich bis heute die Geister. Als »Resl von Konnersreuth« fand und findet sie in der Volksfrömmigkeit große Verehrung. Erst 2005 wurde das Seligsprechungsverfahren eingeleitet, nachdem eine Unterschriftenaktion vierzigtausend Unterstützer gefunden hatte und vom Vatikan das »Nihil obstat« (»Nichts steht dem entgegen«) gekommen war. Doch es gab und gibt auch starken Widerstand gegen die Verehrung, bis hin zur Behauptung, Therese Neumann sei eine Betrügerin gewesen. So hat der katholische Priester Dr. Josef Hanauer in einer Reihe von Büchern und Abhandlungen seine Zweifel an der Stigmatisation und den Visionen Therese Neumanns mit Dokumenten zu untermauern versucht. Eine DNA-Analyse des Blutes von Wundverbänden der Stigmatisierten aus dem Jahre 2004 ergab wiederum, dass es sich tatsächlich um Blut Therese Neumanns handelt, nicht um vergossenes Tierblut, wie von Zweiflern behauptet. Letztlich bleibt eine wissenschaftlich hinreichende Erklärung über die Stigmatisation Therese Neumanns bis heute aus – obgleich die Zahl der Veröffentlichungen über sie auf über viertausend angeschwollen ist. Anstelle eines weiterführenden Diskurses trat leider allzu oft eine wütende Polemik – von Gegnern wie Befürwortern des »Falls« Therese Neumann. Immerhin ist auch die Amtskirche in der Bewertung vorsichtiger und zurückhaltender geworden. So hat selbst der Kirchenhistoriker und damalige Regensburger Bischof Dr. Rudolf Graber in einer Ansprache zum zehnten Todestag Therese Neumanns im Jahre 1972 angemahnt: »Auch bei mystischen Phänomenen ist die moderne Ganzheitsmethode anzuwenden; d. h. ich darf die betreffende Person nicht isoliert betrachten, sondern im biologischen, kulturellen und religiösen

Zusammenhang mit ihrer Familie, ihrer ganzen Umgebung und Erziehung … Wir begehen leicht den Fehler, dass wir bei einer echt oder angeblich begnadeten Person alles in ihrem Leben für übernatürlich oder vollkommen halten.«

Der Zweifel sollte also bei der zukünftigen Betrachtung des Falles Therese Neumann nicht gleich als Verurteilung ihrer Person gesehen werden. Etwas mehr Gelassenheit gerade im Hinblick auf ihre Stigmatisation und ihre Visionen täte der Angelegenheit gut. Vielleicht verstellt der Trubel um das Für und Wider eher den Blick auf das einfache und religiös bestimmte Leben Therese Neumanns, ein Leben, das sich auch ohne all die »wunderbaren« und »unerklärlichen« Phänomene als gottesfürchtig darstellen lässt.

Therese Neumann wird am 9. April 1898 als erstes von elf Kindern des Schneidermeisters und Landwirts Ferdinand Neumann und seiner Frau Anna in Konnersreuth in der Oberpfalz geboren. Erziehung und Ausbildung entsprechen den damaligen Gepflogenheiten in der bayrischen Provinz: ein strenges Elternhaus, Volks- und Sonntagsschule, frühzeitiges Mithelfen in Haus und Hof. Das Mädchen ist in der Schule gut, sie gilt als fleißig und religiös – zur damaligen Zeit in Konnersreuth keine hervorstechenden Wesensmerkmale. Früh arbeitet Therese als Hüterin und Magd. Ihr Wunsch, Missionsschwester zu werden, scheitert am Ausbruch des Ersten Weltkriegs.

Am 10. März 1918 ereignet sich ein Unfall, der Thereses Leben nachhaltig prägen wird: Sie hilft, einen Brand auf dem Nachbarshof zu löschen. Beim stundenlangen Wuchten der Wassereimer verletzt sie sich das Rückgrat. In der Folge stürzt sie des Öfteren, sie wird bettlägerig und erblindet im März 1919. Es wird eine Invalidenrente beantragt. Ein Gutachten von vier Ärzten spricht von einer »schweren Hysterie mit Blindheit und partikulärer Lähmung«, verursacht durch einen Schock, den sie bei dem Brand erlitten haben soll.

Jedenfalls ist Therese Neumann in den folgenden Jahren blind und gelähmt. Am 29. April 1923 – es ist der Tag der Seligsprechung der Thérèse von Lisieux – kann Therese Neumann, die die Französin seit Jahren verehrt – wieder sehen. Gut zwei Jahre später – es ist der Tag der Heiligsprechung der Französin – kann die Konnersreuther Frau auch wieder gehen.

Mit der Heilung beginnt das zweite Leben Therese Neumanns – und in gewisser Weise auch ihr Leidensweg. Denn seitdem steht sie zusehends im Rampenlicht der Öffentlichkeit. Immer mehr Menschen finden sich in Konnersreuth ein, um das »Phänomen« neugierig zu begutachten oder um von Therese Rat und Hilfe zu erbitten. In der Volksfrömmigkeit gilt sie bald als Heilige. Das wird durch ein weiteres Ereignis noch befördert: Seit 1926 zeigen sich an Händen, Füßen und am Oberkörper Therese Neumanns die Wundmale Christi. Bisweilen tritt Blut auch aus ihren Augenhöhlen aus. Sie hat nach eigenem Bekunden Visionen – von diversen Heiligen, besonders aber von der Passion und der Himmelfahrt Christi. Die akademisch ungebildete Frau gibt in Protokollen Worte in einer fremden Sprache wieder, die sie Jesus sprechen hörte: es ähnelt dem Aramäischen. Kritiker behaupten freilich, man habe dem starken Dialekt der Visionärin lediglich aramäische Wörter »unterschoben«.

Der »Fall« findet national und international Beachtung. Reporter und Wissenschaftler, Theologen und »einfache« Leute kommen nach Konnersreuth. Täglich treffen zahlreiche Briefe mit der Bitte um Fürsprache oder Rat in Konnersreuth ein. Selbst die NS-Funktionäre, die die Bevölkerung von Konnersreuth und die Anhänger der Therese Neumann unter Druck setzen und dem Trubel gern ein Ende bereiten wollen (es gibt sogar Hinweise auf einen vereitelten Anschlag der SS auf Therese Neumann im April 1945), können gegen die Wellen der Volksfrömmigkeit kaum etwas ausrichten.

Nach dem Zweiten Weltkrieg setzen sich – verstärkt durch die seelischen Nöte vieler Menschen und wohl auch im Zuge einer religiösen Kompensation in einer zunehmend nüchtern-materialistischen Welt – die Verehrung Therese Neumanns und die Konnersreuth-Wallfahrt in noch größerem Umfang fort. Obwohl das bischöfliche Ordinariat von Regensburg Visiten bald nur noch mit Erlaubnisschein zulässt, ist der Zustrom von Besuchern – offiziellen wie inoffiziellen – kaum zu lenken. Zeitweise regelt die Polizei die Zufahrtsstraßen nach Konnersreuth und ordnet das Parken der Omnibusse und Autos.

Welche Belastung das für das Privatleben Therese Neumanns und ihrer Eltern gewesen sein muss, lässt sich nur erahnen. Die Faszination, eine Heilige »hautnah« erleben zu können, verbunden mit dem Geheimnisvollen (und auch ein wenig Gruseligen) der Stigmatisation, lässt »echte« Volksfrömmigkeit und Sensationslust bisweilen verschmelzen.

Therese Neumann trägt nach Augenzeugenberichten ihr Schicksal und ihr Leiden geduldig und als etwas von Gott Gegebenes, an dem nichts zu ändern ist. Sie selbst äußert einmal: »Da glauben die Leute, ich sei ein Schaustück.« Ihre Tage verbringt sie im Gespräch mit Besuchern oder auch betend und meditierend. Hin und wieder wird sie von einem befreundeten Professor nach Eichstätt geholt und verbringt dort einige Wochen in seinem Haus. Gerne arbeitet sie – wenn nicht gerade die Blutungen auftreten – in ihrem Blumengarten oder auf dem Feld. Auch hält sie sich Tauben, Fische und sogar ein Pferd. Nach eigenen Angaben verzichtet sie seit 1927 auf jegliche Nahrungs- und Flüssigkeitsaufnahme und lebt nur noch vom Empfang der heiligen Kommunion. Eine bischöfliche Untersuchungskommission beobachtet 1927 die Stigmatisierte fünfzehn Tage lang und bestätigt Nahrungslosigkeit und Blutungen. Diese Untersuchungsergebnisse werden von Zweiflern als unzureichend infrage gestellt.

Nach dem Krieg kauft Therese Neumann mithilfe von Spendengeldern das nahe gelegene Gut Fockenfeld. Dort wird eine Schule für spätberufene Priester eingerichtet. Die nötigen Genehmigungen erhält Therese Neumann von der amerikanischen Militärverwaltung in Frankfurt, wo sie persönlich vorspricht. In ihrem letzten Lebensjahr sammelt sie noch Gelder bei vermögenden Bekannten, um in ihrem Heimatdorf Konnersreuth ein Anbetungskloster zu errichten. Unterstützt wird sie dabei vom Regensburger Bischof Rudolf Graber. Den Baubeginn des Klosters erlebt Therese Neumann nicht mehr: Sie erleidet am 15. September 1962 einen Herzinfarkt und stirbt am 18. September in ihrem Wohnhaus. Ihr Leichnam wird in einer Gruft auf dem Konnersreuther Pfarrfriedhof bestattet. Tausende Menschen nehmen an der Feier teil. Die Trauergäste sind aus halb Europa angereist.

Heute ist das Wohnhaus der Neumanns im Besitz des von Therese Neumann mitfinanzierten neuen Anbetungsklosters »Theresianum« (benannt nach der heiligen Thérèse von Lisieux). Noch immer pilgern zahlreiche Menschen an das Grab der »Resl von Konnersreuth«. Wie immer die genauen Umstände und Ursachen ihrer Stigmatisation und ihrer Visionen waren – man kann die »einfache« Bauersfrau Therese Neumann auch deshalb voller Respekt betrachten, weil sie zahllosen Ratsuchenden ihr Ohr lieh, ein bescheidenes und Gott suchendes Leben führte und auch als Stifterin Gutes zu tun versuchte.

Gegner und Opfer des NS-Regimes

Titus Maria (Franz) Horten
* 1882   † 1936

Eine NS-Kampagne gegen die Dominikaner

Am Morgen des 7. Mai 1935 erscheinen achtzehn Beamte und Gestapoleute in den Räumen des kirchlichen Albertus-Magnus-Verlags in Vechta und durchsuchen die Büros. Der Grund: Es werden Verstöße gegen die verschärften Devisengesetze vermutet. Bereits zwei Jahre zuvor wurden die Dominikaner P. Laurentius Siemer in Köln und P. Thomas Stuhlweissenburg in Düsseldorf deswegen verhaftet. Seither sitzen sie im Untersuchungsgefängnis zu Oldenburg ein und müssen sich vor Gericht verantworten.

Doch die Beamten, die an diesem Maimorgen den Verlag durchstöbern, sind an den »Richtigen« geraten: Der Verlagsleiter, P. Titus Maria Horten, sonst ein gütiger und eher stiller Mann, bekommt einen seiner seltenen, dafür aber gefürchteten Wutanfälle. In »heiligem Zorn« bietet er den NS-Beamten die Stirn und brüllt sie zusammen.

Die Beamten sind eingeschüchtert und ziehen sich zurück. Nur ein kurzer Triumph für Horten, denn anderntags erscheinen sie erneut und führen den Verlagsleiter ab. Auch er wird nach Oldenburg gebracht. Gegen ihn wird ein Prozess wegen des Verstoßes gegen die Devisengesetze vorbereitet.

Horten entstammt einer gutbürgerlichen, angesehenen Familie. Sein Vater ist der Staatsanwalt und spätere Reichsgerichtsrat Anton Hubert Horten, ein Neffe von Pater Titus ist der bekannte Kaufhausgründer. Geboren wird Franz Horten am 9. August 1882 in Elberfeld (gehört heute zu Wuppertal). Die Familie ist sehr religiös. Von den acht Kindern von Anton und Sidonie Horten gehen später zwei Töchter und zwei Söhne ins Kloster, ein Sohn wird Weltpriester. Nach Volksschule und Gymnasium in Frankfurt, Venlo und Leipzig studiert Franz Horten Englisch und Französisch an den Universitäten Leipzig, Münster, Grenoble, London und Bonn. 1909 promoviert er mit einer Arbeit über Daniel Defoe.

Bereits während des Studiums trägt Franz Horten sich mit dem Gedanken, ins Kloster einzutreten. 1909 beginnt er das Noviziat bei den Dominikanern in Venlo und erhält den Namen Titus Maria. Sein nicht geringes Vermögen hat er zuvor für karitative Zwecke gespendet. Horten studiert Theologie in Venlo und Rom. Sein Magister, P. Johannes Alix, sagt später über seinen Schüler: »Nie trat eine Härte in seinem Charakter zutage; er war weder barsch noch anmaßend. Er hatte sich selbst stets vollkommen in der Gewalt und übte, sich selbst gleichbleibend, die wahre Liebe in einer gütigen, gewinnenden Weise.« Dass Titus Horten auch zornig sein konnte, mussten später die Nationalsozialisten spüren. Doch gemeinhin zeigte er ein ruhiges und ausgeglichenes Temperament.

Bisweilen vielleicht zu sehr. Denn als Horten 1917 als Lehrer ans Kolleg nach Vechta kommt, wird er von den Schülern schnell ausgenutzt. Seine Güte wird von den Jugendlichen als Schwäche interpretiert. Das pädagogische Experiment scheitert. Die Ordensleitung versetzt Titus Horten. Von 1919 bis 1927 ist er im Kloster Vechta Prokurator und kümmert sich in wirtschaftlich schwierigen Jahren um die Finanzverwaltung, aber auch um Küche und Hausrat. Mit Erfolg. Er kann sogar Spendengelder aus Amerika akquirieren und den Erweiterungsbau des Kollegs mitinitiieren. 1927 wird der bewährte Mann zum Prior des Klosters gewählt. Sechs Jahre lang hat Titus Horten das Amt inne, pflichtbewusst und ohne Beanstandungen. Außerdem übernimmt er in den 1920er Jahren die Leitung des Buch- und Zeitschriftenverlags des Ordens, dem auch eine Druckerei und der Versand angeschlossen sind. Nicht nur in Deutschland agiert der Verlag, sondern auch im Ausland, unter anderem in der Mission der deutschen Dominikaner in China.

Nach der Machtergreifung durch die Nationalsozialisten wird dem Orden genau das zum Verhängnis. Die Machthaber in Berlin wollen ein Exempel statuieren. Die verschärften Devisengesetze sind nur ein Vorwand für das Vorgehen. Der zuckerkranke P. Thomas Stuhlweissenburg stirbt wenige Tage vor seiner Gerichtsverhandlung am 3. Oktober 1935 im Gefängnis in Oldenburg. Der ebenfalls verhaftete P. Laurentius Siemer wird Ende Oktober 1935 zu einer Gefängnisstrafe von fünfzehn Monaten und zu einer hohen Geldstrafe verurteilt. Er geht in Berufung und wird Ende Januar 1936 freigesprochen – eine wohl einzigartige Schlappe für den nationalsozialistischen Justizapparat.

Auch P. Titus Horten wird vor Gericht gestellt und am 4. November 1935 zu einer Strafe von zwei Jahren Gefängnis und einer Geldstrafe von siebzigtausend Reichsmark verurteilt. Horten geht ebenfalls in Berufung, doch die zweite Verhandlung erlebt er nicht mehr. Im Untersuchungsgefängnis verschlechtert sich sein Zustand rapide. Er ist herzkrank und leidet unter Atemnot. Der Gefängnis-geistliche Grafenhorst besucht ihn und schreibt später darüber: »Er, der sein ganzes Vermögen hergegeben hatte, lag nun wie ein Verbrecher hinter vergitterten Fenstern … Er hatte die Gestalt des Schmerzensmannes angenommen. Er klagte nicht. Immer wieder sprach er: ›Heiligstes Herz Jesu, alles für dich.‹«

Titus Horten erträgt sein Schicksal geduldig. Er selbst schrieb einmal: »Wenn wir den göttlichen Erlöser betrachten: in äußerster Armut geboren, am Kreuze sterbend, da haben wir auch die Richtung für uns: Armut, Verzicht auf die Welt und Gehorsam bis zum Tode. Behalten wir das im Auge, und wir werden wahre Apostel für die Ausbreitung des Reiches Gottes sein.«

Wenige Stunden vor seinem Tod veranlasst die Oberin des von Diakonissen geführten Hospitals in Oldenburg, P. Titus Horten in das großherzogliche Krankenzimmer, das »Fürstenzimmer«, umzubetten. Eine Tat des Mitleids, aber auch ein symbolischer Akt: Der gedemütigte Gefangene soll wie ein Herrscher sterben dürfen.

Titus Maria Horten stirbt in der Nacht des 25. Januar 1936. Die Beisetzung in Vechta gerät zu einem stillen Protest gegen die Nationalsozialisten: Rund sechstausend Menschen nehmen daran teil.

1954 wurden Titus Hortens sterbliche Überreste in die Kirche des Dominikanerklosters in Füchtel überführt. An dieser Zeremonie nahmen über fünfzigtausend Menschen teil. Der Bischof von Münster, Michael Keller, verwies in seiner Predigt auf Hortens Leben in Heiligkeit: »Ich weiß, Ihr seid gekommen, weil Ihr noch innerlich das rechte Verständnis für das Ideal der Heiligkeit habt … Wir alle hoffen, dass wir bald einen noch festlicheren Tag erleben dürfen, wenn die Kirche den schlichten Sohn des heiligen Dominikus zur Ehre der Altäre erhebt.«

Das Seligsprechungsverfahren wurde eingeleitet. 2004 wurde P. Titus Horten der »heroische Tugendgrad« zuerkannt.

Otto Neururer
*1882 †1940

Der erste Priester-Märtyrer in der NS-Zeit

Eine Pfarrhaushälterin aus Götzens bei Innsbruck in Tirol hat den folgenden Dialog mit ihrem Pfarrer zu Protokoll gegeben, geführt zu Beginn der NS-Herrschaft:

Der Pfarrer: »Ich fürchte mich nur vor einem, nämlich vor dem Richterstuhl Gottes!«

Die Haushälterin: »Was sollen da wir anderen tun, wenn Sie sich schon fürchten?«

Der Pfarrer: »Gleichgültig was die anderen tun, ich weiß, dass eine schwere Verantwortung auf uns Priestern lastet, weil die Leute aufschauen zum Priester und ein Vorbild haben wollen.«

Bei dem Pfarrer handelte es sich um Otto Neururer. Was er damals nicht ahnen konnte: dass er noch im ersten Jahr der NS-Herrschaft in Österreich verhaftet und verschleppt und dass er der erste Priester-Märtyrer jener Jahre werden würde.

Otto Neururer war kein Mensch, dessen Wesen man auf den ersten Blick Widerstand oder offenen Protest zugetraut hätte. Zeitgenossen beschreiben ihn als eher schüchtern, zurückhaltend, in sich gekehrt. Aber er war auch ein Mensch, der Überzeugungen hatte und das Herz auf der Zunge trug, wenn es um das ging, was er als Wahrheit erkannt hatte. Dann konnte er nicht schweigend zusehen – auch wenn gutmeinende Freunde ihn vor den Folgen warnten.

Otto Neururer entstammt ärmlichsten Verhältnissen: Er kommt am 25. März 1882 als zwölftes Kind Tiroler Kleinbauern in Piller zur Welt. Der Bub ist schwächlich und wird von der Hebamme notgetauft. Doch wider Erwarten überlebt er. Die Eltern bringen sich und die Kinder mühselig durch, gelten im Übrigen bei der

Dorfbevölkerung als froh und zufrieden. Als Otto acht Jahre alt ist, stirbt der bereits siebzigjährige Vater. Die Mutter bringt die Kinder mit »Türkensterz«, einer einfachen Maismehlspeise, durch.

Otto bleibt zwar körperlich schwächlich, ist aber ein kluger, lernbegieriger Kopf. Bereits in der Volksschule fällt er durch seine rasche Auffassungsgabe auf. Mithilfe eines Pfarrers und eines Onkels kann der Dreizehnjährige 1895 in Brixen das fürstbischöfliche Privat-Gymnasium am Vincentinum besuchen. Schon damals äußert Otto den Wunsch, Priester zu werden. Ein Mitschüler erinnert sich:

»Er war ruhig und bescheiden, ein ausgeglichener Charakter. Durch alle acht Jahre war er Vorzugsschüler, und zwar wurde er dies in einer ruhigen und bescheidenen Art, in der sich bei ihm großer Fleiß und Gewissenhaftigkeit mit besonderer Intelligenz verband, die bei diesem Buben aus dem hochgelegenen Bergdorf wirklich bemerkenswert war. Im Gegensatz zu den anderen Vorzugsschülern war er keineswegs streberhaft, vielmehr ganz ruhig, bescheiden, ohne Pathos, große Glanzleistungen und Geistesblitze; es floss alles aus ihm in Ruhe und Selbstverständlichkeit … wenn etwas aber ganz gegen seine Haltung ging oder er gefoppt wurde, konnte er auch energisch werden.«

Nach dem Abitur studiert Otto Neururer am Priesterseminar in Brixen. Er ist eifrig, manchmal zu sehr. Einmal erleidet er einen Nervenzusammenbruch, der ihm vor Augen führt, dass er mit seinen Kräften haushalten muss. Den anfänglichen Plan, als Missionar in ferne Länder zu gehen, lässt er daher fallen. Ebenfalls verzichtet er auf einen Studienfreiplatz in Rom. Er entscheidet sich, in der Tiroler Heimat zu bleiben und hier als Gemeindeseelsorger zu wirken. Falscher Karriereeifer ist ihm fremd.

1907 wird Otto Neururer in Brixen zum Priester geweiht. In den folgenden Jahrzehnten wirkt er in etlichen Dörfern Tirols. Auch schwierige Gemeinden sind darunter. Dörfer mit widerspenstigen Bauern, ungezogenen Kindern, hochgelegenen Weilern, was für den körperlich angeschlagenen Priester schon wegen der Topografie äußerst anstrengend ist. 1932 schließlich wird er nach Götzens bei Innsbruck berufen. Hier wirkt Neururer bis zu seiner Verhaftung.

Doch er setzt sich überall durch. Seine bescheidene, ruhige, klare und gleichzeitig überzeugte Art wirkt auf die Menschen, selbst auf jene, die im Pfarrer nur den Vertreter einer unbeliebten Amtskirche sehen. Weggefährten Neururers haben das später in Briefen und Protokollen bestätigt. Eine Gemeindeschwester, die ihn an der Schule im Religionsunterricht unterstützen soll, schreibt:

»Beim Aussteigen schrien die großen Schüler dann aus Leibeskräften triumphierend, die Anwesenheit des Herrn Pfarrers zwar beachtend – aber nicht schätzend: ›Ah, dö wearn mir schon biagn!‹ Dies gelang zwar nicht, war aber bezeichnend für das Verhalten der Götzenser Jugend. – Von den vierundsechzig Kindern der 3. und 4. Schulstufe waren nur wenige in sittlicher Hinsicht ganz in Ordnung. Das war nicht verwunderlich: WC nicht versperrbar, viel Streit unter Kleinhäuslern, eine Art Rohheit von daheim her mit wenigen Ausnahmen, Abwanderungsbewegung vom Dorf in die Fabriken der nahegelegenen Landeshauptstadt Innsbruck. Unter dieser so gearteten Bevölkerung mühte sich der Herr Pfarrer unentwegt, allen, besonders den Kindern, Gutes zu tun.«

Und einer jener Schüler erinnert sich später voller Dankbarkeit: »Als wir lebhaften Schulbuben der Übungsschule in Innsbruck nach dem temperamentvollen Bruder Willram einen neuen Katecheten erhielten, war unser erstes Urteil: ›Der ist fad.‹ Wir ahnten aber bald, dass der Kooperator Otto Neururer eine ganz besondere Persönlichkeit war: Trotz aller Strenge gütig, trotz aller Genauigkeit geduldig mit unseren Schwächen, trotz seiner etwas linkischen Art und seiner ruhigen Sprechweise von einer Festigkeit, die uns natürlichen Respekt einflößte.«

Otto Neururer ist bereits ein »moderner« Pfarrer, das heißt er kümmert sich nicht nur um die traditionellen Aufgaben der Seelsorge – Feier der heiligen Messe, Erteilung der Sakramente, Religionsunterricht –, sondern er widmet sich auch der Jugendarbeit, wie sie dann erst in den 1960er und 70er Jahren in den Gemeinden gängiger wurde. Die Kinder und Jugendlichen liegen ihm besonders am Herzen. In den Bauerndörfern gelten sie damals vielfach nur als billige Arbeitskräfte. Oftmals sind sie charakterlich verroht, lernen schlecht, fehlen häufig im Unterricht, weil sie auf dem Hof und im Feld mithelfen müssen. Neururer hat ein offenes Ohr für ihre Nöte, er versucht, ihnen in verständlicher Sprache und mit Geduld die Grundzüge der katholischen Religion zu erklären und den Glauben in ihnen zu wecken. Er plant auch den Bau von Jugendheimen und Sportplätzen, was leider wiederholt am Widerstand der uneinsichtigen und altmodischen Dorfgemeinden scheitert.

In Götzens erlebt Neururer nach dem »Anschluss« Österreichs an NS-Deutschland auch den steigenden Druck auf die Bevölkerung und die zunehmende Bedrohung der Kirche. Die NSDAP schließt im Sommer 1938 den katholischen Kindergarten in Götzens. Proteste des Pfarrers verhallen ungeachtet. Seine Mitchristen mahnt Otto Neururer wiederholt: »Wir müssen halten, was zu halten ist!« Auch auf ihn wird Druck ausgeübt. Ein nationalsozialistischer Schulinspektor besucht Neururers Religionsunterricht und maßregelt ihn wegen der Behandlung alttestamentlicher Themen. Er solle doch, so der Inspektor, für einen »zeitgemäßen« Unterricht sorgen.

Neururer ist nicht gewillt, sich in seine Überzeugungen pfuschen zu lassen. Er will nicht schweigen. Im Sommer 1938 führt er in Brixen ein Gespräch mit Bischof Johannes Geisler und sagt zu ihm: »Betet für uns, dass wir nicht alle Märtyrer werden! Es kommen schwere Verfolgungen. Für mich beginnt jetzt der Kreuzweg. Ich bin bereit; nur bitte ich Gott, dass er mir die Zeit abkürze.«

Otto Neururers dunkle Ahnungen erfüllen sich sehr bald. Am 9. Dezember 1938 erfährt er von der Absicht der schwangeren Bauerstochter Liese Eigentler, den wesentlich älteren, geschiedenen Georg Weirather heiraten zu wollen. Laut einer Änderung des staatlichen Ehegesetzes vom 6. Juli 1938 ist nun auch in Österreich die Scheidung der Ehe im staatlichen Rechtsbereich möglich.

Weirather ist beim Finanzamt beschäftigt. Dort gilt er als faul und unfähig. Außerdem ist er Alkoholiker. Er ist aber mit dem nationalsozialistischen Gauleiter per Du und bereits seit 1933 aktives Mitglied der nationalsozialistischen Partei. Das feit ihn vor Anfeindungen. Er selbst glaubt sich unangreifbar. Sein Verhalten ist dementsprechend rücksichtslos und erpresserisch.

Otto Neururer besucht die junge Frau im Haus ihrer Eltern und spricht mit ihr. Er kann als Gemeindepfarrer einer bloß standesamtlichen Trauung der jungen Frau nicht zustimmen. Für ihn ist das ein Präzedenzfall. Schließlich gelingt es ihm, die junge Frau zu überzeugen. Sie schreibt einen Brief an ihren Verlobten, worin sie ihre Einwilligung zur Ehe widerruft. Der Brief wird Weirather zugestellt.

Der reagiert, wie es von ihm zu erwarten ist: Er zeigt Pfarrer Otto Neururer wegen Verhinderung einer »deutschen Ehe« an. Neururer wird am 15. Dezember von der Gestapo verhaftet und nach Innsbruck ins Gefängnis gebracht. Ihm wird von Weirather vorgeworfen, er habe bei der Unterredung mit Liese Eigentler körperliche Gewalt angewandt. Diese Behauptung wird später von der jungen Frau und deren Eltern in eidesstattlichen Erklärungen zurückgewiesen. Dann aber stellt sich heraus, dass das Kind gar nicht von Weirather stammte. Bezeichnend für Weirathers Unbeliebtheit ist auch ein Brief des Dorfpolizisten von Bichlbach, der am 5. Januar 1940 – Weirather hat inzwischen eine andere Frau geheiratet – an den Landrat in Reutte schreibt: »Weirather genießt in seiner Heimatgemeinde den allerschlechtesten Ruf … Weirather vertrinkt seinen ganzen Gehalt [sic] und kümmert sich nicht um die Familie. Er lässt sie einfach verhungern … Noch dazu droht er jedem, der seiner Frau etwas gibt, mit dem Konzentrationslager. Er sagt, er könne leicht jemanden ins Lager bringen, weil er mit dem Gauleiter Hofer per ›Du‹ sei usw. Er hat überall Zechschulden herum und betrinkt sich fortwährend. Wenn er dann in betrunkenem Zustand nach Hause kommt, schlägt er Krawall und bedroht seine Frau.«

Das Schreiben nutzt Otto Neururer nichts. Man will höheren Ortes ein Beispiel an ihm statuieren. Das ist auch Neururer klar. Beim Verhör sagt er: »Meine Herren! Machen Sie keine Umschweife, es geht nicht so sehr gegen mich als gegen den Glauben und die Kirche in unserem Land!«

Im März 1939 bringt man ihn von Innsbruck mit einem Polizeiwagen ins Konzentrationslager Dachau. Kurz vor München ereignet sich ein schwerer Verkehrsunfall mit einem Fernlaster und einem Fuhrwerk. Die Insassen des Gefangenenwagens steigen aus. Otto Neururer steht den Sterbenden als Priester bei und erteilt ihnen die Absolution. Der Chauffeur, ein Nationalsozialist, herrscht ihn an: »Sofort hinein ins Auto, du Saupfaff!«

Ende 1939 wird Neururer ins Konzentrationslager Buchenwald bei Weimar gebracht. Dem bereits achtundfünfzigjährigen Mann wird nichts erspart. Er leidet Hunger und Kälte, Demütigung und Spott. Albert Hölzler, ein ehemaliger Mitgefangener in Buchenwald, gibt 1979 zu Protokoll:

»Manchmal konnte ich ihm helfen, besonders nähte ich ihm Knöpfe oder die Häftlingsnummer an die Sträflingskleider, weil er in diesen praktischen Dingen wenig Übung und Geschick hatte … Neururer war mit anderen Arbeiten beschäftigt und war immer einem anderen Kommando zugeteilt als ich. Wir kamen also praktisch nur außerhalb der Arbeitszeit zusammen. Trotzdem habe ich Neururer in dieser Zeit als einen außerordentlich frommen, ja heiligmäßigen Priester kennengelernt. Er führte oft und mit verschiedenen Gefangenen religiöse Gespräche und hoffte, sie für den Glauben zu gewinnen. Sehr oft teilte er auch die kleine Brotration mit anderen; zu sehr hatte er Erbarmen mit den Hungernden. An sich selbst dachte er zuletzt. Ich redete ihm deshalb oft zu und suchte ihn davon abzubringen, weil er auf seine eigenen Kräfte schauen sollte. Ich warnte ihn auch, zu unvorsichtig religiöse Gespräche zu führen und sich als Seelsorger zu betätigen. Denn zu leicht konnte ihn in der so gemischten Belegschaft einer verraten. Aber auch darauf hörte er kaum.«

Neururers Standfestigkeit, seine Weigerung, seinen Glauben geheim zu halten und seinen Stand zu verleugnen, wird ihm schließlich zum Verhängnis. Im Mai 1940 tritt ein Häftling an Neururer mit der Bitte heran, ihn zu taufen. Ein anderer Mithäftling warnt Neururer. Priesterliches Engagement ist im Konzentrationslager verboten und wird ohne Verhandlung mit der Todesstrafe belegt. Ob er denn sichergehen könne, dass der Bittsteller nicht von der SS gekauft sei? Neururer antwortet lächelnd: »Ich bin mir ganz sicher.«

Neururer geht in die Falle. Der Bittsteller ist ein Spitzel und verrät ihn an die Lagerleitung. Am 28. Mai wird Otto Neururer in den »Bunker« gesperrt, das Todesgefängnis im Konzentrationslager. Über sechshundert Gefangene werden in jenen Jahren dort zu Tode gequält. Otto Neururer wird mit dem Kopf nach unten aufgehängt. Nach qualvollen vierunddreißig Stunden stirbt er infolge des Blutandrangs im Kopf am 30. Mai 1940. Die Leiche wird eingeäschert, die Urne der Gemeinde Götzens zugestellt. In der dortigen Kirche findet am 30. Juni die Begräbnisfeier statt, die zu einem stillen Protest gegen das NS-Regime wird. Neururers Leichnam ruht in der Pfarrkirche in Götzens. Die Grabplatte erinnert daran, dass er in »Erfüllung der Seelsorgspflicht als Märtyrer« seinen Tod gefunden hat. Und sie zitiert einen Spruch aus der Offenbarung des Johannes: »Die das Tier und sein Bild nicht angebetet haben, herrschen mit Christus.«

Georg Weirather, der schuld an der Verhaftung Otto Neururers war, wurde 1946 zu zehn Jahren Gefängnis verurteilt, doch bereits nach sechs Jahren freigelassen. Er starb 1964 in einem Altersheim – mittellos und dem Alkohol verfallen.

Otto Neururer, der erste Priester, der vom NS-Regime in einem Konzentrationslager ermordet worden ist, wurde im Jahre 1996 von Papst Johannes Paul II. seliggesprochen.

Anicet (Adalbert) Koplin(ski)

*1875 †1941

Aussöhnung von Polen und Deutschen

Der Kapuzinerpater Anicet Koplinski stand zwischen den Nationen und Konfessionen, zwischen seinen Vaterländern Deutschland und Polen, zwischen der katholischen Konfession seines Vaters und der lutherischen seiner Mutter. Aber er wusste, auf welcher Seite er stand: bei den Armen und sozial Benachteiligten. Als »Vater der Armen« ging er ins Gedächtnis vieler Menschen ein – jenseits aller nationalen und konfessionellen Grenzen und Schranken.

Adalbert Koplin kommt am 30. Juli 1875 in Preußisch-Friedland (heute: Debrzno) in Westpreußen zur Welt. Der Vater ist polnischer Abstammung und Katholik, die lutherische Mutter ist deutschstämmig. Adalbert wird katholisch erzogen. Er besucht die Volks- und Mittelschule in Friedland. Früh regt sich in ihm der Wunsch, Priester zu werden. Im November 1893 tritt er im elsässischen Sigolsheim in den Kapuzinerorden ein und erhält den Namen Anicet. Er studiert Theologie und wird am 15. August 1900 in Krefeld zum Priester geweiht. In den folgenden Jahren ist Anicet Koplin in verschiedenen Kapuzinerklöstern der Rheinisch-Westfälischen Ordensprovinz tätig, als Prediger, aber auch als beliebter Beichtvater. Die asketische Lebensweise des Kapuzinerordens macht ihm wenig aus – Entbehrungen ist er aus seiner Kindheit gewohnt. Koplin ist leutselig, nimmt am öffentlichen Leben teil. Bald ist der sommers wie winters barfuß in Sandalen gehende Mönch überall bekannt.

Besonders zum Arbeitermilieu im Ruhrgebiet sucht der Pater Kontakt – hier vor allem zur großen polnischen Gemeinde, Gastarbeiter, die seit Beginn der Industrialisierung aus den polnischsprachigen Gebieten Preußens zugewandert sind. Koplin, der die deutsche Staatsangehörigkeit besitzt und sich lange als Deutscher versteht, hat in seiner Kindheit auch polnisch gelernt – das kommt ihm jetzt zugute. Aus seiner deutschen Gesinnung macht er anfänglich keinen Hehl. Im Ersten Weltkrieg schreibt er sogar patriotische Gedichte.

Die große Wende in Koplins Leben kommt mit dem Ende des Weltkriegs und dem Wiedererstehen eines unabhängigen polnischen Staates. Die Ordensoberen richten an Koplin die Bitte, nach Warschau zu gehen und dort bei der Wiedererrichtung des Kapuzinerordens mitzuwirken. Anicet Koplin nimmt die Aufgabe an. Im Warschauer Arbeiterviertel Annapol am rechten Ufer der Weichsel lässt sich der Orden nieder. Die Kapuziner betreiben hier eine Armenküche, in der sie täglich bis zu achttausend Essen austeilen. Die Not im Polen der Nachkriegszeit ist groß. Pater Anicet wandert täglich durch die Stadt und sammelt Geld und Lebensmittel für die Suppenküche. Bald nennt man ihn im Volk achtungsvoll »Vater der Armen«, auch »Bettler von Warschau«. Er ist dafür bekannt, dass er auch an den Türen der Reichen klingelt.

Vielen Erwerbslosen vermittelt er Arbeit. Auch als Seelsorger ist er tätig. Vor allem als Beichtvater verbringt er wöchentlich viele Stunden im Beichtstuhl. Nicht nur Arbeiter strömen zu ihm. Auch bei Begüterten, Offizieren, Politikern und Bischöfen ist er bald der bevorzugte Beichtvater. Selbst der damalige Apostolische Nuntius in Warschau, Achille Ratti (der spätere Papst Pius XI.), beichtet bei Pater Anicet. Koplin ist eine bekannte und beliebte Figur des öffentlichen Lebens: Man lädt den Kapuziner zu Empfängen und Veranstaltungen ein. Seltsam nimmt sich der Pater im rauen Gewand und mit Sandalen an den nackten Füßen zwischen all den Herren im Frack und den Damen in Pelz und Abendkleid aus. Pater Anicet ist kein weltfremder Eremit. Er nutzt die Gelegenheit zum Gespräch und auch zum Almosensammeln für die Belange seines Ordens.

Mehr und mehr fühlt er sich dem polnischen Kulturraum verbunden. Um 1930 legt er die deutsche Staatsbürgerschaft ab und nimmt die polnische an. Nun nennt er sich »Koplinski«. Im Herzen freilich fühlt er sich weiterhin beiden Nationen verbunden. Als karitativ tätiger Christ empfindet er übernational.

Als deutsche Truppen im Herbst 1939 Polen überfallen und damit den Zweiten Weltkrieg auslösen, bleibt Anicet Koplinski im besetzten Warschau. Mehr denn je sorgt er sich um die Armen. Bei den deutschen Behörden nutzt er seine Sprachkenntnisse und fordert Bezugsscheine für Lebensmittel, Kleider und Arzneien, um weiterhin die Bedürftigen unterstützen zu können. Doch der Gestapo ist der Kapuzinerorden verdächtig. Im Juni 1940 werden Koplinski und der Guardian P. Innozenz Hanski von der Gestapo verhaftet und verhört. Koplinski gibt im Verhör zu, dass Flugblätter des polnischen Widerstands von vier Mitbrüdern gelesen wurden. Die Namen verrät er jedoch nicht. Den Hass der Gestapo reizt Koplinski mit seiner

Äußerung: »Nach dem, was Hitler in Polen begangen hat, schäme ich mich, ein Deutscher zu sein!«

Ein Jahr später holt der Staatsapparat zum Vernichtungsschlag aus: In der Nacht auf den 27. Juli 1941 durchsucht die Geheime Staatspolizei das Kloster in Warschau. Alle zweiundzwanzig Kapuziner werden verhaftet und ins Gefängnis gebracht. Die Patres werden verhört, verspottet und misshandelt, zum Teil auch gefoltert. Am 4. September 1941 werden die Kapuziner in einem Viehwaggon ins Konzentrationslager Auschwitz abtransportiert. Pater Anicet, damals schon krank, wird im Invalidenblock untergebracht. Fünf Wochen verbringt er im Lager. Über diese letzte Zeit ist nur Ungenaues bekannt. Ein Mithäftling, der Provinzial P. Archangelus, erinnert sich: »Anicet wurde beim Aussteigen aus dem Zug misshandelt, beim Marsch zum Lager geschlagen, weil er mit den anderen nicht Schritt halten konnte. Außerdem hatte ihn ein SS-Hund gebissen. Bei der Abzählung wurde Pater Anicet mit anderen Älteren und Arbeitsunfähigen von den Übrigen getrennt und neben dem Todesblock untergebracht. Man hat ihn auch gebrannt. Er hat in den letzten Tagen viel geschwiegen und gebetet. Er blieb immer ruhig und still!«

P. Anicet Koplinski wird um den 16. Oktober 1941 im Konzentrationslager Auschwitz ermordet. Die Berichte über seinen Tod sind widersprüchlich. Die einen sprechen von einem Tod in der Gaskammer. Ein anderer Zeuge berichtet, man habe den Kapuziner gemeinsam mit anderen Häftlingen lebend in eine Grube geworfen und ungelöschten Kalk über sie gestreut – ein qualvolles Sterben infolge schwerer Verätzungen, eine Art Verbrennen bei lebendigem Leib.

Am 13. Juni 1999 sprach Papst Johannes Paul II. in Warschau einhundertacht Männer und Frauen selig, die als Märtyrer des Glaubens in den Vernichtungslagern in Polen ihr Leben lassen mussten – einer von ihnen ist Anicet Koplin(ski). Er gilt heute als Fürsprecher der Aussöhnung von Deutschen und Polen, Katholiken und Protestanten, Juden und Christen, Armen und Wohlhabenden.

Teresia Benedicta vom Kreuz (Edith) Stein

*1891   †1942

Jüdin, Philosophin, Karmelitin

Edith Stein ist spätestens seit ihrer Heiligsprechung durch Papst Johannes Paul II. im Jahr 1998 für viele Gläubige eine Ikone, vergleichbar allenfalls mit der gelehrten Nonne Hildegard von Bingen (1098–1179), die in den letzten zwanzig Jahren auch innerhalb feministischer und ökologischer Bewegungen jeglicher Ausrichtung eine wahre Renaissance erfahren hat. Bei Edith Stein freilich ist die Sachlage ungleich komplizierter. Im Gegensatz zu der gelehrten Äbtissin des Mittelalters lässt bei der Kölner Karmelitin die geringe historische Distanz noch keine Freiflächen zur Neubesetzung zu. Im Gegenteil: Gerade seit der offiziellen Kanonisation durch den Vatikan ist Edith Stein immer wieder Anlass für religiös-ideologische Positionierungen, die nicht immer konfliktfrei sind, an denen sich vielmehr die zivilisationsgeschichtliche Wunde des 20. Jahrhunderts zeigt: Von jüdischen Kreisen wurde der katholischen Kirche die Vereinnahmung der gebürtigen Jüdin Edith Stein unterstellt. Von katholischer Seite wurde Schwester Teresia Benedicta vom Kreuz (so ihr Ordensname) als Beispiel der Aussöhnung von Judentum und Christentum bisweilen vereinfachend dargestellt. Feministische Richtungen haben der Akademikerin einen Verrat an der Emanzipationsbewegung vorgeworfen, weil sie den klösterlichen Gehorsam dem selbstbestimmten Leben und der beruflichen Karriere vorgezogen hat. Und im universitären Bereich hat man erst in den letzten Jahren begonnen, das anspruchsvolle philosophische Werk Edith Steins in seiner Gesamtheit zu würdigen und aus dem Schatten ihres Lehrers Edmund Husserl herauszulösen.

In der Tat entzieht sich Edith Stein einer eindeutigen Festlegung oder gar Ikonisierung. Ihr Leben und Denken zeigt die Verwerfungen und Widersprüche der

Moderne, auch in den Bereichen, die nicht fremdbestimmt waren. Gerade diese Authentizität macht sie für viele heutzutage so interessant. Edith Stein scheint – auch abseits ihres Lebens als Nonne und ihres tragischen Endes als Opfer des Holocaust – selbst für viele Menschen, die sich nicht zu einer Religion bekennen, Anziehungskraft zu besitzen, so etwas wie eine Heilige in einer zunehmend säkularisierten Welt zu sein.

Edith Stein wird am 12. Oktober 1891 in Breslau als elftes und jüngstes Kind einer jüdischen Kaufmannsfamilie geboren. Die Steins sind weitgehend assimiliert, die jüdischen Riten werden eher lax eingehalten. Man empfindet in erster Linie liberal und national. Als Edith zwei Jahre alt ist, stirbt der Vater. Die Mutter übernimmt den Handel mit Kohlen und Baumaterial. Mit strenger Hand führt sie Unternehmen und Familie. Edith wird als ein intelligentes, bisweilen auch altkluges, verwöhntes und trotzköpfiges Kind beschrieben. Sie besucht die Höhere Töchterschule und das Realgymnasium in Breslau und fällt durch ihre hohe Intelligenz und ihren überdurchschnittlichen Fleiß auf. Ihr schriftliches Abitur ist so hervorragend, dass die Kommission auf die mündlichen Prüfungen verzichtet.

1911 beginnt Edith Stein ein Studium der Germanistik, Philosophie, Geschichte und Psychologie an der Universität Breslau. Später wechselt sie nach Göttingen und Freiburg. Noch wenige Jahre zuvor waren studierende Frauen gezwungen, in die Schweiz zu gehen. Erst seit 1908 stehen ihnen auch in Preußen die Universitäten aller Fachrichtungen offen. Doch noch bilden Studentinnen die Ausnahme, noch sitzen sie in den Hörsälen in kleinen Grüppchen beisammen und werden oft wie exotische Wesen angestaunt. Immer noch legt man bei Studentinnen höhere Leistungsmaßstäbe an als bei Studenten. Von der Möglichkeit, eine akademische Laufbahn einzuschlagen, sind Frauen noch weit entfernt.

Edith Stein stürzt sich wissensdurstig auf den Stoff. Schnell ist ihr klar, dass sie weniger zur Pädagogik taugt (obgleich ihr nur der Weg einer Lehrerin offensteht) als vielmehr zur reinen Wissenschaft. Sie besucht Vorlesungen und Seminare bei Professor Edmund Husserl, dem Begründer der Phänomenologie. Edith Stein ist fasziniert: Hier hat sie jene Klarheit des Denkens, die sie in der Psychologie vermisst. Bald steht sie ganz im Bann des »Meisters«, wie sie den Professor respektvoll, aber auch mit einer Prise Ironie nennt. Husserl ist ein scharfsinniger Kopf, aber in seiner Arbeitsweise fahrig und unordentlich. Er benötigt Assistenten, die nicht nur die unteren Semester betreuen, sondern auch Ordnung in seine Unterlagen und Notizen bringen, die seine Manuskripte kritisch redigieren und ihn auf etwaige Widersprüche hinweisen. Sehr bald wird Husserl auf die junge Studentin und ihre überragenden Fähigkeiten aufmerksam. Sie wird – nach einer Unterbrechung während des Ersten Weltkriegs, in dem sie nicht ohne nationalen Stolz als

Krankenschwester in Verwundetenlazaretten arbeitet – seine Assistentin. In aufreibender Kleinarbeit ordnet und redigiert sie seine Notizen und Skripte. Doch an eine akademische Karriere ist jetzt weniger denn je zu denken. Zwar hat sie 1916 mit summa cum laude promoviert, doch eine Habilitierung ist ihr verwehrt. Erst mit der neuen Weimarer Verfassung von 1919 wird die Habilitierung von Frauen juristisch ermöglicht, doch stehen in der Praxis die von Männern besetzten Universitätskommissionen und Fakultäten dem entgegen. Husserl selbst taktiert und schreibt seiner Assistentin im Jahr 1919 zwar eine Empfehlung, allerdings mit der Einschränkung, er könne ihre Habilitation nur befürworten, »sollte die akademische Laufbahn für Damen eröffnet werden«. Er benötigt seine Assistentin, um das eigene Werk voranzutreiben und zum Abschluss zu bringen, und will sie nicht freigeben, weder personell noch in ihrem philosophischen Denken.

Edith Stein gerät in jenen Jahren in eine Sinnkrise. Sie ist durch ihre vielfältigen Pflichten überlastet. Auch unglückliche Liebeleien setzen ihr zu. Mehrere Männer, denen sie ihre Gefühle offenbart, weisen sie als Frau zurück, wollen sie jedoch als Freundin behalten. In dieser emotionalen Spannung kommt es zur Krise: Edith Stein hat depressive Anwandlungen, ihre Lebenskraft lässt nach. »Ich konnte«, so schreibt sie später in ihrer Autobiografie, »nicht mehr über die Straße gehen, ohne zu wünschen, dass ein Wagen über mich hinwegführe. Und wenn ich einen Ausflug machte, dann hoffte ich, dass ich abstürzen und nicht lebendig zurückkommen würde. Es ahnte wohl niemand, wie es in mir aussah.«

Sie erarbeitet eine Habilitationsschrift, ohne an einer Universität zur Habilitierung zugelassen zu werden. Noch 1931 unternimmt sie diesbezüglich einen Anlauf (mit einer zweiten Habilitationsschrift) – ohne Erfolg. Die nationalsozialistische Ideologie wirft da bereits ihre Schatten voraus: Frauen sollen dem Vaterland in ihrer Rolle als Hausfrau und Mutter dienen, nicht durch ihr eigensinniges emanzipatorisches Verhalten die gesellschaftliche Ordnung »gefährden«.

Wie ein Rettungsanker erscheint Edith Stein im Jahr 1922 die unverhoffte Anfrage der Dominikanerinnen aus Speyer, die für ihr Mädchenlyzeum eine Lehrerin benötigen. Bis 1932 wirkt Edith Stein an dieser Schule und lebt in unmittelbarer Nähe zu den Nonnen und ihrem Tagesrhythmus. Bei den Schülerinnen ist Edith Stein beliebt, nicht zuletzt wegen ihrer ruhigen, klaren Art, aber auch weil sie versucht, neueste pädagogische Ansätze einzubringen. Freilich bleibt eine gewisse Distanz, eine Unnahbarkeit. Ihre akademische Herkunft, aber auch Enttäuschungen, die davon rührten, dass sie ihr Herz vorschnell öffnete, mögen dahinterstehen.

Bei den Dominikanerinnen lernt Edith Stein den katholischen Glauben und ein ganz darauf ausgerichtetes Leben kennen. Bereits über ihre Freundin, die Philosophin Hedwig Conrad-Martius, hat Edith Stein die katholische Liturgie kennengelernt. Sie ist von der Sinnlichkeit und dem Geheimnisvollen des Katholizismus stark angezogen. Am 1. Januar 1922 lässt sie sich taufen. An Roman Ingarden – in den sie zuvor unglücklich verliebt war – schreibt sie Jahre später zur Erklärung: »Es ist eine unendliche Welt, die sich ganz neu auftut, wenn man einmal anfängt, statt nach außen nach innen zu leben. Alle Realitäten, mit denen man vorher zu tun hatte, werden transparent, und die eigentlich tragenden und bewegenden Kräfte werden spürbar.« Nicht nur bei dem kirchenkritischen Ingarden stößt Edith Steins Entschluss auf Ablehnung. Auch ihre Mutter ist entsetzt und zutiefst verletzt. Zeitweise droht ein Bruch mit der Familie. Die Mutter verbietet ihr sogar für einige Monate das Haus. Obgleich die Verwandten liberal und assimiliert schienen, verhärten sich jetzt – auch unter dem Eindruck des wachsenden gesellschaftlichen Antisemitismus – innerhalb der Familie die Fronten.

Noch immer rumort in Edith Stein schmerzlich das Bewusstsein, dass ihr trotz wachsender akademischer Bekanntheit – neben ihrer Lehrerinnentätigkeit verfasst sie etliche philosophische Abhandlungen, die sie in Jahrbüchern und wissenschaftlichen Zeitschriften publiziert, auch wird sie immer wieder zu Vorträgen eingeladen – eine universitäre Laufbahn verwehrt bleibt. Eine kurzzeitige Dozentur am Deutschen Institut für Wissenschaftliche Pädagogik in Münster im Jahre 1932 täuscht über das Problem nur hinweg. Zudem ist sie bereits einundvierzig Jahre alt und damit von jüngeren Mitbewerbern an Universitäten abgehängt. Die Machtübernahme der Nationalsozialisten 1933 verdeutlicht ihr nur ihre sinkenden Chancen als Akademikerin und die gesellschaftliche Benachteiligung als konvertierte Jüdin.

All das mag nicht ausschlaggebend, aber doch von Einfluss auf ihren Entschluss gewesen sein: Am 14. Oktober 1933 tritt sie als Novizin in den Kölner Karmel ein und erhält den Ordensnamen Teresia Benedicta vom Kreuz. Im kollektiven Gedächtnis freilich ist sie bis heute unter ihrem weltlichen Namen bekannt. Edith Steins früheres Verdikt »Gehorchen, das kann ich nicht« weicht nun einem Sich-Fügen in die strenge Ordensregel, die sie weniger als Beschneidung denn als Reduktion auf das Wesentliche erfährt. Hat sie wenige Jahre zuvor noch auf Tagungen das akademische Selbstbestimmungsrecht der Frau verteidigt (weshalb sie später von Feministinnen gerne einseitig auf diese Rolle festgelegt wurde), so stellt sie sich nun die Frage, was den Menschen denn jenseits seiner Rollen ausmache. Die Gottessuche stellt sie vor dem Hintergrund der utilitaristischen Versklavung des Menschseins durch die NS-Ideologie nun als den eigentlichen Sinn des Menschen dar: »Jeder Mensch ist ein Gottsucher … Nicht was er für eine Gemeinschaft leistet – für Familie, Volk, Menschheit – ist letzter Maßstab seines Wertes, sondern ob er dem Ruf Gottes folgt.«

Trotz des erneuten (und verschärften) Konflikts mit der Mutter um das Bekenntnis zum Katholizismus und zum klösterlichen Leben wächst in Edith Stein in den letzten Lebensjahren das Bewusstsein ihrer jüdischen Wurzeln. Was ihr früher äußerliches Beiwerk schien, längst in der bürgerlichen und patriotischen Assimilierung überwunden geglaubt, dann offiziell durch die Konversion »abgelegt«, wächst nun wieder heran – gerade unter der politischen Restriktion. Sie erlebt den gesellschaftlichen Druck auf die deutschen Juden mit, die juristische Benachteiligung, die pogromartigen Bedrohungen, die Verhaftungen und schließlich den offenkundigen staatlichen Griff nach Leib und Leben. Bereits 1933 schreibt sie einen flammenden Brief an Papst Pius XI., worin sie ihn auf die Situation der deutschen Juden aufmerksam macht: »Wir sind auch der Überzeugung, dass dieses Schweigen nicht imstande sein wird, auf die Dauer den Frieden mit der gegenwärtigen deutschen Regierung zu erkaufen. Der Kampf gegen den Katholizismus wird vorläufig noch in der Stille und in weniger brutalen Formen geführt wie gegen das Judentum, aber nicht weniger systematisch.« Als Antwort auf den Brief erhält sie nur den päpstlichen Segen für sich und ihre Angehörigen. Nicht auszuschließen ist jedoch, dass Papst Pius XI. bei der Abfassung der Enzyklika *Mit brennender Sorge* (1937) auch von Edith Steins offenen Worten beeinflusst worden ist.

Im April 1938 legt Edith Stein die ewigen Gelübde als Karmelitin ab. Doch Konversion und Klostermauern sind kein ausreichender Schutz vor dem Zugriff der NS-Schergen. Nach der NS-Ideologie gilt sie weiterhin als Jüdin, durch die Nürnberger Gesetze vom 15. September 1935 hat sie ihre staatsbürgerlichen Rechte verloren. In der sogenannten »Reichskristallnacht« vom 9. November 1938 werden in ganz Deutschland einhunderteinundsiebzig Synagogen niedergebrannt, über siebentausend jüdische Geschäfte zerstört, rund sechsundzwanzigtausend Juden werden in den folgenden Tagen in Konzentrationslager verschleppt. Spätestens jetzt wird der Klosterleitung klar, dass die konvertierte Nonne in höchster Gefahr schwebt. Die seit dem Kulturkampf unter Bismarck mit den Kölner Karmelitinnen freundschaftlich verbundenen Klosterfrauen im niederländischen Echt erklären sich bereit, Edith Stein aufzunehmen. Ein befreundeter Arzt bringt sie am 31. Dezember 1938 über die Grenze.

Im Karmel zu Echt findet auch Edith Steins ältere Schwester Rosa Unterschlupf. Sie ist nach dem Tod der Mutter 1936 ebenfalls zum Katholizismus konvertiert und hilft nun an der Pforte und in der Küche. Doch die Schwestern finden nur eine kurze Atempause. Am 10. Mai 1940 marschieren deutsche Truppen in die neutralen Niederlande ein. Im Jahr darauf beginnt der planmäßige Abtransport von Juden – niederländischen und exilierten deutschen – in die Konzentrationslager im Osten. Bereits im Juni 1939 hat Edith Stein ihr Testament geschrieben, worin sie ihrem eventuellen Tod als Opfersterben einen Sinn zu geben versucht: »Ich bitte den Herrn, dass er mein Leben und Sterben annehmen möchte … für die Rettung Deutschlands und den Frieden der Welt, schließlich für meine Angehörigen, lebende und tote, und alle, die mir Gott gegeben hat: dass keiner verloren gehe.«

Die Äbtissin in Echt versucht nach der deutschen Invasion, die Schwestern Stein in einem Kloster in der Schweiz unterzubringen. Doch die Trägheit der Behörden und die Zögerlichkeit der beiden Klöster, die um Hilfe gebeten werden, lassen wertvolle Zeit verstreichen. Schließlich ist es zu spät. Am 26. Juli 1942 wird zwar noch in allen katholischen (und vielen reformierten) Kirchen der Niederlande ein Protestbrief der katholischen Bischöfe gegen die Deportationen verlesen. Doch die Reaktion der NS-Behörden folgt auf den Fuß: Man will ein Zeichen der Macht setzen. Am 2. August werden sämtliche siebenhundertzweiundzwanzig katholischen Juden in den Niederlanden – darunter viele Geistliche und Ordensleute – verhaftet. Die SS steht auch vor dem Echter Karmel und fordert unter Gewaltandrohung die Herausgabe der Schwestern Stein. Edith Stein zeigt sich in jenen Stunden und Tagen gefasst. Sie nimmt beim Verlassen des Karmels ihre verzweifelte Schwester Rosa an die Hand und sagt zu ihr: »Komm, wir gehen für unser Volk.«

Die Verhafteten werden in das Durchgangslager Westerbork im Norden gebracht. Bei der Aufnahme der Personalien sagt Edith Stein zu dem SS-Offizier: »Ich bin katholisch.« Er schreit sie zusammen: »Das bist du nicht! Du bist eine verdammte Jüdin!« Überlebende geben später zu Protokoll, Edith Stein sei ihnen durch ihre Gelassenheit und ihr Lächeln aufgefallen: »Diese Frau mit ihrem Lächeln, das keine Maske, sondern ein erwärmendes Licht war. … Ein Gespräch mit ihr … es war eine Reise in eine andere Welt.« Edith Stein selbst steht in ihren letzten Tagen ihrem jüdischen Volk nahe: »Und dass meine Schwestern und Brüder so leiden müssen … Leider habe ich auch das nicht gewusst in der Abgeschlossenheit meines Klosters. Jede Stunde bete ich für sie. Ob er mein Gebet hört? … Ihre Klage hört Gott gewiss.«

Versuche der Echter Priorin, noch in letzter Minute beim Schweizer Konsulat in Amsterdam eine Einreiseerlaubnis für die Eidgenossenschaft zu erwirken, schlagen fehl. In Viehwaggons werden die Gefangenen am 7. August nach Osten ins Konzentrationslager Auschwitz gebracht. Gleich nach ihrer Ankunft am 9. August werden die Gefangenen in die angeblichen Duschräume geschickt und dort vergast. Die Schwestern Edith und Rosa Stein sterben gemeinsam. Ihre Asche wird auf dem Gelände des Konzentrationslagers verstreut.

Bald nach dem Krieg setzte ein nicht abreißendes Interesse am Schicksal und Wirken Edith Steins ein. 1987 sprach Papst Johannes Paul II. die Konvertitin selig,

1998 erfolgte die Heiligsprechung. 1999 erklärte der Papst sie neben Katharina von Siena und Birgitta von Schweden zur Mitpatronin Europas, um damit ein besonderes Zeichen für den Frieden und die Toleranz zwischen den einst verfeindeten Völkern zu setzen. »Ihr Schrei«, so Johannes Paul II. über Edith Stein, »verschmilzt mit dem aller Opfer jener schrecklichen Tragödie. Vorher hat er sich jedoch mit dem Schrei Christi vereint, der dem menschlichen Leiden eine geheimnisvolle, ewige Fruchtbarkeit verspricht.« Eine Erhebung Edith Steins zur Kirchenlehrerin scheint nur noch eine Frage der Zeit zu sein. Damit stünde sie in einer Reihe mit Teresa von Ávila, Katharina von Siena und Thérèse von Lisieux.

Georg Häfner

*1900 †1942

Verweigerer des Hitler-Grußes

Schon früh fällt Georg Häfner, der Pfarrer von Oberschwarzach bei Würzburg, den NS-Machthabern auf: Er verweigert den Hitlergruß, äußert sich in Predigten und im Schulunterricht kritisch über den Nationalsozialismus. Er wird denunziert, doch die Beweislage reicht noch nicht aus. 1938 belegt man ihn mit einem Unterrichtsverbot. Häfner lässt sich nicht beirren. Den Beicht-, Erstkommunion- und Firmunterricht hält er heimlich ab.

Geboren wird Georg Häfner am 19. Oktober 1900 in Würzburg als Sohn eines städtischen Arbeiters. Die Eltern ermöglichen dem Buben den Besuch eines Gymnasiums. 1918 legt Georg das Notabitur ab und wird noch in den letzten Monaten des Ersten Weltkriegs zum Heer einberufen. Nach dem Krieg studiert er Theologie und schließt sich 1920 dem weltlichen Ordenszweig der Karmeliten an. Im April 1924 wird er in der Würzburger Michaelskirche zum Priester geweiht. Es folgen Kaplansjahre in verschiedenen Gemeinden im Fränkischen. Im November 1934 übernimmt er die Pfarrstelle von Oberschwarzach. In den nächsten Jahren eckt er wiederholt mit den Machthabern an. Spitzel und Denunzianten werden auf ihn angesetzt.

Im Jahre 1941 wird er ans Sterbebett des Forstwarts Michael Wünsch gerufen. Wünsch ist Mitglied der NSDAP und exkommuniziert. Dennoch verlangt der Forstwart nach den Sterbesakramenten. Häfner kommt dem Wunsch nach, nimmt ihm die Beichte ab, erteilt ihm die Letzte Ölung. Das kommt der Gestapo zu Ohren und wird zum Anlass, Häfner endgültig ans Messer zu liefern. Im Oktober 1941 wird der Pfarrer unter dem Vorwurf verhaftet, er habe sein priesterliches Amt missbraucht und die »innere Front« geschwächt. Versuche des Würzburger Generalvikars Franz Miltenberger, Häfner freizubekommen, schlagen fehl. Aus der Untersuchungshaft schreibt Häfner: »Keinem Menschen wollen wir fluchen, keinem etwas nachtragen, mit allen wollen wir gut sein.« Nach drei Wochen wird er ins Konzentrationslager Dachau verschleppt.

Aus der Zeit im Lager sind Briefe Häfners, aber auch Aussagen von Mithäftlingen überliefert. Häfner, so die Zeugen, habe nie geklagt, nie ein ungutes Wort verlauten lassen. Er sei in sich gekehrt gewesen und habe viel gebetet. In einem seiner Briefe aus dem Konzentrationslager schreibt Häfner: »Nur in der Schule des Heilands ist die Liebe zu lernen, die auch vor dem Feind nicht haltmacht.« Im Sommer 1942 wird Häfner schwer krank. Er magert ab. Der mitinhaftierte Benediktinerpater Sales Hess erinnert sich: »Im August 1942 traten bei Pfarrer Häfner deutlich die Anzeichen von Unterernährung auf. Es erfasste ihn das Hungergespenst. Füße, Hände, Kopf zeigten die bekannten Schwellungen.« Häfner leidet unter Wasseransammlungen und Hungerödemen. Er stirbt am 20. August 1942.

Sein Leichnam wird verbrannt, die Urne dem Bistum Würzburg überstellt und am 18. September auf dem Würzburger Hauptfriedhof beigesetzt. Zahlreiche Menschen kommen zur Beerdigung – ein stiller Protest gegen das Regime.

Im Jahr 1982 wurde die Urne in die Krypta der Neumünsterkirche überführt. Seit 1997 steht dort zudem eine Bronzeskulptur Häfners, geschaffen von dem Bildhauer Rainer Stoltz nach einem Fotoporträt, das die Gestapo nach der Festnahme Häfners aufgenommen hat. 1986 wurde das Seligsprechungsverfahren eingeleitet. Seit dem Jahr 2000 wird Georg Häfner offiziell als Glaubensmärtyrer des 20. Jahrhunderts geführt.

Heinrich König
*1900 †1942

Opfer der NS-Versuchsmedizin

Am 27. Mai 1942 wird in Prag auf den Reichsprotektor für Böhmen und Mähren Reinhard Heydrich ein Anschlag durch Agenten der tschechoslowakischen Exilregierung verübt. Heydrich wird schwer verwundet und stirbt am 4. Juni an einer Blutvergiftung infolge der Verletzungen. Die SS nimmt Rache: Am 9. Juni werden einhundertzweiundsiebzig Männer des tschechischen Dorfes Lidice bei Prag erschossen, Frauen und Kinder werden in Konzentrationslager und Gefängnisse verschleppt.

Ein weiteres Racheopfer des Attentats auf Heydrich ist der im Konzentrationslager Dachau inhaftierte katholische Priester Heinrich König: An ihm wird ein pseudowissenschaftlicher medizinischer Versuch unternommen. Weil König eine ähnliche körperliche Statur wie Heydrich aufweist, wird er als Versuchsobjekt ausersehen. Am 15. Juni wird ihm eine vergiftende Injektion verabreicht. Als er zusammenbricht, wird er zwar ins Krankenrevier gebracht, dort aber nicht behandelt. Er stirbt am 24. Juni in der Haft. Wenige Jahre zuvor weihte er sein Leben in der Gnadenkapelle in Schönstatt mit den Worten: »Herr, ich bin bereit, alles auf mich zu nehmen: Hunger, Kälte, Armut, Krankheit, Entbehrung, Qualen, Haft, Konzentrationslager und Tod – zu Deiner Ehre und zur sittlich-religiösen Wiedergeburt unseres Vaterlandes.«

Heinrich König kommt am 24. Juni 1900 in Höchst bei Frankfurt am Main zur Welt. Die Familie – Vater, Mutter und sieben Kinder, von denen allerdings drei früh sterben – zieht 1902 nach Gelsenkirchen, später nach Unna. Dort macht Heinrich bereits 1918 das Kriegsabitur und dient noch ein paar Monate als Soldat. Nach dem Krieg studiert er von 1919 bis 1924 Philosophie und Theologie in Paderborn, Freiburg und Münster und wird 1924 in Paderborn zum Priester geweiht.

Früh, schon vor der Weihe, schließt sich Heinrich König dem »Quickborn« – der katholischen Jugendbewegung – und der Schönstattfamilie an. P. Joseph Kentenich wird ihm Vertrauter und Vorbild. Vor allem die vertiefte Marienverehrung spricht König an. Bereits 1927 weiht er in der Schönstatter Marienkapelle sein Leben der Muttergottes.

Königs erste zehn Priesterjahre sind äußerst arbeitsreich und hart: Er wird nach Emst, einem Stadtteil von Hagen in Westfalen geschickt, um dort aus dem Nichts heraus eine Kirchengemeinde aufzubauen. König wohnt in einer Gartenlaube. Die Messe liest er in einer Schulbaracke. Die Bevölkerung ist zu siebzig Prozent protestantisch. König geht von Tür zu Tür und spricht die Menschen persönlich an. Sein Engagement zahlt sich aus: Der Gemeindekreis wächst. Die Gemeindemitglieder beginnen im März 1926 in Eigenregie mit einem Kirchenbau: Sie heben selbst die Baugrube aus, legen das Fundament, gewinnen selbst in einem nahe gelegenen Steinbruch das Baumaterial, ziehen selbst die Mauern hoch. Bereits acht Monate später kann Heinrich König in der neuen Kirche zum Heiligen Geist die erste Messe feiern.

1935 wird er auf einen anderen Posten berufen, an die Propsteigemeinde St. Augustinus in Gelsenkirchen. Hier widmet er sich vor allem der Männerseelsorge und ist auch für die Schönstattbewegung tätig. Er ist beliebt, und seine Beliebtheit macht ihn unvorsichtig.

Wenige Wochen nach dem deutschen Überfall auf die Sowjetunion äußert sich König in einem Gespräch gegenüber einem Mann, der ihm aus dem Kolpingverein gut bekannt und vertrauenswürdig erscheint, offen über den Krieg, über Bischof Galens Predigten und über seine Ansicht, Deutschland werde zur Strafe für seine Schuld den Krieg verlieren. Einige Wochen später wird König von der Gestapo vorgeladen und befragt. Offen – auch etwas naiv – bestätigt König seine Zweifel am deutschen Sieg. Erst dann wird er mit der Anzeige des Denunzianten konfrontiert. Am 30. September wird er erneut vorgeladen, verhört und in Untersuchungshaft gesteckt. Mit Erlaubnis des Paderborner Erzbischofs Lorenz Jaeger schmuggelt Königs Mutter die geweihte Hostie ins Gefängnis, damit der Häftling, zu dem nicht einmal der Gefängnisseelsorger Zutritt hat, kommunizieren kann.

Nach neun Wochen Untersuchungshaft wird eine »Schutzhaft« ausgesprochen, König wird am 15. Dezember 1941 ins Konzentrationslager Dachau gebracht. Weil er ein Gallenleiden hat, wird er am 15. Dezember von einem in der Ausbildung befindlichen SS-Arzt operiert. Der Arzt pfuscht, Königs Zustand verschlechtert sich infolge der unsachgemäß ausgeführten Operation. Erst Mitte März 1942 wird er in den Priesterblock verlegt. Heinrich König arbeitet in der Küche und beim Bettenmachen. Bei einem Sturz von einem der dreigeschossigen Stockbetten bricht die Operationswunde auf.

Trotz seiner persönlichen Leiden erduldet er tapfer sein Schicksal und spricht in seinen Briefen der Familie sogar Trost zu. Am 2. Mai 1942 schreibt er seiner Mutter: »Morgens, wenn wir aufstehen, sehen wir im Osten, d. h. wenn Du aus Deinem Zimmer nach links schaust, die Venus, den Morgenstern der Gottesmutter. Achte einmal darauf, und dann wollen wir uns im Geiste im Herzen der Gottesmutter finden. Sie ist der wegweisende Stern unseres Lebens.«

Heinrich König stirbt am 24. Juni 1942, seinem Geburtstag, an den Folgen der Versuche der NS-Medizin.

Die Urne mit seiner Asche wurde in der Priestergruft auf dem katholischen Friedhof in Gelsenkirchen bestattet. 1989 wurde sie in die neu errichtete Gedenkstätte in der Propsteikirche St. Augustinus in Gelsenkirchen überführt. 2004 wurde das Gesuch um ein Seligsprechungsverfahren beim Bischof von Essen eingereicht.

Franz Reinisch

*1903 †1942

Kein Fahneneid auf Hitler

Am 15. April 1942 folgt ein neununddreißigjähriger Mann seinem Gestellungsbefehl und meldet sich bei der Sanitäts-Ersatz-Abteilung in Bad Kissingen. Der Krieg wütet in fast ganz Europa. Das Militär macht die äußersten Kräfte mobil. Es werden keine Rücksichten mehr genommen, auch nicht auf Priester. Der Mann, der Pallottinerpater Franz Reinisch, erscheint jedoch einen Tag zu spät. Bewusst. Es ist Ausdruck seines Protestes gegen die Einberufung. Er ist nicht gewillt, einen Fahneneid auf Adolf Hitler zu schwören. Er will aber auch nicht flüchten oder untertauchen. Deswegen stellt er sich – aber eben einen Tag zu spät. Auf die Frage des Hauptfeldwebels, ob er keinen Wert darauf lege, Soldat zu werden, antwortet Reinisch: »Ich würde dann Wert darauf legen, wenn das gegenwärtige Regime nicht am Ruder wäre.«

Reinisch wird festgenommen und tags darauf von einem Offizier vernommen. Er gibt erneut zu Protokoll, dass er nicht in einer Wehrmacht dienen könne, die von der NSDAP missbraucht wird. Er liebe sein Tiroler Vaterland, sehe sich aber gezwungen, gegen den Nationalsozialismus in der Heimat zu kämpfen. Daraufhin wird Reinisch nach Berlin ins Wehrmachtsuntersuchungsgefängnis Tegel überstellt.

Franz Reinisch wird am 1. Februar 1903 in Feldkirch in Vorarlberg geboren. Zu seinen Vorfahren zählen mehrere Männer, die sich im Tiroler Freiheitskampf gegen Napoleon hervorgetan haben. Auch Franz Reinisch ist zeitlebens voller Stolz auf seine Heimat Vorarlberg und Tirol. Gegenüber Freunden hat er später seine Weigerung, einen Fahneneid auf Adolf Hitler zu leisten, nicht nur religiös und moralisch begründet, sondern auch patriotisch. Den »Anschluss« Österreichs betrachtete Reinisch als Verletzung des Völkerrechts.

Es ist ein bürgerliches Elternhaus. Der Vater, Dr. Franz Reinisch, arbeitet in der Steueradministratur der Landesdirektion. Der Sohn Franz wird im katholischen Glauben erzogen und kommt nach ersten Schuljahren in Bozen und Bruneck im Jahre 1914 an das Gymnasium der Franziskaner in Hall bei Innsbruck. Nach dem Abitur studiert er zunächst Jura, seit 1923 Theologie an der Universität in Innsbruck. Der junge Mann wird bisweilen als halsstarrig und cholerisch beschrieben, aber auch als willensfest, vor allem wenn er von einer Sache tief überzeugt ist. Später wird er das beweisen – ohne Rücksicht auf Leib und Leben.

Franz Reinisch will Priester werden, im Jahr 1925 wechselt er an das Priesterseminar in Brixen. Drei Jahre später, im Juni 1928, wird er in Innsbruck zum Priester geweiht. Ein Pallottinerpater, den er vom Studium kennt, umwirbt ihn brieflich, doch ins Kloster einzutreten. Reinisch zögert. Er unternimmt eine Wallfahrt nach Lourdes und erhält dort für sich Klarheit. Anfang November tritt er als Novize ins Kloster der Pallottiner in Untermerzbach bei Bamberg ein und legt dort 1930 die zeitliche Profess ab. Im Sommer 1933 lebt er in Friedberg bei Augsburg, am Sitz des Provinzialates der Pallottiner. Dort kommt ihm die Priesterzeitschrift *Sal terrae* (*Salz der Erde*) in die Hände, das Periodikum der Marianischen Apostolatsbewegung von P. Joseph Kentenich in Schönstatt. Reinisch ist von den Ideen Kentenichs begeistert. »Mit Heißhunger«, so erinnert er sich, »verschlang ich alles Schrifttum von Schönstatt, was mir in die Hände kam. Und meine ganze große Sehnsucht war: Nur einmal hinfahren zu dürfen zum Gnadenort der Mta [Mater admirabilis / dreimal wunderbaren Mutter].« Im Sommer 1934 kommt Reinisch für ein paar Wochen nach Schönstatt, besucht die Gnadenkapelle, sieht in der »Schönstattfamilie« die Ideenwelt und das Apostolatswerk von Vinzenz Pallotti verwirklicht. Beeindruckt ist er auch von Joseph Kentenich und dessen Glaubenskursen. Später wird Reinisch ihn zu seinem Rektor in Gewissensfragen wählen.

In den kommenden Jahren lebt Franz Reinisch in diversen Klöstern der Pallottiner in Deutschland und Österreich und wirkt als Priester, vor allem in der Männerseelsorge, eine Arbeit, die ihn erfüllt und in der er auch eine Möglichkeit sieht, in einer Zeit zunehmender nationalsozialistischer Verblendung moralisch auf die Bevölkerung einzuwirken. Unverhohlen äußert er sich in den Männergruppen gegen Hitler und die NS-Ideologie. Zudem übersetzt Reinisch Ansprachen des Papstes aus dem *Osservatore Romano* und bringt die Abschriften in Umlauf. Das bleibt nicht lange verborgen. Am 12. September 1940 erhält Franz Reinisch ein Predigt- und Redeverbot für das ganze Reich (zu dem seit März 1938 auch seine österreichische Heimat gehört). Damit ist er beruflich kaltgestellt. Ihm bliebe allenfalls noch die Stelle als Beichtvater in einem Nonnenkloster, doch das erfüllt ihn nicht.

Das Regime gibt sich unterdessen mit dem Redeverbot nicht zufrieden. Reinisch soll in die Knie gezwungen werden. Er wird gemustert und für wehrtauglich erklärt. Am 1. März 1941 erhält Reinisch den Bereitschaftsbefehl. Die Provinzoberen versuchen ihn zu decken. Eine bereits zugeteilte Stelle als Kaplan in der Diözese Passau kann Reinisch jedoch wegen des Predigtverbots nicht antreten. Am 8. April 1942 schließlich wird ihm der Gestellungsbefehl übersandt. Franz Reinisch hat längst die Entscheidung für sich gefällt: Er wird keinen Fahneneid leisten und dafür lieber in den Tod gehen. Seinem Provinzial P. Josef Frank teilt er seinen Entschluss mit und stellt ihm frei, ihn aus der Gemeinschaft auszuschließen. Frank lehnt dies ab, macht Reinisch aber deutlich, dass der Orden von ihm erwarte, den Wehrdienst anzutreten. Man will unnötige Schwierigkeiten mit dem Staat vermeiden.

Reinisch bleibt fest. Ein Entschluss, der ihm umso schwerer fällt, als er bei seinen Ordensbrüdern und auch bei Freunden kein Verständnis dafür findet. Am 15. April – einen Tag zu spät – betritt er die Kaserne in Bad Kissingen und gibt seine Verweigerung zu Protokoll. Eine geistige Stütze hat er in P. Joseph Kentenich, der jedoch seit März 1942 im Konzentrationslager Dachau gefangen ist. Der Versuch Reinischs, über seinen Gefängnispfarrer Heinrich Kreutzberg (er wird nach dem Krieg Reinischs erster Biograf) Kontakt zu Kentenich in Dachau aufzunehmen, scheitert. Doch Reinisch hat bereits früher das eindeutige Urteil seines Freundes und Vorbildes empfangen, der ihm sagte: »Wenn es der Wille Gottes ist, dann sterben Sie als Opferlamm.«

Am 7. Juli 1942 wird Franz Reinisch wegen »fortgesetzter Wehrkraftzersetzung« in Berlin zum Tode verurteilt. Er nimmt nach Zeugenaussagen das Urteil ruhig und gelassen hin. Daraufhin wird er in das Gefängnis nach Brandenburg an der Havel überstellt. In einem letzten Gespräch versucht Provinzial P. Josef Frank, den Wehrdienstverweigerer nochmals umzustimmen. Reinisch bleibt bei seinem Nein.

In seinem letzten Brief an die Eltern und Geschwister, verfasst in der Nacht vor seiner Hinrichtung, schreibt Franz Reinisch voller Zuversicht: »Der Heiland ist mein König in der Ewigkeit, Maria meine Königin voll Schönheit und Güte.« Die Absage an die irdischen Gewalten ist absolut.

Am Morgen des 21. August 1942 wird Franz Reinisch im Gefängnis von Brandenburg mit dem Fallbeil zu Tode gebracht. Mit ihm sterben an diesem Tag sechs weitere Wehrdienstverweigerer und Deserteure (drei Katholiken, zwei Protestanten und ein Zeuge Jehovas), die alle aus Gewissensgründen gehandelt haben.

Die Kunde von Reinischs Ermordung gelangt bis nach Rom. Sogar Papst Pius XII. äußert sich bestürzt und lässt das über seinen Staatssekretär den Pallottinern mitteilen.

Die Urne mit Franz Reinischs Asche wird zunächst auf dem städtischen Friedhof von Brandenburg beigesetzt. Nach dem Krieg wird sie nach Schönstatt überführt und dort am 17. Oktober 1946 in der Nähe der Gnadenkapelle feierlich beigesetzt. Während der Feier rühmt ein Sprechchor Franz Reinischs Mut: »Für das Gesetz seines Gottes hat dieser gestritten bis zum Tode und nicht gebangt vor der Gottlosen Wort. Denn er stand gegründet auf sicherem Fels.«

Seit Jahren bemühen sich die Pallottiner von Friedberg bei Augsburg um den Abschluss des Seligsprechungsverfahrens.

Bernhard Lichtenberg
* 1875   † 1943

Der aufrechte Dompropst von Berlin

1929 erscheint Erich Maria Remarques Anti-Kriegsroman *Im Westen nichts Neues.* Das Buch wird ein Riesenerfolg. Innerhalb von nur vier Jahren werden anderthalb Millionen Exemplare verkauft. 1930 kommt eine amerikanische Verfilmung in die Kinos.

Doch der Erfolg ist mit Skandalen verknüpft. Völkische Verbände und rechtsnationale Parteien werfen dem Werk eine Schändung des patriotischen Gedankens und eine Verunglimpfung der Ehre deutscher Soldaten vor. Kinos werden auf Goebbels Geheiß von den Kampfverbänden der SA boykottiert, Filmvorführungen mit Stinkbomben und freigelassenen Mäusen gestört. Die paramilitärische Macht der NSDAP und ihrer Verbände greift bereits Anfang der 1930er Jahre ganz entschieden in die öffentliche Ordnung der Weimarer Republik ein.

Der Film wird auf den politischen Druck von rechts hin indiziert, wenig später jedoch wieder freigegeben. Der »Friedensbund deutscher Katholiken«, zu dessen Präsidium der Domkapitular und spätere Dompfarrer von St. Hedwig in Berlin Bernhard Lichtenberg gehört, lädt schließlich zu einer Vorführung des Films ein – zu einer Zeit, da viele Lichtspielhäuser den wieder zugelassenen Film aus Angst vor erneuten Krawallen lieber nicht spielen.

Der Protest der Rechtsnationalen bleibt nicht aus. Pfarrer Lichtenberg wird brieflich bedroht und beleidigt: »Sauhund, Schweinepriester, Judenknecht, Verräter« – solche Bezeichnungen findet er auf anonym zugesandten Postkarten. Aber auch in der völkischen Presse wird er besudelt und bedroht. Im von Joseph Goebbels herausgegebenen *Angriff* ist zu lesen: »Prälat Lichtenberg verhöhnt unsere Gefallenen! ... Wer die infame Beschimpfung unserer alten deutschen Unteroffiziere ... noch zu beklatschen wagt, ... der ist so abgründig gemein, dass nur sein Alter ihn davor schützen kann, nach dem Gesetz in die Zwangserziehung gesteckt zu werden.« Pfarrer Lichtenberg weiß bereits vor Hitlers Machtergreifung, wen er zum Feind und was er von ihm zu erwarten hat.

Bernhard Lichtenberg war kein Mensch, der sich gerne im Lichte der Öffentlichkeit sah. Aber er hielt es für seine christliche Pflicht zu protestieren, wenn Menschen unrecht getan wurde. Er wusste, dass er als Christ und als Priester auf der Seite der Schwächeren stehen musste, aber auch, dass Gott David beistand, als er den scheinbar unbesiegbaren Riesen Goliath bezwang. Lichtenbergs Verständnis für die Nöte der sozial am Rand Stehenden nährte sich aus seiner eigenen Herkunft und seinem Aufwachsen in der Diaspora.

Bernhard Lichtenberg wird am 3. Dezember 1875 in Ohlau in Niederschlesien als zweites von fünf Kindern eines Krämers und dessen Frau geboren. Die Lichtenbergs sind strenggläubige Katholiken in einer mehrheitlich protestantischen Stadt. Der Kulturkampf lastet auf der kleinen katholischen Gemeinde. Verdächtigungen und Benachteiligungen kommen wiederholt vor. Einmal lässt ein Polizeibeamter den Tabernakel in der katholischen Kirche öffnen und untersucht die ihm verdächtigen Hostien. Ein andermal ruft die Stadtverwaltung die protestantische Bevölkerung zum Boykott von Lichtenbergs Kolonialwarenladen auf, weil man dort und im angrenzenden Weinlokal politische Klüngeleien der Katholiken vermutet.

Bernhard Lichtenberg engagiert sich früh innerhalb der sozialen Bewegung der katholischen Kirche. Nach der Schule studiert er Theologie in Innsbruck und Breslau und arbeitet im Vinzenzverein mit, einer Vorläuferorganisation der Caritas, die Hausbesuche und Familienhilfe organisiert. Im Juni 1899 wird Bernhard Lichtenberg im Dom zu Breslau zum Priester geweiht. Als Kaplan wirkt er zunächst im katholischen Neiße, im August 1900 kommt er nach Lichtenberg bei Berlin. Der Ort, der später nach Berlin eingemeindet wird, hat sich innerhalb weniger Jahre vom ländlichen Dorf zur Arbeitervorstadt Berlins gewandelt. In den schnell hochgezogenen Mietskasernen lebt auf engstem Raum und in miserablen hygienischen Zuständen das unterprivilegierte Proletariat. Krankheiten und Unterernährung, hohe Kindersterblichkeit und familiäre Gewalt, Prostitution und Kriminalität sind an der Tagesordnung. Die unterschwellige Feindseligkeit der Ohlauer Protestanten gegen den Katholiken erscheint hier fast wie eine Seligkeit: Der Kaplan Lichtenberg tut seinen Dienst in der kleinen Gemeinde St. Mauritius, ein katholisches Eiland in einem Meer atheistischer oder der Religion entfremdeter Arbeiter. Die Kirche wird im Arbeitermilieu als Institution der Reichen und Mächtigen verstanden. Der Sozialismus findet oftmals mehr Gehör als die Lehre Jesu Christi. Bernhard Lichtenberg trägt trotzig seine Soutane, auch auf der Straße. Der Hass gegen die »Pfaffen« ist verbreitet. Einmal versetzt ihm ein Kutscher einen Peitschenhieb ins Gesicht, ein andermal wird er in der U-Bahn verhöhnt, weil er in seinem Brevier liest.

Lichtenberg wechselt als Kaplan bald an die Herz-Jesu-Kirche in Charlottenburg, dann nach St. Michael in Berlin-Kreuzberg. Später wirkt er als Kurat in Friedrichsfelde und Berlin-Pankow und von 1913 bis 1931 wieder in der Gemeinde Herz Jesu in Berlin-Charlottenburg. Nach den überlieferten Quellen und Zeugnissen ist Lichtenberg ein beliebter Pfarrer. Kein großer Denker und Rhetoriker, aber ein Seelsorger mit Herz, der markige, volksnahe Predigten hält.

Er engagiert sich auch über das Gemeindeleben hinaus: Lange Jahre ist er Mitglied der Bezirksversammlung von Charlottenburg, kürzere Zeit auch Mitglied der Stadtverordnetenversammlung von Berlin. Im Juni 1926 begibt er sich auf große Reise: Lichtenberg nimmt am Internationalen Eucharistischen Kongress in Chicago teil. Und immer wieder taucht er in politischen Klubs und bei Parteiveranstaltungen in Berlin auf und mischt sich in die Diskussion ein, auch und gerade weil er als bekennender Katholik zur Minderheit gehört. Vor allem in der Novemberrevolution von 1918 lässt er sich nicht das Wort verbieten – obgleich ihm kommunistische Wortführer mit Schlägen drohen.

So viel Tätigkeit und Engagement verdecken allzu leicht die menschlichen Seiten Lichtenbergs. Nicht immer ist er von Zweifeln und Schwächen unangefochten, aber gerade das lässt ihn bei seinen Untergebenen und Gemeindemitgliedern als Freund erscheinen – auch wenn er sich nach außen hin oft eher stur und raubeinig zeigt. »Es gibt Stunden, in denen auch ein Priester versucht ist zu verzweifeln«, bekennt er einmal.

Bald nach der Machtergreifung durch die Nationalsozilisten kommt es zu ersten Konflikten Lichtenbergs mit dem Regime. Bereits im Sommer 1933 wird seine Wohnung durchsucht. Man vermutet dort eine Schaltzentrale der »Katholischen Aktion«, einer Laienbewegung, die im Untergrund die Arbeit der Zentrumspartei nach ihrer Selbstauflösung weiterzuführen versucht. Lichtenberg wird von der Gestapo verhört und verwarnt. Auf die Frage, weshalb er sich nicht an die Linie des Führers Adolf Hitler halte, hat Lichtenberg nur die überlegene und verächtliche Antwort übrig: »Mein Führer ist Jesus Christus.«

In den folgenden Jahren – Bernhard Lichtenberg wird 1937 zum Dompropst von St. Hedwig gewählt – wird die Gemeinde im Herzen Berlins zu einem Zentrum des passiven Widerstands gegen das NS-Regime. Immer enger ziehen Gestapo, Staatsanwaltschaft und Reichsinnenministerium das Netz um Lichtenberg. Längere Zeit belässt man es mit Drohungen und Einschüchterungen, denn der

Geistliche ist beliebt, er hat den Bischof hinter sich und die katholische Kirche in Deutschland hat noch immer Macht. Dennoch zeigen nicht alle Kirchenmänner jener Jahre Mut zum Widerstand. Viele knicken aus Angst ein, schweigen und gehen den Weg des geringsten Widerstands.

Bernhard Lichtenberg ist Geistlicher und kein Politiker. Er ruft nicht offen zum Widerstand auf, sondern gemahnt die Gemeindemitglieder nur an ihre christlichen Pflichten. Lichtenberg hilft aber auch tatkräftig den Opfern des Regimes. So gründet er 1934 das »Caritasnotwerk« zur Betreuung der vom NS-Regime verfolgten Katholiken und 1938 das »Hilfswerk beim Bischöflichen Ordinariat Berlin« zur Unterstützung katholischer »Nichtarier«.

Berühmt und beim Regime anrüchig sind Lichtenbergs Abendgebete. Geheimdienstler sitzen in den Reihen der Gläubigen und notieren mit, wenn der Dompfarrer für die »schwer bedrängten nichtarischen Christen und Juden« betet. Am 21. März 1937 verliest Lichtenberg von der Kanzel herab die Enzyklika *Mit brennender Sorge* von Papst Pius XI. – auch das eine mutige Tat. Seine Gemeindemitglieder ermahnt Lichtenberg wiederholt, sich nicht an der Ächtung und Verfolgung der Juden zu beteiligen, sondern ihrer christlichen Pflicht zur Nächstenliebe zu folgen.

Auch direkt gerät der Dompfarrer mit den Mächtigen in Konflikt: Mehrmals legt er schriftlichen Protest beim Staatsministerium oder bei Adolf Hitler persönlich ein. Lichtenberg protestiert gegen die Prügelung von Gefangenen in Konzentrationslagern, gegen die Euthanasiemorde, gegen das Verbot katholischer Zeitungen und gegen die Verbreitung von Hetzblättern gegen die katholische Geistlichkeit. Solche Briefe werden natürlich mit Hohn abgetan. Der stellvertretende Leiter der preußischen Gestapo notiert an den Rand des Schreibens, das sich gegen die Misshandlung von Insassen des Konzentrationslagers Esterwegen richtet, die zynischen Worte: »Ich stelle den Antrag [an Göring], den Greuellügner Lichtenberg wegen heimtückischer Angriffe auf den Staat in Schutzhaft zu nehmen, damit er sich im Lager Esterwegen von der Ordnung und Sauberkeit überzeugen kann und Veranlassung bekommt, diese Ordnung auch in seinem kirchlichen Laden als musterhaft einzuführen.«

Man sucht noch nach einem Anlass, um die längst vorbereitete Klage gegen den widerspenstigen Dompfarrer zu führen. Schließlich, nach der Abenddandacht am 29. August 1941, sieht man »Handlungsbedarf«. Auslöser ist die Denunziation zweier junger Mädchen, die zu Protokoll geben, der Dompfarrer habe für die Juden und die armen Gefangenen in den Konzentrationslagern gebetet. Auch sei das Wort »Bolschewisten« gefallen. Das ist der Auslöser für die Staatsanwaltschaft. Lichtenberg wird verhört. Im Verhörprotokoll streitet er den Vorwurf des »Kanzelmissbrauchs« und des Verstoßes gegen das »Heimtücke-Gesetz« ab, erklärt aber offenherzig, die Lektüre von Hitlers *Mein Kampf* habe ihn in der Überzeugung gefestigt, »dass die nationalsozialistische Weltanschauung mit den Lehren und Geboten der katholischen Kirche unvereinbar ist«.

Bernhard Lichtenberg wird am 22. Mai 1942 zu zwei Jahren Gefängnis verurteilt und in die Strafanstalt Berlin-Tegel gebracht. Lichtenberg ist bereits sechsundsechzig Jahre alt, von Alter und Krankheiten gezeichnet. Unter der schlechten Kost, den Demütigungen und Verhöhnungen wird er krank. Innerlich bleibt er ungebrochen. Er übersetzt lateinische Hymnen aus dem römischen Brevier. Mitgefangenen hilft er beim Schreiben von Briefen und Anträgen. Doch ist ihm untersagt, die Messe zu lesen. Auch wird eine Madonnenstatue konfisziert, und an Ostern werden sogar Ostereier, die für ihn an der Pforte abgegeben werden, beschlagnahmt, »da nicht zulässig«, wie mit stupider Beamtenlogik vermerkt wird. Lichtenberg muss typische Gefängnisarbeit verrichten und Kuverts kleben. Seinem Bischof Konrad Graf von Preysing schreibt er nicht ohne Humor: »Frühmorgens helfe ich U[nserer]. L[ieben]. F[rau]. beim Aufräumen, dann dem hl. Josef in der Werkstatt.«

Als Lichtenberg am 23. Oktober 1943 nach Beendigung der Haft entlassen wird, wartet am Gefängnistor die Gestapo. Man will den widerspenstigen Pfarrer nicht wieder zurück in seine Gemeinde lassen, weil er erneut gegen das Regime predigen würde. Lichtenberg wird »rücksistiert«, wie der amtliche Ausdruck lautet, und sofort in das »Arbeitserziehungslager« Berlin-Wuhlheide verbracht. Zwei Tage später schickt man den herzkranken und abgemagerten Mann auf einen Gefangenentransport ins Konzentrationslager Dachau nach Bayern. Die langsame Fahrt in einem ungeheizten Güterwaggon, zusammengepfercht mit zahllosen anderen Häftlingen, ohne Essen, in Fäkalien, soll sechs Tage dauern. Auf halber Strecke, im fränkischen Hof, werden sie im städtischen Gefängnis einquartiert. Lichtenberg fiebert. Der Wachtmeister holt am Morgen des 4. November den Gefängnisarzt. Der überweist Lichtenberg ins Krankenhaus der evangelischen Diakonissen. Zu helfen ist ihm nicht mehr. Bernhard Lichtenberg stirbt am 5. November 1943. Elf Tage später wird er auf dem St. Hedwigs-Friedhof in der Berliner Liesenstraße beigesetzt. Die Beerdigung gerät zu einem stummen Protest. Zahllose Menschen versammeln sich, um Abschied von ihrem aufrechten Dompfarrer zu nehmen. Ein Teilnehmer erinnert sich: »Es war eine Demonstration gegen den Mord an Bernhard Lichtenberg und ein Bekenntnis für den katholischen Glauben.« Und ein anderer Teilnehmer berichtet: »Bis zu diesem Tage habe ich noch nie erlebt, dass gläubige Katholiken am Grabe eines Verstorbenen Osterlieder gesungen haben.«

Zweiundzwanzig Jahre später werden Lichtenbergs Gebeine exhumiert und in die Krypta der St. Hedwigs-Kathedrale überführt. Zwei Jahre zuvor hatten die Ost-

berliner Behörden den Antrag auf Überführung der Gebeine in die Charlotten-
burger Gedenkkirche »Maria Regina Martyrum zu Ehren der Blutzeugen für Glau-
bens- und Gewissensfreiheit in den Jahren 1933 bis 1945« verweigert. Der Kalte
Krieg machte auch vor den Opfern des NS-Regimes nicht halt.

1994 erklärte Papst Johannes Paul II., dass am Märtyrertod Lichtenbergs kein
Zweifel bestehe. Zwei Jahre später, am 23. Juni 1996, wurde Lichtenberg im Berliner Olympiastadion vom Papst seliggesprochen.

Maria Restituta (Helene) Kafka
* 1894   † 1943

Die Schwester »Resoluta« von Mödling

Im Dezember 1941 diktiert im Krankenhaus Mödling bei Wien die als Operationsschwester tätige Nonne Maria Restituta Kafka einer Büroangestellten ein Spottgedicht über die Nationalsozialisten in die Schreibmaschine:
»Den altösterreichischen General / kommandiert ein Gefreiter von dazumal. / Und der österreichische Rekrut / ist für sie nur als Kanonenfutter gut. / Zum Beschimpfen und Leuteschinden / mögen sie andere Opfer finden. / Mit ihrem großen preußischen Maul / sind sie uns herabzusetzen nicht faul. / Dafür haben sie bis auf den letzten Rest / die Ostmarkzitrone ausgepresst. / Unser Gold und Kunstschätze schleppten sie gleich / in ihr abgewirtschaftetes Nazireich.«

Die patriotische österreichische Klosterfrau diktiert außerdem noch ein Flugblatt, das sie erhalten hat und das sich kritisch mit der Hitlerjugend auseinandersetzt. Die Angestellte vervielfältigt die Blätter, die von der Nonne verbreitet und zum Teil auch Mitschwestern vorgelesen werden. Schwester Restituta wird von Mitmenschen respektvoll »Resoluta« genannt. Aus ihrem Widerwillen gegen die Nationalsozialisten macht die Nonne keinen Hehl. Der Anordnung, die Kruzifixe aus den Krankenzimmern zu verbannen, hat sie erbitterten Widerstand geleistet. Mit dem SS-Arzt Stumfohl liegt Schwester Restituta in offenem Streit. Das wird ihr schließlich zum Verhängnis: Der SS-Mann denunziert die aufrechte Nonne bei der Gestapo.

Helene Kafka wird am 1. Mai 1894 in Brünn-Hussowitz (heute Husovice) in Mähren geboren. Der Vater ist Schuster. Die kinderreiche Familie zieht zwei Jahre später nach Wien, in den von zahlreichen armen Zuwandererfamilien geprägten Bezirk Brigittenau. Nach der Volksschule arbeitet Helene als Dienstmädchen und Tabakladenbetreiberin, danach als Aushilfsschwester im Städtischen Krankenhaus

Wien-Lainz. Dort arbeiten auch Franziskanerinnen von der christlichen Liebe, die nach ihrem Mutterhaus in der Wiener Hartmanngasse auch »Hartmannschwestern« genannt werden. Helene Kafka ist vom franziskanischen Geist beeindruckt und entschließt sich 1915 zum Eintritt in das Kloster – gegen den Widerstand ihrer Eltern. Sie lernt Operationsschwester und arbeitet in Krankenhäusern in Neunkirchen/Niederösterreich und in Mödling bei Wien.

Bald hat sie den Spitznamen »Resoluta«. Heute würde man von einer »toughen« Frau sprechen. Im Operationssaal ist sie tatkräftig und verträgt einiges an »unschönen« Anblicken. In den Krankenzimmern sorgt sie für Ordnung und Recht und vertritt offen ihre christlichen Grundsätze und Überzeugungen – auch Menschen gegenüber, denen das nicht passt. Nicht überall macht sie sich damit Freunde – bereits vor dem »Anschluss« von 1938. Gerade auch in der Ärzteschaft regiert oft ein schnoddrig-zynischer, laizistischer, kirchenfeindlicher Ton. Schwester Restituta scheut sich in solchen Fällen nicht, anzuecken.

Ihre Couragiertheit wird ihr schließlich zum Verhängnis. Am 18. Februar 1942 wird sie nach der Denunziation durch den SS-Arzt Stumfohl im Operationssaal verhaftet und verhört. Sie gibt zwar zu, die Flugblätter und das Spottgedicht diktiert und vorgelesen zu haben, doch deckt sie die Patienten, die ihr die Manuskripte offensichtlich zugesteckt haben, und behauptet, sie könne sich nicht an Namen und Gesichter erinnern. Am 29. Oktober 1942 wird Schwester Restituta vom Wiener Landesgericht wegen »landesverräterischer Feindbegünstigung und Vorbereitung zum Hochverrat« zum Tod verurteilt. »Die Angeklagte«, so der zynische Wortlaut des Urteils, »hat auch die Kosten des Verfahrens zu tragen.« Mehrere Versuche der Nationalsozialisten, sie zum Austritt aus dem Orden zu bewegen, um so ihren künftigen Märtyrerstatus zu untergraben, weist sie standhaft zurück. Ein Gnadengesuch des Wiener Kardinals Theodor Innitzer wird abgelehnt. Maria Restituta Kafka wird am 30. März 1943 mit dem Fallbeil hingerichtet. Der Orden ersucht die Aushändigung des Leichnams – vergebens. Der Leichnam wird anonym auf dem Feld der sogenannten Vierziger-Gruppe auf dem Wiener Zentralfriedhof verscharrt.

1988 wurde das Seligsprechungsverfahren eingeleitet. Am 21. Juni 1998 sprach Papst Johannes Paul II. die couragierte und aufrechte Klosterfrau auf dem geschichtsträchtigen Wiener Heldenplatz selig. Ihr Gedenktag ist der 29. Oktober, das Datum ihres Todesurteils. Heute befasst sich eine Dauerausstellung im Wiener Hartmannspital in der Nikolsdorfergasse mit dem Leben und Wirken von Maria Restituta Kafka und dem christlichen Widerstand in Österreich. Der Verein »Restituta-Forum« widmet sich im Gedenken an die Klosterfrau dem »Einsatz für Menschenwürde und Menschenrechte«.

Jakob Gapp
* 1897   † 1943

Sozialist in der Soutane

Die Vernehmungsbeamten im Reichssicherheitshauptamt Berlin trauen an jenem 25. Januar 1943 ihren Ohren nicht: Der Gefangene, ein Priester, gibt auf die Vorwürfe, er habe Nationalsozialisten als »Nazischweine« und »Gestapohunde« bezeichnet, offenherzig zu Protokoll: »Sollte das geschehen sein, so bedaure ich es lebhaft, nicht aus Sympathie zum Nationalsozialismus, auch nicht aus Furcht, sondern weil mir ein solcher Ausdruck als sehr hässlich erscheint.« Wie er denn zum deutschen Vaterland stehe? Der Priester antwortet:

»Für mich steht über dem Vaterland mein katholischer Glaube. Ich erkläre auch, dass ich jederzeit bereit bin, mein Vaterland aufzugeben, wenn es notwendig ist, um meinem katholischen Glauben treu zu bleiben. Ich bin der Überzeugung, dass es für einen katholischen Priester geboten ist, im Falle des nationalsozialistischen Deutschlands dieses aufzugeben, um seinem Glauben treu zu sein, weil das nationalsozialistische Deutschland dem Katholizismus den Untergang geschworen hat. Ich bin überzeugt, dass zwischen dem Katholizismus und dem nationalsozialistischen Deutschland ein unüberbrückbarer Gegensatz besteht, der einen seiner Kirche treuen Diener in Gegensatz zum Reich zwingt.«

Die Beamten sind fassungslos – und ratlos. Denn hier verteidigt einer seine Haltung aus rein religiösen Gründen. Jeglichen politischen Beweggrund streitet der Priester ab. Man informiert Heinrich Himmler. Der meint lapidar: »Wenn solche Leute … bei der Partei wären, stünde es besser um uns.«

Der Gefangene wird in Untersuchungshaft gebracht. Wochen und Monate vergehen. Am 4. Juni 1943 erklärt sich kein Geringerer als der Präsident des Volksgerichtshofs Roland Freisler bereit, selbst die Prozessleitung zu übernehmen. Freisler kennt keine Milde, keine Gnade. Er will in seinem fanatischen Hass den Priester töten lassen. Das Urteil steht bereits vor der Verhandlung fest. Der Name des Verurteilten: Jakob Gapp.

Jakob Gapp wird am 26. Juli 1897 als siebtes Kind einer armen Arbeiterfamilie in Wattens in Tirol geboren, wo der Vater Arbeit in einer Papierfabrik gefunden hat. In Wattens besucht der Bub die Volksschule. Er ist fleißig und intelligent. 1910 wechselt er nach Hall in Tirol, am Gymnasium der Franziskaner erhält er einen Freiplatz. Die Patres kümmern sich auch um kostenlose Logisplätze in wohltätigen Bürgerfamilien. Insgeheim hegen die Franziskaner wohl die Hoffnung, dass Jakob später ihrem Orden beitreten werde. Doch dazu kann der Schüler sich nicht entschließen. Schließlich schafft Jakob Gapp die Quinta nicht. Wiederholen will er nicht. Der damals Siebzehnjährige bricht die Schule ab und meldet sich im Mai 1915 freiwillig zum Militär, als Italien Österreich-Ungarn den Krieg erklärt.

Der junge Soldat kämpft an der Front in den Dolomiten, wird verwundet, erhält die silberne Tapferkeitsmedaille. Jakob Gapp ist Monarchist, Anhänger Kaiser Franz Josephs. Der stirbt im Jahr 1916. Im November 1918 bricht die Donaumonarchie zusammen. Am 4. November – einen Tag nach der Unterzeichnung des Waffenstillstands von Villa Giusti – gerät der Soldat Jakob Gapp gemeinsam mit über dreihunderttausend anderen österreichischen Soldaten in italienische Gefangenschaft. Erst im August 1919 kehrt Jakob Gapp aus der Gefangenschaft heim nach Tirol. Er ist enttäuscht und verbittert. Das Kaiserreich existiert nicht mehr. Das einst so mächtige Österreich ist nur noch ein kleiner Rumpfstaat. Gapp steht ohne Schulabschluss, ohne Beruf da. Auch sein christlicher Glaube ist erschüttert. Er erinnert sich: »Es kam eine Zeit der Gottentfremdung, weil die Religion nicht auf Überzeugung beruhte.« Er selbst bekennt sich in jener Zeit zum Sozialismus. Etwas wirrköpfig wirkt das auf andere. In seinem Kopf geht es durcheinander wie in der ganzen damaligen Zeit.

Nicht wenige Menschen in jenen Notjahren nach dem Ersten Weltkrieg suchen Schutz und Geborgenheit unter dem Dach der Kirche – nicht immer nur aus religiösen Gründen. Die Kirche bietet eine Existenzgrundlage. Auch Jakob Gapp entscheidet sich im Sommer 1920, einem Orden beizutreten. Die Marianisten sind vorsichtig geworden. Sie wollen nicht Asyl für Menschen bieten, die nur aus materiellen Gründen anklopfen. Gapp stellt einen Antrag für das Noviziat der Gesellschaft Mariä (Societas Mariae, SM). Der Pfarrer von Wattens stellt ihm ein gutes Führungszeugnis aus. Jakob Gapp wird am 13. August 1920 zur Probe aufgenommen und ins Noviziat der Ordensprovinz auf den Greisinghof bei Pregarten (Oberösterreich) geschickt. Er bewährt sich gut. Man ist von seinem Fleiß angetan. Gapp findet auch wieder zu seinem Glauben zurück, er gilt bei den Mitbrüdern sogar als fromm. Nur gewisse sozialistische Ansichten und ein bisweilen cholerisches, sturköpfiges Temperament werden in den Beurteilungen negativ erwähnt. Schon bei der Ankunft Gapps war sein erster Satz gewesen: »Da bin ich. Ich bin Sozialist und möchte Pfarrer werden. Wenn das nicht geht, sagt es mir gleich. Dann fahr ich gleich wieder heim.«

Man zeigt Geduld mit ihm und überträgt ihm Aufgaben, die er pflichtbewusst erfüllt: Jakob Gapp wird Präfekt am Marieninstitut in Graz. Dort ist er für bis zu sechzig Schüler verantwortlich, deren Studierzeit er überwacht und mit denen er die Freizeit gestaltet. Der Direktor des Instituts ist P. Franz-Josef Jung. Die beiden Männer verbindet eine nicht immer konfliktfreie Freundschaft.

1925 darf Jakob Gapp die Ewigen Gelübde ablegen – obwohl er in den Beurteilungen seiner Mitbrüder kritisiert wurde, er sei »manchmal aufbrausend« und »roh in seinen Manieren (Tiroler!)«. Der Orden, 1817 in Bordeaux gegründet, sieht sich noch weithin in seiner französischen Tradition, auch in Österreich. Deshalb wird Gapp, der gut französisch spricht, nach Antony bei Paris geschickt, wo er am Ende der Exerzitien die Gelübde ablegt. Es folgen fünf Jahre Studium der Theologie an der renommierten katholischen Universität von Fribourg in der Schweiz. Auch hier fällt der fleißige Student bisweilen durch seine Starrköpfigkeit auf, seinen »impulsiven Charakter«, wenn es darum geht, nur das als Glaubensgrundsatz anzunehmen, was ihm einsichtig erscheint. »Ich galt als das ›Enfant terrible‹ des Seminarrektors«, erinnert sich Gapp später.

Am 5. April 1930 wird Jakob Gapp in der St.-Nikolaus-Kathedrale zu Fribourg zum Priester geweiht, am 20. Juli feiert er im heimatlichen Wattens seine Primiz. Die Gesellschaft Mariä setzt ihn in den folgenden Jahren als Lehrer in den eigenen Ordensschulen in Freistadt (Oberösterreich), Lanzenkirchen (Niederösterreich) und Graz (Steiermark) ein. Bei den Schülern ist er beliebt. Seine Unterrichtsmethoden sind modern, er will den Schülern ein verständnisvoller Freund sein. Nicht von allen Kollegen wird diese Pädagogik gutgeheißen. Einer der Schuldirektoren meint: »Der P. Gapp hilft den Schülern zu viel. Er steht auf der Seite der Schüler und verteidigt sie zu oft.«

Sein soziales Gewissen lässt Gapp nicht los. In Graz bemerkt er, dass Kindern aus armen Verhältnissen der Besuch der Ordensschule praktisch nicht möglich ist. So werden sie bereits frühzeitig benachteiligt und haben kaum Aufstiegschancen. Gapp kennt das Problem, stammt er selbst doch aus einer Arbeiterfamilie. An Generalvikar Franz-Josef Jung schreibt er einen geharnischten Brief: »Sie werden schon wissen, dass ich nicht gerne hier bin… Aber ich habe eine dem M.I. [Marieninstitut] fremde Mentalität. Ich bin durch und durch sozial eingestellt… Ich kann mich mit den konventionellen Gepflogenheiten, Ansehenhascherei, mit

Speichelleckerei nach oben hin einfach nicht anfreunden. Es macht oft den Eindruck, als ob es in erster Linie darauf ankäme, bei geistlichen und weltlichen Großen gutzustehen. Und vieles geht noch aus den verlogenen, konventionellen Ansichten hervor.«

Gapp will aktiv gegen die Armut vorgehen. In den 1930er Jahren steigt die Zahl der Arbeitslosen in Österreich gewaltig an. Gapp sammelt Geld, richtet eine Suppenküche ein und verzichtet auf Heizmaterial für sein Zimmer. Dadurch macht er sich nicht nur Freunde. Gegner werfen ihm Eigenmächtigkeit und »Sozialismus« vor. Gapp sieht die Armut als Bedrohung für den sozialen Frieden. Immer mehr Österreicher liebäugeln mit den Ideen des Nationalsozialismus. Jakob Gapp verschließt davor nicht die Augen. Er liest die wichtigsten Kampfschriften der Nationalsozialisten, um sich zu informieren und um in Diskussionen argumentativ gewappnet zu sein. Seine Einstellung gegenüber der NS-Ideologie gibt er 1943 im Verhör so zu Protokoll: »Ich machte mich an das Studium der Werke der Bewegung … Besonders beim Studium Alfred Rosenbergs *Der Mythus des 20. Jahrhunderts* kam ich zu der Überzeugung, dass der Nationalsozialismus tatsächlich mit dem katholischen Glauben unvereinbar sei … So versteht es sich, dass ich ganz im Sinne des Heiligen Stuhles und der deutschen Bischöfe den Nationalsozialismus verwarf und es als meine Pflicht erkannte, aufklärend in diesem Sinne bei den Katholiken zu wirken.«

Als im März 1938 Österreich von den Truppen Hitlers besetzt wird, ruft Gapp wütend aus: »Das ist eine Sauerei!« Starke Worte liegen dem Tiroler immer noch auf der Zunge. Im Marieninstitut in Graz hingegen beginnt man zu kuschen: Der Direktor verlangt von den Lehrern, das Hakenkreuz zu tragen und den Hitlergruß zu entbieten. Jakob Gapp verweigert sich. Der Orden sieht ihn gefährdet und versetzt ihn nach Freistadt.

Bei der Volksabstimmung über den »Anschluss« Österreichs vom 10. April gibt es im Konvent von Freistadt nur *eine* Neinstimme. Man ahnt, wer sie abgegeben hat. Gapp wird vom Orden untersagt, vor Schülern zu sprechen. Der schreibt erbost an Franz-Josef Jung: »Ich wurde kaltgestellt und man verbot mir, mit den Scholastikern zu sprechen, wenn sie eine Erklärung über den Nationalsozialismus verlangten. Man lud einen Nazi ersten Ranges ein, den Schülern, Postulanten und Scholastikern eingeschlossen, Vorträge zu halten!« Zu der nationalsozialistischen Witwe eines Industriellen, die dem Pater anrät, sich mit dem Gedankengut der NSDAP zu befassen, sagt Gapp harsch: »Das kenn' ich schon lange. Für solchen Blödsinn habe ich keine Zeit.«

Jakob Gapp ist in Gefahr. Er weiß das, doch er will nicht seinem Gewissen Zügel anlegen. Der Orden hingegen will ihn davor bewahren, in sein Unglück zu rennen.

Bereits im Oktober 1938 verbietet die Gestapo ihm, weiterhin Religionsunterricht an Schulen zu erteilen. Am 11. Dezember steigt Gapp in Wattens während der Messe auf die Kanzel und hält eine donnernde Predigt. Kurz zuvor wurde gegen Kirchenbeiträge gehetzt: Dieses schwer verdiente Geld des deutschen Volkes werde nur dazu verwendet, um die Prunkbauten des Papstes zu erhalten. Gapp wettert in seiner Predigt, dass das Parteihaus in München ja auch keine Hütte sei. Auch gäbe es Christen, die so dumm seien, dass sie den *Mythus des 20. Jahrhunderts* lesen, obwohl so viel »Lüge und Schwindel« darin enthalten sei.

Jetzt reagiert der Orden. Jakob Gapp wird im Januar 1939 ins Ausland geschickt, nach Bordeaux. Hier wirkt er als Seelsorger an der Kirche La Madeleine. In dieser Klosteranlage hatte Wilhelm Joseph Chaminade 1817 die Marianisten gegründet. Wenige Monate später, im Mai 1939, wird Gapp nach Spanien versetzt. Nach dem Sieg General Francos über die Republikaner herrscht in dem Land ein quasi faschistisches Regime, das allerdings die katholische Kirche umwirbt. Die Marianisten in San Sebastián heißen ihren Bruder aus Österreich (dem Deutschen Reich) wohlmeinend mit dem Hitlergruß willkommen und verstehen gar nicht, warum der ungehalten reagiert und sich diesen Blödsinn für die Zukunft verbietet.

Gapp ist in Spanien unglücklich. Er sehnt sich nach Tirol zurück. An seinen Bruder Josef schreibt er: »Wie oft habe ich den einfachsten Bauernknecht beneidet, ums Daheimbleibenkönnen!«

Er unterrichtet an verschiedenen Instituten der Kongregation, zuletzt in Valencia. Weiterhin äußert er sich offen gegen die Nationalsozialisten und betreibt vor den Schülern Aufklärungsarbeit. Unterdessen ist der Zweite Weltkrieg ausgebrochen, Frankreich wurde von deutschen Truppen besetzt. Da erscheinen eines Tages in Valencia zwei Männer, die behaupten, sie seien Juden, die aus Berlin geflohen seien und zum Katholizismus konvertieren wollten. Sie bitten Jakob Gapp um Konversionsunterricht. Gapps Mitbrüder warnen ihn vor einer möglichen Falle. Der weist die Verdächtigungen zurück. Er erteilt den beiden Männern Unterricht und nimmt schließlich sogar deren Angebot einer kleinen Erholungsreise ins nördliche Spanien an. Gutgläubig steigt er ins Auto. Sie fahren Richtung Pyrenäen. Er lässt sich von den Männern überreden, einen Ausflug über die Grenze zu machen. Sogar der spanische Zöllner an der Grenze macht ihn diskret darauf aufmerksam, dass es eine Falle sein könnte. Gapp will es nicht glauben. Kaum auf französischer Seite angekommen, wird er von der Gestapo verhaftet.

Er wird nach Berlin verschleppt, kommt ins Gestapogefängnis, dann ins Gefängnis Moabit, schließlich nach Plötzensee. Am 2. Juli 1943 fällt Freisler nach einem Scheinprozess das Urteil: die Hinrichtung durch das Fallbeil wegen volksverräterischer Gesinnung. Im Gefängnis, wenige Stunden vor seinem Tod, schreibt Gapp noch einen Brief an P. Jung. Darin heißt es: »Verzeihen Sie alles, was ich Ihnen wohl Verdrießliches bereiten konnte! Ich habe wohl Schweres durchgemacht, bin aber jetzt recht glücklich. Ich glaube, ich konnte mich heiligen in dieser schweren Zeit. Grüßen Sie alle Mitbrüder; ich werde die grüßen, die ›drüben‹ sind. Alles geht vorüber, nur der Himmel nicht.«

Die Hinrichtung wird am 13. August 1943 in der Haftanstalt Berlin-Plötzensee vollzogen. »Die Vollstreckung dauerte von der Vorführung bis zur Vollzugsmeldung 9 Sekunden«, vermeldet trocken das amtliche Protokoll.

Gapps Leichnam wird dem Anatomischen Institut der Universität Berlin zu Lehr- und Forschungszwecken ausgeliefert, weil das Reichssicherheitshauptamt befürchtete, dass Gapp »unter der konfessionell gebundenen Bevölkerung als Märtyrer seines Glaubens gelten und seine Bestattung von den katholischen Volksgenossen zum Anlass einer stillen Demonstration für einen angeblich um seines Glaubens willen hingerichteten Volksverräter genommen werden könnte«. An die Verwandten in Tirol werden per Post nur Gapps Ordensring und sein Rosenkranz geschickt. Seine übrigen Habseligkeiten werden verkauft, der Betrag von 37,61 Reichsmark wird für die Hinrichtungskosten aufgewandt.

Jakob Gapp wurde von Papst Johannes Paul II. am 24. November 1996 gemeinsam mit Otto Neururer seliggesprochen. Im selben Jahr wurde das Todesurteil gegen ihn offiziell aufgehoben. Heute ist Jakob Gapp Patron der Katholischen Arbeiterbewegung Tirols.

Franz Jägerstätter
*1907 †1943

*Kriegsdienstverweigerer
aus Gewissensgründen*

I n einer Nacht im Januar 1938 hat ein in Oberösterreich lebender Bauer einen
Traum: Er sieht zahlreiche Erwachsene und Kinder sich in einem Eisenbahn-
zug drängen. Wenig später rast der vollbesetzte Zug auf einen Abgrund zu.
Da hört der Träumende eine Stimme: »Dieser Zug fährt in die Hölle.« Die Stimme
nimmt ihn bei der Hand und sagt: »Jetzt gehen wir ins Fegefeuer.« Später notiert
der Bauer: »Was ich da für ein Leiden geschaut und verspürte, war furchtbar, hätte
mir diese Stimme nicht gesagt, dass wir ins Fegefeuer gehen, so hätt' ich nicht
anders geglaubt, als ich würde mich in der Hölle befinden ... Dann hörte ich noch
ein Sausen, sah ein Licht und alles war weg. Weckte dann gleich meine Frau und
erzählte ihr alles, was sich zugetragen hatte. Bis zu jener Nacht konnte ich natürlich nie recht glauben, dass die Leiden im Fegefeuer so groß sein könnten.«

Der Chronist dieses Traums ist der damals dreißigjährige Landwirt Franz Jägerstätter aus St. Radegund in Oberösterreich. Den Traum, den er seiner Frau erzählt
und wenig später schriftlich festhält, interpretiert er als Höllenfahrt derer, die sich
dem Götzen des Nationalsozialismus verschrieben haben. Wenige Wochen später
wird Österreich von deutschen Truppen besetzt und Hitlers Reich »angeschlossen«. Jägerstätters Traum wird für ihn zur Offenbarung, nach der er künftig leben
will. In Schulheften formuliert er in den folgenden Jahren in etwas unbeholfener
Handschrift und einfachen, aus der Volksfrömmigkeit stammenden Worten und
Wendungen seine unsystematischen, aber keineswegs einfältigen ethisch-theologi-
schen und politischen Überlegungen und Überzeugungen, zur eigenen Positionie-
rung, aber auch zur Rechenschaft vor den engsten Verwandten und Freunden. An
eine Breitenwirkung in der Nachwelt hat er dabei nicht gedacht. Heute jedoch

sehen viele in Jägerstätter ein Vorbild gelebten Glaubens und moralischer Unbeugsamkeit in Zeiten ideologischer Einflüsterungen.

Seinen Traum interpretierte Jägerstätter so: »Und mir kommt es heute vor, als stellte dieses Bild nichts anderes dar als den damals hereinbrechenden oder schleichenden Nationalsozialismus … Somit glaub' ich, hat mir Gott es durch diesen Traum oder Erscheinung klar genug gezeigt und ins Herz gelegt, mich zu entscheiden, ob Nationalsozialist – oder Katholik!« Franz Jägerstätters Entscheidung ist eindeutig. Später wird er seine Verweigerung dem ethisch Bösen gegenüber mit dem Leben bezahlen.

Jägerstätters nachgelassene Briefe und Notizen atmen einen einfachen, unakademischen, aber dennoch scharfsinnigen und eigenständigen Geist. Einen Geist, der sich gleichwohl nie von der Hybris vermeintlicher rationaler Allmacht leiten ließ, sondern die tiefe Ehrfurcht vor Gott kannte und um die eigene Fehlbarkeit wusste.

Franz Jägerstätter wird am 20. Mai 1907 in St. Radegund in Oberösterreich geboren. Unweit davon, in Braunau, kam der Mann zur Welt, dessen Hassideologie später Jägerstätters Leben zerstören wird – nicht aber sein Gewissen: Adolf Hitler. Ähnlich Hitler entstammt auch Jägerstätter kleinen, ja ärmlichen und vor allem sozial benachteiligten Verhältnissen. Seine Mutter ist die ledige Bauernmagd Rosalia Huber, sein Vater der Knecht Franz Bachmeier. Die Eltern können aus Armut nicht heiraten und einen eigenen Hausstand gründen. Der Bub Franz wird zur Großmutter Elisabeth Huber gegeben. Als Franz zehn Jahre alt ist, heiratet die Mutter den Bauern Heinrich Jägerstätter, der den Buben adoptiert. Im neuen Zuhause wohnt auch der Großvater Jägerstätter, ein einfacher, dabei aber belesener und gläubiger Mann, der Franz mit religiösen Fragen vertraut macht und ihn für Geschichte begeistern kann.

Mit zwanzig Jahren verlässt Franz Jägerstätter den engen bäuerlichen Umkreis und geht als Arbeiter in die steirischen Erzbergwerke. Der alte, ständisch-konservative k.-u.-k.-Staat ist inzwischen untergegangen. Österreich befindet sich in einer ökonomischen und geistigen Krise. Die Moderne mit ihren sozialen und geistigen Umbrüchen wird von vielen eher als Bedrohung denn als Befreiung empfunden. Franz Jägerstätter ist Neuerungen gegenüber nicht verschlossen. Später ist er sogar der Erste in seinem Dorf, der sich ein Motorrad leistet. Unter den Industriearbeitern in der Steiermark kommt er mit sozialistischen Ideen in Kontakt. Sein Glaube wird dadurch zunächst erschüttert, doch findet Jägerstätter bald wieder zur gelebten Religiosität zurück, er trägt sich sogar mit dem Gedanken, in ein Kloster einzutreten.

1930 kehrt er in sein Heimatdorf zurück. Aus der kurzzeitigen Beziehung mit der Magd Theresia Auer geht eine Tochter hervor. Jägerstätter heiratet nicht, hält aber Kontakt zu Mutter und Kind und zahlt Alimente. 1936 ehelicht er die Bauerstochter Franziska Schwaninger aus dem benachbarten Hochburg. Jägerstätter ist nun selbst Bauer. Im Laufe der nächsten Jahre kommen drei Kinder zur Welt. Die Ehe ist glücklich, wie er selbst bekundet. Franziska Jägerstätter ist eine tiefreligiöse Frau, die vom Elternhaus und einer katholischen Jugendgruppe geprägt ist. Die Hochzeitsreise führt nach Rom.

Als im März 1938 in Österreich die Nationalsozialisten die Macht übernehmen, trifft das Franz Jägerstätter zwar, doch erschüttert es ihn nicht in seinen Überzeugungen. Für ihn ist Hitler der Anti-Christ, der Nationalsozialismus unvereinbar mit der christlichen Lehre. Als die Österreicher zur Abstimmung über den »Anschluss« ihrer Heimat aufgerufen sind, kommt es zu einem kurzzeitigen Zerwürfnis mit seiner Frau. Die rät ihm aus Angst um sein Wohl, mit Ja zu stimmen. Franz Jägerstätter bleibt aufrecht. Als einziger im Dorf stimmt er mit Nein, doch wird sein Votum von wohlmeinenden Mitbürgern bei der Auszählung unterschlagen, um ihn vor der Verfolgung zu bewahren. Franziska Jägerstätter zieht indes ihre Lehre aus dem vergeblichen Versuch, ihren Mann gegen sein Gewissen handeln zu lassen. In den folgenden Jahren hält sie tapfer zu ihm und seiner Standhaftigkeit, ein Leben in Wahrheit führen zu wollen.

Dieses Leben in Wahrheit hat er selbst als heilig erkannt. Heilige waren für ihn nicht außergewöhnliche Helden, vielmehr erschien ihm der Aufruf zum Leben in Heiligkeit eine Forderung an alle Christen. In einem seiner letzten Briefe, geschrieben im Gefängnis Berlin-Tegel, befasst er sich mit dieser Frage: »Eine Sünde, wenn auch nur lässlich, ist eine Beleidigung Gottes. Und eine Beleidigung Gottes ist so was Schweres, dass wir sie mit unserem menschlichen Verstande niemals erfassen können … So ist es ganz leicht begreiflich, dass die Heiligen von den Weltmenschen nie verstanden wurden und man sie sehr häufig, solang sie auf der Welt lebten, nur als Narren bezeichnete. Und doch ist es nicht bloß Pflicht Einzelner, nach Heiligkeit zu streben, sondern aller.«

Jägerstätter strebt nach Heiligkeit, aber nicht um vor der Welt und Gott zu prangen, sondern um die Pflicht eines Christen, gerecht und wahr zu leben, zu erfüllen. Für ihn ist der Nationalsozialismus eine Irrlehre, eine schamlose Verspottung des göttlichen und menschlichen Gesetzes. Für ihn steht fest, sich den Vereinnahmungsversuchen der Machthaber zu widersetzen.

Im Sommer 1940 wird Franz Jägerstätter zum Militär einberufen. Er durchläuft die Grundausbildung und tut danach Dienst als Kraftfahrer. Doch noch wird er nicht an die Front einberufen. Die letzte Gewissensfrage stellt sich noch nicht. Auf Betreiben des Bürgermeisters wird Jägerstätter im April 1941 als »unabkömmlich«

für den bäuerlichen Betrieb gestellt und kann zu seiner Familie zurückkehren. Im selben Monat lässt sich Jägerstätter in den weltlichen Zweig des Ordens des heiligen Franziskus einkleiden. In St. Radegund übernimmt er den Mesnerdienst.

In den folgenden Monaten sucht Jägerstätter wiederholt Rat bei Geistlichen, selbst bei dem Linzer Weihbischof Joseph Fließer. Alle reden ihm zu, einzulenken und sich der weltlichen Macht nicht entgegenzustellen. Einzig bei seiner Frau und dem ehemaligen Dorfpfarrer Josef Karobath findet er Rückhalt für seinen Entschluss, sich der Einberufung an die Front zu widersetzen.

Nach der Kapitulation der Sechsten Armee Anfang Februar 1943 vor Stalingrad ist der Krieg in eine neue Phase getreten. Man benötigt mehr denn je neue Soldaten, ohne Rücksicht auf deren Unabkömmlichkeit zu Hause. Franz Jägerstätter wird im Februar 1943 erneut einberufen. In Enns, wo er sich meldet, spricht Jägerstätter sogleich seine Verweigerung aus Gewissensgründen aus. Er wird ins Linzer Wehrmachtsgefängnis überstellt. Zwei Monate verbringt er dort. Der Gefängnisseelsorger versucht ihn zu überreden, den Wehrmachtsdienst als Sanitäter anzutreten. Doch die Paragrafen sehen, falls die Verweigerung widerrufen wird, nur die Zuteilung zu einer Strafkompanie vor. Jägerstätter indes bleibt bei seinem Entschluss. Anfang Mai wird er ins Wehrmachtsuntersuchungsgefängnis nach Berlin-Tegel gebracht, vor ein Kriegsgericht gestellt und wegen Wehrkraftzersetzung zum Tode verurteilt.

Jägerstätters Briefe aus den letzten Lebenswochen – hauptsächlich an seine Frau gerichtet – sind beeindruckende Zeugnisse eines glaubens- und willensstarken Menschen. In einem dieser Briefe aus dem Gefängnis Tegel schreibt er:

»Viele glauben halt ganz einfach, es muss so sein, und sollen sie dabei auch Unrecht tun, so haben ja andere die Verantwortung. … Aber wenn man schon im Vorhinein weiß, ich kann das nicht alles halten und befolgen, was ich unter diesem Eid versprochen, so begehe ich eine Lüge. Somit bin ich der Ansicht, ist es doch am besten, ich sage lieber gleich die Wahrheit, dass ich nicht in allem gehorchen kann, und wenn es gleich das Leben kostet. Denn dass man unter Sünde verpflichtet wäre, unsrer weltlichen Autorität unter Eid sich zu verpflichten, in allem zu gehorchen, was einem befohlen wird, findet man in keinem Gebote Gottes und auch nicht der Kirche.«

Franz Jägerstätter wurde am 9. August 1943 in Brandenburg an der Havel enthauptet. Nach dem Krieg wurden seine sterblichen Überreste nach St. Radegund gebracht und auf dem Dorffriedhof beigesetzt. Seine Frau zog die drei Kinder allein auf und verrichtete viele Jahre den Mesnerdienst in der Kirche. Um die Haltung ihres Mannes machte sie nicht viel Aufhebens. Die katholische Kirche Österreichs indes empfand Jägerstätters Haltung als problematisch. Der Linzer Bischof

Joseph Fließer weigerte sich, den Bericht des Pfarrers Karobath über Jägerstätters Schicksal zu veröffentlichen, und begründete das so: »Bei aller Achtung vor der subjektiven Haltung des Mannes kann er nicht als objektiv gültiges Vorbild für die Haltung zur Militärpflicht hingestellt werden.«

Im Volk jedoch blieb das Andenken an Jägerstätter lebendig, er stand zunehmend im Ruf der Heiligkeit – auch gegen Anfeindungen aus Kreisen der Kriegsveteranen, die in ihm einen Deserteur sahen. Der Anstoß zur offiziellen Anerkennung Jägerstätters kam von auswärts. Während des Zweiten Vatikanischen Konzils erklärte der ehemalige Erzbischof von Bombay Thomas Roberts im Jahre 1965: »Franz Jägerstätter, der in Berlin am 9. August 1943 hingerichtet wurde, weil er sich weigerte, in einem Krieg zu dienen, der später in Nürnberg als ›Verbrechen gegen die Menschheit‹ bezeichnet wurde … Märtyrer wie Jägerstätter sollen nie das Gefühl haben, dass sie allein sind. Ich lade die Väter ein, diesen Mann und sein Opfer in einem Geiste von Dankbarkeit zu betrachten, damit sein Beispiel unsere Beschlüsse inspiriere.«

In der amerikanischen Friedensbewegung wurde Franz Jägerstätter von vielen als Vorbild betrachtet. In Österreich hingegen zögerte man noch, sich mit der Person Jägerstätters auseinanderzusetzen. 1971 drehte Axel Corti einen Film über ihn, der die Diskussion erneut anstieß. 1993 schließlich bezeichnete der damalige österreichische Bundespräsident Thomas Klestil in einer Grußbotschaft Jägerstätter als ein »weltbekanntes Beispiel dafür, dass Kriegsdienstverweigerung nicht mit asozialem Verhalten gleichgesetzt werden darf, sondern dass es für einen Menschen Situationen gibt, in denen er – auch unter Hingabe des eigenen Lebens – Widerstand gegen Unrecht und Barbarei leisten muss«.

Das Berliner Landgericht hob 1997 das Todesurteil auf. 2005 rehabilitierte das österreichische Parlament Jägerstätter. Im Jahre 2007 wurde Franz Jägerstätter seliggesprochen. In Jägerstätters Wohnhaus in St. Radegund ist heute eine Begegnungs- und Gedenkstätte eingerichtet.

Karl Friedrich Stellbrink
*1894 †1943

Eduard Müller
*1911 †1943

Johannes Prassek
*1911 †1943

Hermann Lange
*1912 †1943

Die Märtyrer von Lübeck

Als die »Märtyrer von Lübeck« gingen drei katholische Priester und ein protestantischer Pfarrer ins kollektive Gedächtnis der Hansestädter ein. Alle vier starben am 10. November 1943 im Gefängnis Holstenglacis in Hamburg unter dem Fallbeil. Sie waren Zeugen des Christentums und des Humanismus, Ankläger des menschenverachtenden NS-Regimes und in ihrer gemeinsamen Haltung auch frühe Repräsentanten der Ökumene. Ihre soziale Herkunft, ihr Lebensweg, ihre Mentalität waren völlig verschieden. Doch gemeinsam dachten und handelten sie in ihrer Haltung vor Gott und den Mitmenschen.

Karl Friedrich Stellbrink wird am 20. Oktober 1894 in Münster geboren. Im Ersten Weltkrieg dient er als Soldat und wird 1916 schwer verwundet. Erst 1919 kann er das Abitur nachholen. 1920 legt er die Abschlussprüfung am protestantischen Predigerseminar in Soest ab. Er heiratet 1921 und erhält in Witten die Ordination für das geistliche Amt in Übersee. Stellbrink wird nach Rio Grande do Sul in Brasilien entsandt. Dort ist er in der Seelsorge für deutsche Siedler zuständig. Acht Jahre verbringen die Stellbrinks (drei Kinder kommen zur Welt) in Brasilien. 1929 kehren sie nach Deutschland zurück.

Stellbrink ist zu jener Zeit Nationalist und gehört verschiedenen völkischen Organisationen an. 1930 wird er Mitglied der NSDAP und tritt als Pfarrer im thüringischen Steinsdorf offen für die Ziele der Partei ein. Zum Teil schlägt ihm aus der Kirchengemeinde Widerstand entgegen, einige Leute beklagen sich über sein »herrisches Wesen«, sein »politisierendes Reden«.

1934 wechselt Stellbrink als Pfarrer an die Lutherkirche in Lübeck. Doch zunehmend gerät er in den Konflikt zwischen Partei und Kirche, zwischen Hitler-Jugend und Evangelischer Jugend. Aus dem Saulus wird ein Paulus. Stellbrink legt 1934 seine Parteiämter nieder, drei Jahre später wird er aus der NSDAP ausgeschlossen. In seinem kirchlichen Engagement bleibt er unabhängig, ein Einzelkämpfer. Weder gehört er anfänglich zu den regimetreuen »Deutschen Christen«, noch später zu der im Widerstand tätigen »Bekennenden Kirche«. Ein Bekenner ist Stellbrink dennoch.

Der Zweite Weltkrieg festigt Stellbrink in seiner anti-nationalsozialistischen Haltung. Der ehemalige Soldat weiß um die Gräuel des Kriegs. 1940 fällt ein Pflegesohn der Familie. Mit dem befreundeten katholischen Priester Johannes Prassek tauscht Stellbrink kritische Gedanken aus. Sie geben einander Hinweise auf Frequenzen ausländischer Rundfunksender und versorgen einander mit unzensierten Nachrichten. Stellbrink erhält von seinem katholischen Kollegen Abschriften kritischer Predigten des Münsteraner Bischofs Galen und verbreitet sie in protestantischen Kreisen. In der Nacht vom 28. auf den 29. März 1942 wird Lübeck als erste deutsche Stadt durch flächendeckende Bombenangriffe zerstört. Tags darauf äußert Stellbrink in einer Konfirmationspredigt, Gott habe mit mächtiger Stimme gesprochen. Offen wendet er sich gegen den Krieg und spricht seine Hoffnung auf eine militärische Niederlage der Nationalsozialisten aus. Schon seit einiger Zeit sind Gestapo-Spitzel auf Stellbrink und seine katholischen Priesterkollegen angesetzt. Stellbrink wird im April 1942 als Erster verhaftet.

Karl Friedrich Stellbrinks Freund Johannes Prassek gehört – wie auch seine katholischen Kollegen Lange und Müller – einer jüngeren Generation an. Er wird am 13. August 1911 in Hamburg-Barmbek geboren. Prassek stammt aus einfachen Verhältnissen. Der Vater, ein Schlesier, arbeitet als Maurer, die Mutter ist eine aus Mecklenburg stammende Konvertitin. Johannes Prassek besucht zunächst die katholische Schule in Barmbek, an der die »Grauen Schwestern« unterrichten. Früh äußert er den Wunsch, Priester zu werden. Am Hamburger Johanneum erwirbt er 1927 das Abitur. Danach studiert er – mit finanzieller Unterstützung durch das bischöfliche Ordinariat Osnabrück und die Hansestadt Hamburg – Theologie in Frankfurt am Main, Münster und Osnabrück. 1837 wird Prassek in Osnabrück zum Priester geweiht. Zunächst arbeitet er als Vikar in Wittenburg in Mecklenburg, 1939 wird er an die Herz-Jesu-Kirche nach Lübeck versetzt, im Jahr darauf zum Kaplan ernannt. Sein Dienstherr ist der Dechant Albert Bültel.

Prassek versieht seinen Dienst mit Eifer und Herzenswärme. Bald ist er in der Gemeinde sehr beliebt. Vor allem seine Weltoffenheit und seine Art, auf die Probleme der Menschen einzugehen, werden von vielen geschätzt. Die Herz-Jesu-Gemeinde wird auch von in Lübeck stationierten Soldaten aufgesucht. Es entstehen Gesprächskreise, in denen Prassek sich offen gegen die Kriegspolitik der Nationalsozialisten wendet. Prassek erhält viel Zustimmung, wird aber auch vor Spitzeln gewarnt. Er tut dies mit der Bemerkung ab, einer müsse ja die Wahrheit sagen.

So ist Prassek vorgewarnt und dennoch leichtgläubiger, als er selbst es vermutet. Er schließt Freundschaft mit einem jungen Mann, der vorgibt, zum Katholizismus konvertieren zu wollen, und der Kritik am Regime übt. Prassek äußert sich in Gesprächen offen und rückhaltlos. Doch der andere ist ein Spitzel der Gestapo. Er observiert den Priester über längere Zeit und sammelt belastendes Material. Prassek ist nicht nur innerhalb seiner Gemeinde tätig. Er lernt Polnisch und kümmert sich heimlich um in Lübeck lebende polnische Zwangsarbeiter (was bei der Gestapo sogar unbemerkt bleibt). Doch auch so ist das belastende Material gegen Prassek im Mai 1942 ausreichend. Am 18. Mai wird er verhaftet und zunächst im Lübecker Marstall-Gefängnis untergebracht. Über ein Jahr muss er auf seinen Prozess warten. Der magenkranke Prassek leidet unter der schlechten Gefängniskost und der Kälte in der Zelle. Unterdessen streut die Gestapo Gerüchte über seinen angeblichen unmoralischen Lebenswandel und Verstöße gegen das Zölibat. Sein Osnabrücker Bischof Hermann Wilhelm Berning – ein national denkender Mann, der 1933 mit den neuen Machthabern noch sympathisierte – hüllt sich zunächst in Schweigen, vielleicht verunsichert durch die Gerüchte über Prassek. Schließlich setzt er sich doch bei den Behörden für die Begnadigung des Priesters ein. Vergebens. Prassek wird zum Tode verurteilt. Noch ein halbes Jahr muss er auf die Vollstreckung warten. Nach Zeugnissen von Mitgefangenen und Anstaltspersonal hat Johannes Prassek bis zu seinem Ende seine aufrechte und glaubenszuversichtliche Haltung nicht verloren.

Der jüngste der Märtyrer von Lübeck ist der am 16. April 1912 im ostfriesischen Leer geborene Hermann Lange. Er entstammt einer gutbürgerlichen Familie. Seine Kindheit und Jugend ist behütet und geradlinig: Schon früh äußert der unter dem Einfluss seines Onkels, des Domdechanten Hermann Lange stehende Jüngling den Wunsch, ebenfalls Priester zu werden. Zudem ist der junge Hermann im katholischen Bund »Neudeutschland« engagiert, der eine geistige Erneuerung der katholischen Kirche anstrebt und unter dem Einfluss Romano Guardinis steht.

Hermann Lange studiert von 1931 bis 1937 Theologie in Münster. Im Dezember 1938 wird er in Osnabrück zum Priester geweiht. 1939 wird er Adjunkt (Hilfspriester) an der Herz-Jesu-Kirche in Lübeck, 1940 wird er dort zum Vikar ernannt. Lange ist aufgrund seiner bürgerlichen Herkunft eher der intellektuelle Priester, steht aber in seiner Beliebtheit seinem Kollegen Prassek nicht nach. Auch er ist von Anfang an ein Gegner des NS-Regimes. Im Gespräch mit Soldaten äußert er einmal unumwunden, dass man als Christ auf deutscher Seite an diesem Krieg eigentlich gar nicht teilnehmen dürfe. Gemeinsam mit Prassek und Stellbrink beteiligt

Hermann Lange sich aktiv an der Verbreitung von Flug- und Druckschriften. Auch er steht unter Beobachtung. 1941 wird seine Wohnung von der Gestapo durchsucht, doch bleibt dabei ein Koffer mit belastendem Material unentdeckt. Aber auch das rettet Lange nicht.

Er wird nach Stellbrink und Prassek am 15. Juni 1942 festgenommen und ins Gefängnis Lauerhof in Lübeck gebracht, später nach Holstenglacis in Hamburg, wo er die Zelle mit Stellbrink teilt. Während der Haft darf er mehrfach Briefe schreiben. Sie zeigen ihn auch in Todesgefahr als aufrechten und gottergebenen Christen. In seinem Abschiedsbrief an die Eltern, wenige Stunden vor seiner Hinrichtung geschrieben, bekennt Hermann Lange: »Seht, die Bande der Liebe, die uns miteinander verbinden, werden mit dem Tode ja nicht durchschnitten, Ihr denkt an mich in Euren Gebeten und dass ich allzeit bei Euch sein werde, für den es jetzt keine zeitliche und räumliche Beschränkung mehr gibt.«

Der vierte zum Tode verurteilte Märtyrer von Lübeck ist der am 20. August 1911 in Neumünster geborene Eduard Müller. Er stammt aus recht ärmlichen Verhältnissen. Der Vater ist Schuster, später Rangierer, der die Familie bald verlässt und später bei einem Arbeitsunfall zu Tode kommt. Die Mutter bringt sich und die sieben Kinder (Eduard ist das jüngste) mühselig durch. Nach der Volkschule macht Eduard eine Schreinerlehre. Doch sein Wunsch ist es, katholischer Priester zu werden. Mithilfe von Gönnern, die ihn finanziell unterstützen und ihm Privatunterricht erteilen, kann Müller mit neunzehn Jahren ins Spätberufenenheim St. Klemens in Bad Driburg eintreten. Hier holt er 1935 das Abitur nach und studiert anschließend Theologie in Münster.

Müller ist welthungrig. Trotz seiner bedrängten materiellen Verhältnisse kann er in jenen Jahren sogar eine Reise nach Italien und Nordafrika unternehmen. Vor allem von Rom ist er tief beeindruckt. Später, als Hilfspriester in Lübeck, wird er wiederholt Diavorträge über seine Fahrten halten.

Im Juli 1940 wird Eduard Müller in Osnabrück zum Priester geweiht. Im August kommt er als Adjunkt an die Herz-Jesu-Kirche nach Lübeck und wird Kollege von Prassek und Lange. Müller wird vor allem in der Kinder- und Jugendarbeit eingesetzt. Politisch scheint er vordergründig weniger engagiert zu sein als seine Kollegen, doch aus seiner regimefeindlichen Haltung macht er zumindest indirekt keinen Hehl. Bei den Jugendlichen ist seine Gruppenarbeit sehr beliebt. Müller zieht etliche von der Hitlerjugend auf seine Seite ab. Sonntags nach der Messe unternimmt der naturliebende Priester mit den Jugendlichen gerne Ausflüge in die nähere Umgebung, obschon er weiß, dass zur selben Zeit die Hitlerjugend ihre Zusammenkünfte abhält.

Mit seinen Jugendlichen beobachtet der Priester Pflanzen und Vögel, er erzählt ihnen von Rom, weicht dabei aber gesellschaftsrelevanten Fragen nicht aus. Es herrscht Krieg, alle sind davon betroffen, und ein völlig apolitisches Verhalten wäre unmöglich. Das NS-Regime ist dem tiefgläubigen Katholiken ein Gräuel. Bereits vor seiner Priesterweihe äußert er einmal: »Ich werde bald mit der Gestapo Bekanntschaft machen, denn ich werde mich durch nichts von meiner Pflicht abwendig machen lassen.«

Seine Prophezeiung erfüllt sich nur zu bald: Am 22. Juni 1942 wird Eduard Müller gemeinsam mit achtzehn Laien aus der Kirchengemeinde festgenomen. Zunächst besteht noch Hoffnung, den »unpolitischen« Priester vor dem Todesurteil retten zu können. Doch der Volksgerichtshof will ein Exempel gegen die regimefeindliche katholische Zelle der Herz-Jesu-Gemeinde statuieren.

In seinem Abschiedsbrief schreibt Eduard Müller voller Zuversicht: »So habe ich die Erwartung und Hoffnung, dass ich in keinem Stück werde zuschanden werden, sondern dass in allem Freimut, wie immer, auch jetzt Christus an meinem Leibe verherrlicht werde, sei es durch Leben, sei es durch Tod. Denn für mich ist das Leben Christus und das Sterben Gewinn!«

Im Juni 1943 verkündet der eigens aus Berlin nach Hamburg angereiste Volksgerichtshof unter Roland Freisler die Todesurteile gegen Karl Friedrich Stellbrink, Johannes Prassek, Hermann Lange und Eduard Müller. Aus dem Wortlaut des Urteils:

»Ihnen ist zur Last gelegt, seit 1940 oder Anfang 1941 ständig deutschsprachige Sendungen des feindlichen Rundfunks abgehört und verbreitet und dadurch die Feindpropaganda gefördert zu haben. Sie haben ferner seit Frühjahr oder Sommer 1941 auf Anordnung ihrer vorgesetzten Kirchenbehörde regelmäßig Gruppenabende veranstaltet, die der religiösen Vertiefung der Teilnehmer dienen sollten und zu denen sich auf Einladung durch die Angeklagten überwiegend junge Männer einfanden, die zum Teil der Wehrmacht angehörten und die weitere Gäste einführten; sie sind weiter beschuldigt, auf diesen Gruppenabenden durch Hetze gegen den nationalsozialistischen Staat, und zwar auch durch Verteilung von Schriften, dem Kriegsfeind Vorschub geleistet und Vorbereitung zum Hochverrat begangen zu haben.«

Erst 1993 wurde das Urteil gegen die vier Märtyrer von Lübeck durch das Landgericht Berlin offiziell aufgehoben. Im Jahr 2003 wurde für die katholischen Priester Johannes Prassek, Hermann Lange und Eduard Müller das Seligsprechungsverfahren eingeleitet. Im Oktober 2009 gab der Hamburger Erzbischof Werner Thissen bekannt, dass die drei katholischen »Märtyrer von Lübeck« im Jahr 2011 seliggesprochen werden sollen.

Aloys Andritzki

*1914 †1943

Ein sorbischer Märtyrer im Konzentrationslager Dachau

Anfang Februar 1943 liegt der sorbische Priester Aloys Andritzki, Gefangener im Konzentrationslager Dachau, mit Fieber in der Krankenbaracke. Er verlangt nach den Sterbesakramenten. Die Bitte wird ihm abgeschlagen. Stattdessen verpasst ihm der »Pfleger«, ohne dafür einen Befehl der SS zu haben, eigenmächtig eine tödliche Spritze. Der als »Rotspanier« berüchtigte Mann, ein kommunistischer Kirchenhasser, hat für den Kranken nur die zynischen Worte übrig: »Er kriegt a Spritzen!« Der Leichnam des Priesters wird kurz darauf im Krematorium des Lagers verbrannt.

Aloys (nach anderer Schreibung: Alois) Andritzki wird am 2. Juli 1914 als Sohn eines katholischen Lehrers und dessen Frau im sorbischen Radibor, Kreis Bautzen, geboren. Die Familie ist tiefkatholisch. Zwei Brüder von Aloys ergreifen später ebenfalls den Priesterberuf, ein dritter Bruder fällt als Theologiestudent im Zweiten Weltkrieg.

Aloys besucht die katholische Oberschule in Bautzen und studiert nach dem Abitur Theologie in Paderborn. Am 30. Juli 1939, wenige Wochen vor Kriegsbeginn, wird Andritzki im Bautzener Dom zum Priester geweiht. Anfang Oktober beginnt er seine priesterliche Tätigkeit in Dresden als Präfekt der Kapellknaben und als Präses der Dresdner Kolpingsfamilie. Der sportliche, musikliebende und kunstbeflissene junge Mann ist bei der katholischen Jugend beliebt. Das NS-Regime ist ihm verhasst. Leichtfertig äußert er sich gegen Nationalsozialismus und Krieg. Die Gestapo wird auf ihn aufmerksam. Kurz nach Weihnachten 1940 wird Andritzki von der Gestapo verhört, am 21. Januar 1941 wird er verhaftet und trotz des Protestes des bischöflichen Ordinariats festgehalten. Im Juli beginnen die

Gerichtsverhandlungen gegen Andritzki. Man wirft ihm »fortgesetzt gehässige, hetzerische und böswillige Äußerungen über leitende Personen des Staates und der NSDAP« vor. Aloys Andritzki wird nach dem »Heimtückegesetz« zu sechs Monaten Gefängnis verurteilt, wobei ihm die fünf Monate Untersuchungshaft angerechnet werden.

Ein vergleichsweise mildes Urteil, so hat es den Anschein. Doch das Regime agiert schon längst außerhalb jeglichen Gesetzes. Am Tag der Entlassung aus der Haft wird Aloys Andritzki von der Gestapo ins Gefängnis des Dresdner Polizeipräsidiums verschleppt und von dort am 10. Oktober 1941 ins Konzentrationslager Dachau gebracht. Ein Mitgefangener, der Benediktinerpater Maurus Münch aus Trier, erinnert sich: »Drei Dinge gelobten wir uns in den ersten Tagen: Wir wollten nie klagen! Wir wollten nie unsere Haltung preisgeben! Wir wollten keinen Augenblick unser Priestertum vergessen. Aloys hat es gehalten, heroisch und groß!«

Nach dem Zeugnis von Mitgefangenen ist Aloys Andritzki im Lager ein ungebrochener Mann, der auch über schwere und widerwärtige Arbeiten nicht klagt und sein Schicksal im Vertrauen auf Gottes Beistand ergeben hinnimmt. Der künstlerisch begabte Mann gestaltet zu Weihnachten ein Krippenbild für die Barackenkapelle des Lagers. Weiter hält Aloys Andritzki – obgleich die Post zensiert wird – Kontakt zu seinen Jugendlichen der Dresdner Dompfarrei. In einem Brief an einen Jugendlichen, der inzwischen im Kriegsdienst ist, schreibt Andritzki tröstend: »Es ist wohl eine eigenartige Fügung Gottes, dass alles so gekommen ist. Der liebe Bruder Alfons [Andritzki] gefallen, ich hier in Bewährung und Geduld und Du im Felde des Kampfes, aber allzeit bekennend ›Dein Wille geschehe‹, da kann nichts fehlgehen, alles ist gut und wird gut.«

Im Januar 1943 erkrankt Aloys Andritzki an Typhus und wird, nur mit einem Hemd bekleidet, vom Priesterblock quer über den Appellplatz zur Krankenbaracke gejagt. Dort liegt er mehrere Tage fiebernd und wird schließlich am 3. Februar von dem kommunistischen Krankenwärter aus Hass getötet.

Die Urne mit der Asche des Verstorbenen wird nach Dresden gebracht und am 15. April auf dem inneren katholischen Friedhof unter großem Zuspruch der Pfarrgemeinde beigesetzt.

Heute wird Aloys Andritzki vor allem von den katholischen Sorben verehrt. Das Seligsprechungsverfahren wurde 1998 eingeleitet.

Max Joseph Metzger

*1887   †1944

Ein Friedensaktivist unterm Fallbeil

Am 17. April 1944 findet im Zuchthaus Brandenburg-Görden die Hinrichtung eines Priesters und Friedensforschers statt. Das Urteil wurde von dem berüchtigten Präsidenten des Volksgerichtshofes Roland Freisler gesprochen. Der Henker bekennt später gegenüber dem Gefängnispfarrer, er habe »noch nie einen Menschen mit so froh leuchtenden Augen in den Tod gehen sehen wie diesen katholischen Geistlichen«. Es war ein bewusster und glaubensfester Gang ins Martyrium. Der Name des Hingerichteten: Pfarrer Dr. Max Joseph Metzger. Er war eine international bekannte Koryphäe, ein Vorkämpfer in den Bereichen der Friedensforschung, der Ökumene und der Suchtprävention.

Max Joseph Metzger wird am 3. Februar 1887 im badischen Städtchen Schopfheim als Sohn eines Lehrers geboren. Nach Volksschule und Gymnasium studiert der junge Mann Theologie in Freiburg im Breisgau und Fribourg in der Schweiz und promoviert 1910 in Freiburg. Zunächst denkt Metzger an eine wissenschaftliche Karriere, entschließt sich dann aber für den Priesterberuf. 1911 wird er geweiht und arbeitet als Kaplan in verschiedenen Pfarreien. 1914, nach Ausbruch des Krieges, wird er Militärpfarrer und dient an der Westfront. Die Erlebnisse dort prägen ihn. 1915 kehrt er erkrankt in die Heimat zurück. Von da an engagiert er sich in der katholischen Friedensbewegung, mit Artikeln, Memoranden und als Redner und Aktivist. Sogar Papst Benedikt XV., der sich um eine Vermittlung zwischen den Kriegsparteien bemüht, nimmt wohlwollend von Metzgers »internationalem religiösen Friedensprogramm« Kenntnis. Der gründet 1917 den »Weltfriedensbund vom Weißen Kreuz« und 1919 den »Friedensbund deutscher Katholiken«. Metzger übernimmt in Graz das Generalsekretariat für das »Österreichische Kreuzbünd-

nis« und nimmt in den 1920er Jahren an zahlreichen Kundgebungen und Frie-
denskonferenzen teil, so in Den Haag, Graz, Paris und Luxemburg. Er erwirbt sich
einen hervorragenden internationalen Ruf und gilt in jenen Jahren als eine frie-
densaktivistische Koryphäe. Rechtsnationalen Kreisen ist er dadurch früh verhasst.
Das wird sich wenige Jahre später unter dem NS-Regime rächen.

Die Friedensbewegung ist die eine Säule von Metzgers Engagement. Die andere
ist die Ökumene: Zu Pfingsten 1939 – er ist seit Kurzem Pfarrer in Meitingen nördlich von Augsburg – gründet er die »Una Sancta«-Gemeinschaft mit dem Ziel, in
einer Zeit des bedrohten Weltfriedens das Gespräch und die Annäherung der beiden großen christlichen Konfessionen voranzubringen. Metzger geht von der
»einen heiligen« (»una sancta«) Kirche aus, die über den Konfessionen steht, also
nicht mehr auf dem Alleinvertretungsanspruch der römisch-katholischen Kirche
beruht. Außerdem ruft Metzger zur Mitarbeit der Laien am katholischen Gemeindeleben auf. Im Jahre 1940 werden die von Metzger seit einiger Zeit zelebrierten
interkonfessionellen Gemeinschaftsmessen vom Augsburger Ordinariat verboten.

Ein drittes Einsatzgebiet liegt Max Joseph Metzger am Herzen: Die Fürsorge für
Suchtkranke, besonders für Alkoholabhängige. 1919 gründet er die »Missionsgesellschaft vom Weißen Kreuz«, die sich 1927 in »Christkönigsgesellschaft« (»Societas Christi Regis«) umbenennt. Diese Gesellschaft von Brüdern und Schwestern,
ein Säkularinstitut, das zunächst in Graz beheimatet ist, später in Meitingen,
betreut in »Trinkerheilstätten«, so der damalige Ausdruck, Alkoholkranke. Auch in
anderen Regionen Deutschlands werden Niederlassungen der Christkönigsgesellschaft gegründet.

Metzger, der Friedens- und Glaubensaktivist, ist nach 1933 den nationalsozialistischen Machthabern ein Dorn im Auge. Bereits 1934 und erneut 1939 wird er in
Augsburg kurzzeitig verhaftet. Doch er lässt sich nicht einschüchtern und setzt
seine Arbeit unerschrocken fort. Nach der Katastrophe von Stalingrad verfasst er
ein Memorandum über eine staatliche Neuordnung Deutschlands und über eine
Einbindung in eine Weltfriedensordnung. Die Denkschrift ist für die Zeit nach
dem erhofften Ende der NS-Herrschaft gedacht und richtet sich an die künftigen
Sieger des Weltkriegs. Metzger will das Memorandum dem lutherischen Erzbischof
Eidem in Schweden zukommen lassen. Eine Bekannte, Deutsche schwedischer
Abstammung, bietet sich als Botin an. Metzger hat Vertrauen zu ihr gefasst. Mit ihr
bespricht er auch den Inhalt seiner Denkschrift. Doch er geht in eine Falle. Die
Botin ist Spitzel des Sicherheitsdienstes. Sie denunziert Metzger bei der Gestapo.
Er wird am 29. Juni 1943 in Berlin verhaftet, von Roland Freisler zum Tode ver-
urteilt und am 17. April 1944 hingerichtet.

Der Leichnam Metzgers wird von den Behörden nicht freigegeben, sondern ist für die Anatomie vorgesehen. Den Schwestern der Christkönigsgesellschaft gelingt es jedoch, den Toten aus dem Gefängnis zu schmuggeln und auf dem Friedhof in Brandenburg an der Havel zu beerdigen. Zwei Jahre später wird Metzgers Leichnam exhumiert und auf dem St.-Hedwigs-Friedhof in Berlin feierlich bestattet. Zahlreiche Menschen sind gekommen, um dem Märtyrer die letzte Ehre zu erweisen. Und ein weiteres Mal werden die sterblichen Überreste exhumiert: 1968 geben die DDR-Behörden dem Drängen des Berliner Kardinals Alfred Bengsch nach. Metzgers Gebeine werden nach Meitingen überführt, zum Sitz des Christkönigsinstitutes. Auf dem Grabstein stehen seine letzten Worte, sein Vermächtnis an die Nachwelt: »Ich habe mein Leben Gott angeboten für den Frieden der Welt und für die Einheit der Kirche.« Auf dem Augsburger Domvorplatz steht heute eine Büste Metzgers.

Im Jahre 2006 wurde das Seligsprechungsverfahren für Max Joseph Metzger eingeleitet.

Carl Lampert
*1894   †1944

Ein dreifaches Todesurteil

Nichts fürchtet die dumpfe Macht so sehr wie den Geist. Auch das NS-Regime bildete hierin kein Ausnahme. Der Innsbrucker Gauleiter Franz Hofer hasste die Kirchenmänner, einen aber besonders: den bischöflichen Provikar Dr. Carl Lampert. Der trat offen und furchtlos gegen ihn, den Gauleiter, auf. Und er ließ Hofer dessen moralische, aber auch intellektuelle Unterlegenheit spüren. Lampert war für das Regime gefährlich. Er musste beseitigt werden. Ein Agent provocateur mit dem Decknamen Hagen wurde auf ihn angesetzt. Eine Geschichte wie aus einem Thriller …

Carl Lampert wird am 9. Januar 1894 in Göfis in Vorarlberg als jüngstes von sieben Kindern geboren. Die Familie lebt in einfachen Verhältnissen. Dennoch kann Carl das staatliche Gymnasium in Feldkirch besuchen. Nach dem Abitur tritt er im Herbst 1914 ins Priesterseminar in Brixen ein. Der junge Mann ist hübsch und elegant. Halb bewundernd, halb neidisch wird er damals gern »Carlobello« genannt. Im Mai 1918 wird Lampert im Brixener Dom zum Priester geweiht. In Dornbirn im heimatlichen Vorarlberg erhält er seine erste Kaplanstelle. Er ist leutselig und hält zu den Vereinen des Ortes, insbesondere zu jungen Leuten Kontakt. Dem Innsbrucker Bischof Sigismund Waitz bleibt die Intellektualität des jungen Pfarrers nicht verborgen. Er schickt Carl Lampert im Jahre 1930 zum Studium des Kirchenrechts nach Rom, an die »Sacra Rota Romana«. Nach dem Abschluss seiner Studien im Jahre 1935 erhält Lampert den Ehrentitel »Monsignore«. Dann wird er von seinem Bischof nach Innsbruck zurückberufen.

Lampert macht Karriere. 1936 übernimmt er die Leitung des kirchlichen Tyrolia-Verlags. In Innsbruck wird er bereits als möglicher Anwärter auf den Bischofsstuhl gehandelt. Am 15. Oktober 1938 wird Innsbruck-Feldkirch zur Apostolischen Administratur erhoben. Paulus Rusch, erst fünfunddreißig Jahre alt, wird von Papst Pius XI. zum Administrator mit den Rechten eines residierenden Bischofs ernannt, drei Monate später wird ihm Carl Lampert als Provikar beigesellt.

Es ist für die Kirche eine schwere Zeit. Im Jahr zuvor ist der »Anschluss« Österreichs an das Deutsche Reich vollzogen worden. Die Unterdrückung der Kirche und die Verfolgung von Kirchenleuten hat auch in Tirol begonnen. Rusch und Lampert widersetzen sich mutig den Gängelungsversuchen durch die Gauleitung. Weil wegen eines Führerbefehls Rusch selbst tabu bleibt, konzentriert sich Gauleiter Hofer ganz auf Carl Lampert. Im Jahre 1940 wird der Provikar dreimal verhaftet: Er hat gegen die gewaltsame Auflösung des Klosters der Ewigen Anbetung in Innsbruck protestiert, er soll hinter einem Beitrag von Radio Vatikan gestanden haben, worin über die Lage der Kirche in Tirol kritisch berichtet wurde, und er soll für die Todesanzeige des im Konzentrationslager Buchenwald ermordeten Pfarrers Otto Neururer verantwortlich gewesen sein. Nach der dritten Verhaftung überstellt man Carl Lampert am 28. August 1940 in das Konzentrationslager Dachau, zwei Tage später nach Sachsenhausen. Am 15. Dezember schließlich wird er nach Dachau zurückgebracht. Am 1. August 1941 wird er aus dem Konzentrationslager entlassen, erhält aber Auflagen: Er darf nicht nach Tirol zurück und wird nach Stettin verbannt.

Die Freilassung ist nur eine Finte. Die Nationalsozialisten haben bereits einen Agenten auf ihn angesetzt. »Hagen«, so sein Deckname (benannt nach dem Verräter Hagen aus der Nibelungensage), wird in den Kreis der Vertrauten eingeschleust, die sich bald wieder um Carl Lampert versammeln. Der Agent provoziert Lampert zu kritischen Äußerungen über das Regime. Die Aussagen werden protokolliert und der Polizei übermittelt. Am 4. Februar 1943 wird Carl Lampert erneut verhaftet. Er wird zunächst im Gestapogefängnis in Stettin verhört und kommt im Dezember 1943 ins Zuchthaus in Halle an der Saale. Aus der Haft schreibt er verschiedentlich Briefe und berichtet darin auch von der unwürdigen Behandlung: »... in Lumpen gehüllt, verbrachte ich die Zeit vom 20.XII.–14.I., Tag und Nacht in Ketten gefesselt (hänge an einer Kette und mit Lederriemen an den Leib gebunden, nur beim ›Füttern‹ und ›Klosettgehen‹ davon befreit!) Was macht man da durch! O arme Todeskandidaten in dieser Zeit!! So verbrachte ich Weihnachten und Neujahr! Fror und litt, so gut ich konnte – es war die schwerste Zeit meines Lebens – der liebe Heiland, den ich geheim auf meinem Herzen trug, wurde mir bei der Kleiderwegnahme am 20. XII. brutal entrissen und zerknüllt ...«

Am 14. Januar 1944 wird Carl Lampert dem Reichskriegsgericht Torgau überstellt, das über ihn ein dreifaches Todesurteil fällt. Die ihm angelasteten Vergehen:

Hören ausländischer Rundfunksender, Feindbegünstigung (Lampert hatte katholischen Holländern in Zinnowitz eine Tasse Kaffee spendiert), Wehrkraftzersetzung und versuchte Spionage. In einem Abschiedsbrief an seinen Bruder Julius in Göfis schreibt Carl Lampert: »Ich bin nun recht arm, kann Dir nichts mehr schenken als meine treue Bruderliebe und Sorge übers Grab hinaus, denn die Liebe stirbt nicht und ich trage sie zum Quell der Liebe, zu Gott, und dort wird sie nur noch inniger, reiner, fester und hilfreicher …«

Am 13. November 1944 wird Carl Lampert im Gefängnis zu Halle an der Saale mit dem Fallbeil hingerichtet. Seine Urne wurde in Halle beigesetzt. 1948 wurde sie in seinen Heimatort Göfis überführt.

1998 wurde das Seligsprechungsverfahren eingeleitet. Seit einigen Jahren kümmert sich die katholische Provikar-Lampert-Akademie in Dornbirn/Vorarlberg um eine Friedens-, Erinnerungs- und Bildungsarbeit im Sinne ihres Namensgebers.

Angela (Maria Cäcilia) Autsch
* 1900   † 1944

Der »Engel von Auschwitz«

Eine Szene im Konzentrationslager Auschwitz: Das neunzehnjährige jüdische Mädchen Olga liegt mit einer Lungenentzündung krank in einem Winkel der Wäschekammer. Die zuständige Arbeiterin, die Klosterschwester Angela Autsch, hat sie aus der Krankenbaracke heimlich hierhergebracht und unter einer Dachschräge versteckt. Die Nonne kümmert sich liebevoll um das kranke Mädchen, wäscht sie, versorgt sie mit Essen und sauberem Wasser. Da erscheint in der Wäschekammer ein SS-Rottenführer. Er hört das fiebernde Mädchen husten. Die Nonne reagiert blitzschnell und couragiert: Sie tut so, als sei nichts und sagt mit gespielter Gelassenheit zu dem SS-Mann: »Herr Rottenführer, ich brauche einen neuen Besen und eine Trage für die Wäsche. So kann ich nicht arbeiten.« Der SS-Mann sieht sie einen Augenblick lang verdutzt an, dann macht er – von so viel Dreistigkeit offensichtlich frappiert – schweigend kehrt und verlässt den Raum.

Dies ist nur eine von etlichen Anekdoten, die über das Wirken von Angela Autsch im Konzentrationslager überliefert sind. Sie galt vielen Gefangenen als Engel, passend zu ihrem Namen. Und als »Engel von Auschwitz« ist sie in der Erinnerung der wenigen Überlebenden verankert. Sie war mutig, unerschrocken, selbstlos und warmherzig. Die Ärztin Margita Schwalbová, eine Überlebende des Konzentrationslagers, nannte in ihren Erinnerungen die Aura, die von Angela Autsch in der Hölle von Auschwitz ausging, »eine Insel der Zärtlichkeit und Freundschaft«.

Maria Cäcilia Autsch wird am 26. März 1900 als fünftes von sieben Kindern des Steinbrucharbeiters August Autsch und seiner Frau Amalia im Dorf Rölleken im Sauerland geboren. Bereits als junge Frau äußert Maria Cäcilia den Wunsch,

Nonne zu werden. Doch wendet sie sich zunächst dem weltlichen Berufsleben zu, arbeitet als Kinder- und Hausmädchen, lernt Verkäuferin und arbeitet in einem Kaufhaus in Finnentrop, wo sie wegen ihres Fleißes und ihrer Gewissenhaftigkeit gut angesehen ist. Später hilft sie einem ihrer Brüder in dessen Krämerladen in Heinsberg.

Früh kommt sie mit der Gesellschaft der Trinitarier in Kontakt. Der Orden – einst gegründet zur Betreuung von Galeerensklaven – widmet sich den Ärmsten der Armen und ist unter anderem in der Gefangenenbetreuung tätig. Ziel ist es, den in der Gesellschaft zuunterst Stehenden »die Liebe Gottes sichtbar zu machen«. Maria Autsch entschließt sich, dem Orden beizutreten. Einzige Niederlassung im deutschsprachigen Raum ist damals Mötz in Tirol. Die Klostergebäude sind ärmlich und bestehen nur aus einem Landhaus mit Wirtschaftsgebäuden. Maria Autsch tritt Ende September 1933 ins Kloster ein und arbeitet als Erzieherin und Erntehelferin. Ende September 1938, ein halbes Jahr nach dem »Anschluss« Österreichs an Hitler-Deutschland, bindet sich Angela Autsch, wie sie nun heißt, auf immer an den Orden.

Sie lehnt das neue Regime ab und macht aus ihrer Meinung kein Geheimnis. Das wird ihr zum Verhängnis. Gegenüber einer Nachbarin des Klosters bemerkt Angela Autsch: »Der Hitler ist eine Geißel für ganz Europa.« Daraufhin wird Angela Autsch denunziert. Am 12. August 1940 wird sie von der Gestapo wegen Führerbeleidigung und Wehrkraftzersetzung verhaftet und nach Innsbruck ins Polizeigefängnis gebracht, wenig später ins Frauen-Konzentrationslager Ravensbrück in Brandenburg verschleppt. Bereits dort fällt sie durch ihre Courage auf und hat mit ihrer gerechten Empörung mitunter sogar Erfolg. Die Gefangene Rosa Jochmann erinnert sich an einen Appell der Lagerinsassinnen, bei dem eine Aufseherin auf eine junge Gefangene einschlagen will:

»Maria (Angela) [Autsch] griff nach der Peitsche und sagte zur Aufseherin: ›Warum wollen Sie dieses Mädchen schlagen? Sie hat doch nichts getan!‹ Mir blieb das Herz stehen, denn ich war überzeugt, dass Maria nun in den Strafblock kommt, dass man sie schlagen wird und dann in den Strafblock verlegt, aber nein, dies alles geschah nicht. Die Aufseherin sah Maria an, ließ die Knute sinken, drehte sich um und ging. Mir erschien das damals als ein Wunder, aber später dachte ich, dass Maria durch ihre ganze Art eine besondere Ausstrahlung hatte.«

Charisma besitzt Angela Autsch ganz offensichtlich. Aber auch Unerschrockenheit. Beides beweist sie auch in ihren nächsten und letzten Lebensstationen, dem Konzentrationslager Auschwitz und dessen Außenlager Birkenau. In Auschwitz begegnet sie der gefangenen Ärztin Margita Schwalbová. Sie hat später in ihren Erinnerungen ausführliches Zeugnis von der aufopfernden Nächstenliebe Angela

Autschs abgelegt. Die Nonne arbeitet in der Wäschekammer und bei der Vertei-lung der Essensrationen, später, in Birkenau, als Pflegerin im SS-Lazarett außer-halb des Lagerzauns. Wo immer Angela Autsch kann, verteilt sie an die hungern-den Frauen Essen und sauberes Wasser, das sie aus der Küche entwendet oder organisiert hat. Sie ermöglicht es Gefangenen, sich in der Waschküche zu waschen, sie organisiert saubere Kleidung, Seife, Handtücher, sie versteckt Kranke, die ansonsten in den Krankenbaracken nur »ausgesondert« und in die Gaskammern geführt würden. Und: Sie spricht mit den Kranken und Verzweifelten, pflegt sie, schenkt ihnen menschliche Nähe und Liebe, spricht ihnen Mut zu, gibt ihnen wie-der menschliche Würde. Margita Schwalbová erinnert sich:

»Am Abend steht plötzlich ein Waschbecken mit heißem Wasser, eine Seife, eine Zahnbürste, ein reines Handtuch, ein Taschentuch und reine Leibwäsche vor mir. Ich weiß nicht, wie viele Tage ich mich nicht mehr gewaschen habe. Meine Augen leuchten vor Glück. Wer konnte das nur hergebracht haben? ... Angezogen lege ich mich auf den Strohsack und schlafe ein. Im Halbschlaf höre ich Schritte: Jemand beugt sich über mich, streichelt meine Wangen, es scheint mir, dass er betet. Das höre ich aber kaum und verstehe es nicht, vielleicht träume ich nur. Es war kein Traum, es war meine erste Begegnung mit Angela ... In dieses Irrenhaus kam Angela wie ein Lächeln der Morgenröte, wie ein Strahl des Sonnenlichtes. Täglich wusch sie mich mit abgekochtem Wasser, brachte mir Suppe und fütterte mich, sie gab mir Kompressen und erschlug meine Läuse ... Sie wusste, dass ich Atheistin war, trotz-dem breitete sie mit Begeisterung in ihren Augen immer wieder ihren Glauben vor mir aus wie einen Blumengarten. Diese Abende waren wunderschön.«

Unter Gefahr für das eigene Leben hilft Schwester Angela auch zahlreichen anderen Frauen, sie deckt und versteckt, organisiert und hilft, immer auf der Hut vor der SS und den Aufseherinnen. Es gelingt ihr sogar, verschlüsselte Briefe an das Kloster in Mötz zu schicken und den Mitschwestern über das Leben im Konzen-trationslager Bericht zu erstatten.

Ob sie selbst im Konzentrationslager ermordet worden wäre, bleibt spekulativ. Sie übersteht sogar eine Flecktyphusinfektion. Trotz aller Schrecknisse hat sie ein gnadenvolles Ende: Als am 23. Dezember 1944 alliierte Luftverbände das Lager bombardieren, erhält das SS-Lazarett einen Volltreffer. Schwester Angela Autsch, die sich auf der Lagerstraße befindet, erleidet einen Herzanfall und stirbt. Unter den Lagerinsassinnen galt sie bereits damals als Heilige. Eine Gefangene schreibt später nach Mötz: »Wir haben eine kleine Heilige, die für uns am Throne Gottes Fürsprecherin ist.« Der Leichnam von Angela Autsch wurde im Krematorium von Auschwitz verbrannt. Im Jahre 1990 eröffnete der Wiener Erzbischof Kardinal Hans Hermann Groër das Seligsprechungsverfahren für den »Engel von Auschwitz«.

Rupert Mayer
*1876 †1945

Der »Apostel Münchens«

Als Papst Johannes Paul II. am 3. Mai 1987 im Münchner Olympiastadion den Jesuitenpater Rupert Mayer seligsprach, löste das eine wahre Rupert-Mayer-Euphorie aus: Etliche Bücher über den Jesuiten erschienen, Filme wurden gedreht, Theaterstücke aufgeführt. Sein Grab in der Krypta der Münchner Bürgersaalkirche, an dem auch der Papst damals betete, wurde und wird von zahlreichen Menschen besucht. Rupert Mayer wurde schon Jahrzehnte vor seiner Seligsprechung von vielen Bürgern als der »Apostel Münchens« verehrt. Ältere Bürger können sich heute noch an den großen, imposanten Mann erinnern, der mit kräftiger Stimme von der Kanzel der St. Michaelskirche herab predigte und offene und mutige Worte gegen den Nationalsozialismus fand. Er galt als furchtloser, couragierter Mann, der Recht und Unrecht beim Namen nannte und sich auf keine verwässernden Diskussionen und keine opportunistischen Winkelzüge einließ.

Rupert Mayer wird am 23. Januar 1876 in Stuttgart geboren. Der Vater ist ein bürgerlicher Kaufmann. Die Familie – im Laufe der Jahre kommen sechs Kinder zur Welt – wohnt im Herzen der Stadt, am Marktplatz. Rupert besucht Gymnasien in Stuttgart und Ravensburg. Bereits mit sechzehn Jahren äußert er den festen Wunsch, Jesuit werden zu wollen. Der Vater willigt nur zögerlich ein. Es ist keine leichte Zeit für die Jesuiten: In Deutschland unterliegen sie infolge des Kulturkampfes Restriktionen. So darf der Orden seinen Nachwuchs nicht in Deutschland ausbilden. Aber gerade die hohe Intellektualität des Ordens zieht Rupert Mayer an. Nach dem Abitur studiert er Philosophie und Theologie in Fribourg (Schweiz), München und Tübingen. Danach tritt er ins Priesterseminar in Rottenburg ein. Am 2. Mai 1899 wird er in Rottenburg zum Priester geweiht. Zwei Tage später wird die Primiz gefeiert. In seiner Predigt sagt Oberregierungsrat Waal Worte, die für Rupert Mayer zu einem Motto seines Lebens werden: »Mögen Sie am Ende Ihres Lebens sagen können: … Ich habe nie geschwiegen, wo ich reden sollte. Ich habe nie geredet, wo ich schweigen sollte. Menschenfurcht war nie von Einfluss auf mein Tun und Lassen.«

Seine erste Kaplanstelle erhält Mayer in Spaichingen. In der Gemeinde ist er beliebt. Nach einem Jahr stellt Rupert Mayer beim Bischof den Antrag, zu den Jesuiten wechseln zu dürfen. Eher widerwillig lässt der Bischof den fähigen Pfarrer ziehen. Von 1900 bis 1906 erhält er als Novize seine Ausbildung in Feldkirch in Vorarlberg und in Valkenburg (Niederlande), anschließend wirkt er bis 1912 als Seelsorger und Volksmissionar in diversen Städten und Regionen Deutschlands.

Im Januar 1912 wird P. Rupert Mayer durch Weisung des Provinzials der Jesuiten in die Stadt geschickt, die ihm bis zu seinem Lebensende Heimat und Wirkungsstätte sein wird: München. Die bayerische Hauptstadt ist stark im Wachsen begriffen. Jährlich wandern etwa dreiundzwanzigtausend Menschen auf der Suche nach Arbeit zu. Rupert Mayer erhält den Auftrag, für diese Zuwanderer Seelsorge zu leisten. In diversen Arbeitervereinen hält er Vorträge, besucht die einzelnen Kirchengemeinden, macht Hausbesuche, überweist soziale Härtefälle an die Fürsorge der Caritas. Auch ist Mayer beteiligt an der Gründung der Gemeinschaft »Schwestern der heiligen Familie«, die Familienarbeit in sozial schwachen Schichten leistet. Mayer wird erster Präses der Gemeinschaft. Nicht überall stößt er auf offene Türen. Auch wird er von sozialdemokratischen Verbänden angefeindet, die einen zu großen Einfluss der katholischen Kirche auf ihre Stammwählerschaft befürchten.

Im Ersten Weltkrieg dient Rupert Mayer als Militärseelsorger. Er wird in Frankreich, Galizien und Siebenbürgen eingesetzt und erlebt das ganze Grauen an der Front mit. Wegen seines unerschrockenen Einsatzes erhält er im Dezember 1915 das Eiserne Kreuz Erster Klasse. Am 30. Dezember 1916 wird er bei einem Einsatz im rumänischen Sultatal schwer verwundet, das linke Bein muss amputiert werden. Die Genesung zieht sich hin, die letzten Kriegsmonate verbringt Rupert Mayer in der Invalidenschule in Landsberg am Lech.

Nach dem Krieg kehrt er nach München zurück und nimmt seine Arbeit in der Seelsorge wieder auf. Seit 1921 wirkt er, weil die Jesuitengesetze aus der Kaiserzeit aufgehoben sind, an der St. Michaelskirche im Herzen der Stadt. Hier ist er in der Armenfürsorge tätig. Er wird zudem Präses der Marianischen Männerkongregation und führt 1925 die bald von Reisenden und Ausflüglern gut besuchten Sonntagsgottesdienste auf dem Münchner Hauptbahnhof ein.

Die Zeiten sind unruhig. München wird 1919 durch mehrere sozialistische und bolschewistische Aufstände erschüttert. Rupert Mayer interessiert sich für deren

Ideen und besucht häufig kommunistische Versammlungen. Er scheut sich nicht, dabei das Wort zu ergreifen und vor vollem Saal die Lehren von Lenin und Marx aus kirchlicher Sicht zu widerlegen. Er wird niedergeschrien und angepöbelt. Mayer erinnert sich:

»Soll ich hineingehen? Jetzt sind sie ruhig und jubeln. Wenn ich aber komme, dann geht's los: ›Saupfaff elendiger!‹, dann geht alles drunter und drüber, dann ist der ganze Friede dahin. Aber ich sagte mir, es ist meine Pflicht, es ist sonst niemand da! Ich muss hinein! Ich wusste, wenigstens ein Drittel ist drinnen, die noch keine Stellung bezogen haben und denen muss man zeigen, dass man auch etwas dagegen sagen kann! Um die zu retten, bin ich immer wieder hineingegangen. So habe ich mich gequält, Jahr und Tag.«

Gefahren lauern für die junge Republik nicht nur von links. Am 8. und 9. November 1923 versuchen Nationalsozialisten unter Adolf Hitler und Erich Ludendorff die Bayerische Regierung zu stürzen. Der Putschversuch wird niedergeschlagen, doch Hitler stilisiert sich fortan zum Märtyrer seiner Bewegung – bis er am 30. Januar 1933 als Reichskanzler die Macht in Deutschland übernimmt. P. Rupert Mayer durchschaut frühzeitig das wirre Ideenagglomerat der Nationalsozialisten, ihre antihumanistischen, antichristlichen Züge. Bereits 1923 meldet sich Rupert Mayer in einer Versammlung im Bürgerbräu zum Thema »Kann ein Katholik Nationalsozialist sein?« zu Wort und erklärt der applaudierenden Menge: »Sie haben mir zu früh applaudiert, denn ich werde Ihnen nun klar sagen, dass ein deutscher Katholik niemals Nationalsozialist sein kann.« Daraufhin wird er bedroht. Ausgerechnet SA-Leute müssen ihn schützend hinausbegleiten.

Die Nationalsozialisten haben den Jesuitenpater früh auf ihrer schwarzen Liste. Bald geraten die Kirche und ihre Vertreter unter Druck, auch auf der Straße. Als im Mai 1935 wieder die Caritassammlung ansteht – Rupert Mayer geht stets selbst mit der Sammelbüchse in der Hand auf die Straße –, rotten sich nationalsozialistische Gegendemonstranten zusammen und skandieren: »Kein deutscher Volksgenosse trägt das Zeichen der Devisenschieber!« Auch Rupert Mayer wird von nationalsozialistischen Burschen umdrängt. Ihn anzugreifen wagt aber niemand. Dennoch erreichen die Nazis ihr Ziel: Wegen »Gefährdung der öffentlichen Ruhe« wird die Caritassammlung kurz darauf verboten.

Rupert Mayers Kanzelpredigten in St. Michael sind in jenen Jahren legendär: Er wettert ungehemmt gegen die nationalsozialistische Ideologie und greift auch tagesaktuelle Begebenheiten auf. In einer Predigt aus dem Jahr 1937 geht er auf die Bedrohung seiner Person ein: »Ich sage aber ganz ruhig: Dem Tode habe ich schon Hunderte Male ganz bewusst in die Augen gesehen. Das bin ich gewöhnt. Das ist nicht so schlimm. Aber wenn man einen Menschen geistig tötet, wenn man ihn kaputt macht vor der Welt, das ist das Furchtbarste, was ich mir vorstellen kann.« Ein andermal sagt er der Gemeinde: »In der Marxistenzeit habe ich viele Hetzschriften gelesen, weil man das nicht bekämpfen kann, was man nicht kennt. Es ist mir damals oft ein Ekel aufgestiegen, und es ist mir reichlich schwergefallen, diesen Schmutz zu lesen. Aber das, was heute an nationalsozialistischer Literatur geboten wird, ist ekelerregender denn je!« Kompromisse will er nicht machen, vermeintlich kluges Taktieren verabscheut er als Lauheit: »Ich habe im Krieg und Frieden so viel Hartes mitgemacht, dass ich selber hart und rücksichtslos wurde, während meine Mitbrüder, die dieselben Grundsätze vertreten wie ich, in der Form zugänglicher und milder sind.«

Die Geduld des Regimes hat bald ein Ende. Im Mai 1937 wird über P. Rupert Mayer ein Redeverbot verhängt. Der Jesuit schert sich nicht darum. Unbeirrt steigt er auf die Kanzel und predigt vor voller Kirche. Daraufhin wird er am 5. Juni 1937 verhaftet und am 22. Juli von einem Sondergericht wegen »Kanzelmissbrauchs« zu sechs Monaten Gefängnis verurteilt. Vom vorsitzenden Richter aufgefordert, in Zukunft die staatlichen Gesetze zu respektieren, antwortet Mayer ruhig: »Soweit ich es mit meinem Gewissen vereinbaren kann, ja, und soweit dadurch die katholischen Interessen nicht geschädigt werden. Ich werde, wenn ich mich an diese Gesetze nicht mehr halten kann, selber zum Staatsanwalt gehen und es ihm sagen.«

Kardinal Michael Faulhaber protestiert unterdessen öffentlich gegen das Urteil und sagt von der Kanzel der St. Michaelskirche herab: »Es ist eine Zeit zu reden.« Und weiter: »P. Rupert Mayer hat als Männerapostel von München gerade die mannhaften und heldenhaften Züge des Christentums auf den Leuchter gehoben, … hat aber auch die Kurpfuscher und Falschmünzer in religiösen Fragen zurückgewiesen.« In weiten Teilen der Münchner Bevölkerung wird Protest gegen das Verhalten der Staatsanwaltschaft laut. Am 6. Januar 1938 soll P. Rupert Mayer aus dem Gefängnis in Landsberg am Lech entlassen werden. Doch er kündigt an, weiterhin predigen zu wollen. Deshalb wird er einbehalten und ins Gefängnis Stadelheim bei München überführt, später erneut nach Landsberg. Am 30. Januar 1938 schreibt Mayer einen Protestbrief an den Polizeichef Heinrich Himmler: »Schon die Alten sagten, süß ist es, fürs Vaterland zu sterben, auch zu leiden; das Letztere durfte ich in reichem Maße erfahren und ich möchte es in meinem Leben nicht missen, aber noch süßer ist es, für den hl. Glauben zu leiden und auch zu sterben. Das macht mich hier im Gefängnis so glücklich, und so viele Tausend junge Leute in Deutschland stärkt dies wieder im katholischen Glauben.«

Rupert Mayer lässt sich nicht einschüchtern. Als er durch eine Amnestie am 3. Mai 1938 endlich freikommt, predigt er zwar nicht mehr, nimmt aber ansonsten seine Seelsorge wieder auf. Die Gestapo will Berichte über die Inhalte der von ihm geführten Gespräche. Mayer verweigert die Auskunft. Daraufhin wird er am 3. November 1939 – der Krieg ist inzwischen ausgebrochen – erneut verhaftet und ins Konzentrationslager Sachsenhausen verschleppt. Man behandelt den bekannten Gefangenen nach eigener Aussage vergleichsweise gut. Aber das mangelhafte Essen, die katastrophale Unterbringung und die psychische Belastung zehren an ihm. Der bislang immer so zäh und unbeugbar wirkende dreiundsechzigjährige Mann wird ernsthaft krank. Er magert ab. Fotos aus der Zeit nach der KZ-Haft zeigen einen ausgemergelten, deutlich gealterten Mann. Rupert Mayer muss mehrmals mit ansehen, wie andere Gefangene geschlagen werden. Jede religiöse Betätigung, selbst das Beten des Rosenkranzes, wird ihm zunächst untersagt. Ergeben trägt er sein Schicksal. An seine Mutter schreibt er aus der Lagerhaft: »Jetzt habe ich wirklich nichts und niemanden mehr als den lieben Gott. Und das ist genug, ja übergenug … Ich suche jeden Gedanken an die Vergangenheit und Zukunft auszuschlagen und mich ganz auf mein Tagewerk zu konzentrieren, dann habe ich Ruhe … Ich bin von allem und von allen abgeschlossen und höre nichts mehr von der Welt. Ich suche zu beten und zu opfern. Mehr verlangt Gott jetzt nicht von mir, sonst hätte Er es anders gefügt.«

Am 6. August 1940 wird Rupert Mayer nach Intervention des Münchner Kardinals Faulhaber aus der KZ-Haft entlassen. Er muss sich – das ist Bedingung – in den nächsten Jahren zurückziehen und jegliche Rede und Seelsorge unterlassen. Im Benediktinerkloster Ettal findet Rupert Mayer Zuflucht. Hier erlebt er am 6. Mai 1945 – zwei Tage vor der deutschen Kapitulation – den Einmarsch amerikanischer Truppen. Vier Tage später steht er bereits wieder auf der Kanzel in der Klosterkirche Ettal und predigt. Tags darauf kehrt er nach München zurück: Die Kirche St. Michael ist weitgehend zerstört, große Teile der Münchner Innenstadt liegen in Schutt und Asche. Die Verwüstungen sind nicht nur äußerlich. Krieg und NS-Herrschaft haben in den Menschen seelische Verkrüppelungen hinterlassen.

Trotz seines Alters und seiner geschwächten Gesundheit macht sich P. Rupert Mayer erneut ans Werk: Er hört wieder die Beichte, liest in der unzerstörten Kreuzkapelle von St. Michael die Messe, ist für Notleidende wieder ein geduldiger Helfer und Fürsprecher. Am 1. November 1945 erleidet er bei der Feier der Messe in der Kreuzkapelle einen Schlaganfall und stirbt wenige Stunden später. Rupert Mayer wird auf dem Jesuitenfriedhof in Pullach bei München beerdigt. Nachdem das Grab in den folgenden Jahren von zahlreichen Menschen besucht wird, veranlasst man im Mai 1948 die Umbettung in die Unterkirche des Münchner Bürgersaals. Rund dreihunderttausend Menschen säumen bei der Überführung des Leichnams des »Apostels Münchens« die Straßen. Viele haben die Gewissheit, dass hier ein Heiliger zu Grabe getragen wird.

Seit August 2008 widmet sich ein Museum in der unteren Bürgersaalkirche dem Leben und Wirken P. Rupert Mayers.

Nikolaus Groß
* 1898   † 1945

Bergmann, Gewerkschafter, Publizist,
Widerstandskämpfer

A
m 5. Juni 1932 erscheint in der *Westdeutschen Arbeiter-Zeitung* ein Artikel des Redakteurs Nikolaus Groß über den nationalsozialistischen Anwalt Roland Freisler. Groß lernte den politischen Wendehals bereits einige Jahre zuvor kennen, als er sich noch zum Bolschewismus bekannte: »Pg. Freisler berechtigt zu den schönsten Hoffnungen. Kommunist, Marxist, Novemberling, Untermensch, Sowjetkommissar gewesen, dann Nazi, Antimarxist, Mitglied der deutschen ›Freiheitsbewegung‹, Nazi-MdL geworden – was mag sonst noch alles aus ihm werden.«

Die Frage ist nur zu berechtigt. Freisler jedenfalls verzeiht seinem Kritiker Groß nie – und wird sich gut vierzehn Jahre später in erbärmlicher Weise an ihm rächen.

Nikolaus Groß entstammt dem Arbeitermilieu. Am 30. September 1898 wird er in Niederwenigern bei Hattingen an der Ruhr geboren. Nicht nur das Milieu des Industrieproletariats ist für Nikolaus prägend, sondern auch der tief verwurzelte katholische Glaube. Arbeiterfrage und christliche Konfession sind für Nikolaus Groß nie Widersprüche oder Gegensätze, dem antireligiösen Kommunismus steht er daher ablehnend gegenüber.

Der Werdegang von Groß ist auch die Geschichte eines sozialen Aufstiegs, möglich geworden in einer durchlässigeren, demokratisch-republikanischen Gesellschaft. Nach der Volksschule ergreift der Jugendliche zunächst einen typischen Arbeiterberuf. Er schuftet in einem Walz- und Röhrenwerk, später als Schlepper und Hauer im Kohlenbergbau. Früh kommt Nikolaus Groß mit der katholischen Arbeiterbewegung in Kontakt. 1917 tritt er dem »Gewerkverein christlicher Bergarbeiter Deutschlands« bei, 1918 der christlichen Zentrumspartei. In Abendkursen vertieft Groß seine Allgemeinbildung, befasst sich aber auch mit Rhetorik und Volkswirtschaft. Seine Aufgabe wird ihm immer deutlicher: Er will in der neu konstituierten Republik die Interessen der christlichen Arbeiterschaft vertreten, ihren Stand innerhalb eines demokratischen Parteiensystems stärken. Er gibt die Arbeit im Bergbau auf und wird hauptberuflich Sekretär des Gewerkvereins. Bald steigt er zum Bezirksleiter auf. 1926 wechselt er zur *Westdeutschen Arbeiter-Zeitung* und wird Redakteur. Die Zeitung ist das offizielle Organ der katholischen Arbeiterbewegung in Westdeutschland. 1927 wird Groß Chefredakteur des Blatts.

Seine Karriere ist zur damaligen Zeit sicher nicht gewöhnlich, aber auch nicht untypisch. Die junge Republik bietet Aufstiegschancen, die Gesellschaft ist durchlässiger geworden. Freilich bekämpfen rechte wie linke Parteien die demokratische Staatsform. Gegenläufig zur Karriere von Nikolaus Groß erfolgt der Niedergang der Republik. Früh macht Groß auf die Gefahren des Nationalsozialismus aufmerksam. Er erkennt dessen Ideologie als unvereinbar mit der christlichen Lehre. In einem Leitartikel vom 6. September 1930 schreibt Groß: »Wir lehnen als katholische Arbeiter den Nationalsozialismus nicht nur aus politischen und wirtschaftlichen Gründen, sondern auch aus unserer religiösen und kulturellen Haltung entschieden und eindeutig ab.«

Natürlich steht Nikolaus Groß sehr bald auf der schwarzen Liste der NSDAP. Bald nach der Machtübernahme 1933 bekommen er und die *Westdeutsche Arbeiter-Zeitung* das zu spüren. Mehrfach wird das Blatt kurzzeitig indiziert. 1935 muss die Zeitung in *Ketteler Wacht* umbenannt werden. Die Gleichschaltung der Parteien und Gewerkschaften ist inzwischen vollzogen. Die Kirchen werden hart bedrängt. Nikolaus Groß versucht weiterhin, auf seine Leserschaft einzuwirken, tut dies aber in chiffrierter Sprache, in Andeutungen und historischen Vergleichen, die zwar verständlich sind, strafrechtlich aber nicht belangt werden können. Im November 1938 schließlich wird die *Ketteler Wacht* endgültig verboten.

Nikolaus Groß muss sich umorientieren, beruflich und persönlich. Und er trägt eine große Verantwortung für seine eigene Familie. Mit seiner Frau Elisabeth hat er sieben Kinder. Groß weiß, dass er nicht nur sich selbst, sondern seine ganze Familie gefährdet. Er weiß aber auch, dass er seinen Kindern Vorbild ist, dass er für deren Zukunft Mitverantwortung trägt. Er tritt in Kontakt zu verschiedenen Widerstandskreisen, katholischen, protestantischen, bürgerlich-konservativen. Er führt Gespräche mit Jakob Kaiser, Bernhard Letterhaus und Alfred Delp, mit Carl Friedrich Goerdeler und Helmuth James Graf von Moltke. Sie diskutieren über die gesellschaftliche Neuordnung und moralische Wiedergeburt Deutschlands nach der Beseitigung Hitlers, über die künftige Rolle der Kirchen und Gewerkschaften.

Sie bilden Netzwerke, verhandeln bereits über eine Schattenregierung, die nach einem geglückten Anschlag auf Hitler sofort die Arbeit übernehmen könnte. Nikolaus Groß ist für die einzelnen Widerstandskreise Vertrauensmann und Kurier, vor allem Kontaktperson der noch immer mächtigen katholischen Kirche und ihrer Organisationen. Er arbeitet im Untergrund weiter, veröffentlicht Broschüren zu Gewissensfragen, arbeitet in der Männerseelsorge. Bei einer Tagung in Fulda spricht Groß über die Abwägung zwischen der Gefahr für das eigene Leben und der Verantwortung vor den Nachkommenden: »Wenn wir heute nicht unser Leben einsetzen, wie wollen wir dann vor Gott und unserem Volke einmal bestehen … zuoberst steht die Forderung, dass man Gott mehr gehorchen muss als den Menschen. Wenn von uns etwas verlangt wird, was gegen Gott oder den Glauben geht, dann dürfen wir nicht nur, sondern müssen den Gehorsam ablehnen.«

Sein Entschluss ist unwiderruflich. Bald wird seine Gewissenskraft auf die Probe gestellt. Als nach dem gescheiterten Attentat auf Hitler vom 20. Juli 1944 die Verschwörer und ihre Hintermänner verhaftet werden, kommt man auch Nikolaus Groß auf die Spur. Seit Längerem schon ist er von der Gestapo überwacht worden. Am 12. August wird Groß in seiner Kölner Wohnung verhaftet. Erst am 3. September 1944 erhält seine Frau Nachricht, ihr Mann befinde sich in der Polizeischule Drögen, einer Außenstelle des Konzentrationslagers Ravensbrück, berüchtigt für dessen Kriminalrat Leo Lange, der die Inhaftierten von einem SS-Arzt auf »Folterfähigkeit« untersuchen und sie dann auf grausamste Weise foltern lässt. Ende September verlegt man Groß ins Gefängnis nach Berlin-Tegel. Hier hat er immerhin Kontakt zu anderen Häftlingen, darf Briefe an seine Familie schreiben und die Kommunion empfangen. In einem seiner Briefe schreibt er gefasst: »In diesen Wochen ist mir klar geworden, dass wir nicht mehr zu tun vermögen, als Liebe zu säen und Güte auszuteilen. Es ist das Höchste, was wir erreichen.« Am 15. Januar 1945 wird Nikolaus Groß vor dem Volksgerichtshof unter Roland Freisler zum Tode verurteilt. Zwei Tage später darf er ein kurzes Gespräch mit seiner Frau führen. Am 21. Januar schreibt Nikolaus Groß den letzten Brief an seine Familie. Darin heißt es: »Fürchtet nicht, dass angesichts des Todes großer Sturm und Unruhe in mir sei … Gott verlässt keinen, der ihm treu ist, und er wird auch Euch nicht verlassen, wenn Ihr Euch an ihn haltet.« Nikolaus Groß wird am 23. Januar 1945 in Berlin-Plötzensee hingerichtet, zusammen mit neun anderen Männern des Widerstands. Die Wohlfahrtspflegerin Marianne Hapig schreibt in ihrem Tagebuch: »Heute starben zehn Männer als ›Märtyrer für das andere Deutschland‹.«

Am 7. Oktober 2001 wurde Nikolaus Groß von Papst Johannes Paul II. seliggesprochen. In ihm ehrt die Kirche einen katholischen Laien, der den Kampf gegen das NS-Regime aufgenommen hat.

Engelmar (Hubert) Unzeitig

*1911   †1945

Ein Held der Caritas im Konzentrationslager Dachau

E nde 1944 grassiert im Konzentrationslager Dachau eine Flecktyphus-Epidemie. Die Infizierten werden in die Krankenbaracke gebracht. Dort liegen sie auf bloßen Brettern, fiebernd, dürstend, in ihrem eigenen Kot, von Ungeziefer geplagt. Kaum einer wagt sich in die Baracke, aus Angst, sich anzustecken. Der Pflegedienst hier bedeutet mit hoher Wahrscheinlichkeit den eigenen Tod. Einige wenige Freiwillige – deutsche und polnische Priester – erklären sich schließlich bereit, in der Baracke zu arbeiten und ein Zeichen der Nächstenliebe zu setzen. Einer von ihnen ist der dreiunddreißigjährige P. Engelmar Unzeitig. Wenige Wochen später wird er selbst der Seuche zum Opfer fallen.

Hubert Unzeitig wird am 1. März 1911 in Greifendorf bei Brünn geboren. Seine Eltern sind Kleinbauern. Der Bub besucht die Volksschule, danach arbeitet er als Knecht bei einem Bauern. Doch er fühlt in sich die Berufung zum Priestertum. Mit siebzehn Jahren tritt er in Reimlingen in der Diözese Augsburg dem Spätberufenenseminar der Mariannhiller Missionare bei und bereitet sich auf das Abitur vor, das er 1934 besteht. Danach wird er Novize in St. Paul in den Niederlanden, schließlich geht er zum Studium der Theologie nach Würzburg. Er nimmt den Ordensnamen Engelmar an. 1938 legt er die ewigen Gelübde ab, am 6. August 1939, wenige Wochen vor Ausbruch des Kriegs, wird er in Würzburg zum Priester geweiht. Im Herbst 1940 erhält er eine eigene Pfarrei in Glöckelberg im Böhmerwald und unterrichtet auch an der dortigen Schule. Bald eckt er an. Vor Hitlerjungen verteidigt er die Juden. Engelmar Unzeitig wird denunziert, am 21. April 1941 von der Gestapo verhaftet und ins Gefängnis nach Linz gebracht, sechs Wochen später ins Konzentrationslager Dachau.

Zwölf Stunden täglich muss Unzeitig in der sogenannten »Plantage« arbeiten, der Gärtnerei des Lagers außerhalb des Stacheldrahtzauns. Die Zwangsarbeiter arbeiten kniend, bei jedem Wetter, in Hitze und Kälte, Sonne und Regen, Staub und Schlamm, hinter sich die Aufpasser der SS. Einer der Mitgefangenen berichtet später: »Hauptpunkte seines [Unzeitigs] Charakters waren Bescheidenheit, Ruhe und Verträglichkeit in der Enge des Blocks … Was auffiel, war seine Caritas, wenn er bei den Mitbrüdern für andere arme Häftlinge bettelte.«

Auch im Lager selbst haben die Priester keine Sonderbehandlung zu erhoffen. Dennoch gelingt es Unzeitig, ein vorbildliches Leben zu führen. Überlebende berichten, er habe täglich die heilige Messe in der Kapellenbaracke besucht und sei, bevor er abends zum Essen erschien, zuvor immer zum Gebet in die Kapelle gegangen. Erhält Unzeitig ein Essenspaket von seinem Orden zugeschickt, so verteilt er die Lebensmittel an andere Lagerinsassen. In einem der Briefe Engelmar Unzeitigs aus Dachau steht: »Suche die Zeit hier so gut als möglich auszunutzen. Nicht an letzter Stelle steht auf meinem Programm Gebet und Sühne.«

Unzeitig erträgt die Beschwernisse und Demütigungen, ohne zu klagen. Halt findet er im Glauben. Er schreibt: »Was vielleicht manchmal als Unglück erscheint, ist oft das größte Glück.«

Auch im Lager betreibt er Seelsorge – heimlich. Um die russischen Gefangenen betreuen zu können, lernt er deren Sprache. Einem der russischen Häftlinge erteilt er Konversionsunterricht. Über ihn wird ein anderer Häftling später aussagen: »Der Tod seines Missionars [Engelmar Unzeitig] erschütterte ihn fürchterlich. Er verehrte Pater Engelmar wie einen Heiligen.«

Als im Dezember 1944 Flecktyphus ausbricht und an manchen Tagen bis zu einhundert Todesopfer fordert, meldet sich Engelmar Unzeitig freiwillig für den Dienst in der verdreckten und verlausten Krankenbaracke. Er wirkt als Pfleger und als Seelsorger. Einer der wenigen überlebenden Helfer, P. Johannes Lenz, gibt später zu Protokoll: »Die leibliche Hilfe war für ihn nur notwendige Voraussetzung und Frucht seiner priesterlichen Nächstenliebe. Er hörte seinen Armen gerne die Beichte und tröstete sie in seiner ruhig-gütigen Art im Elend des Lagers … Er war ein Mann, der kein Opfer scheute.« Unzeitig selbst bekennt in einem Brief aus jener Zeit: »Liebe verdoppelt die Kräfte. Sie macht erfinderisch, macht innerlich frei und froh.«

Rund zwei Monate arbeitet Engelmar Unzeitig in der Krankenbaracke, dann erkrankt er selbst an Flecktyphus. Er stirbt am 2. März 1945. Ein Mitgefangener, Pfarrer Richard Schneider, kann den Kapo des Krematoriums bewegen, dass der Leichnam Unzeitigs getrennt verbrannt wird. Die Asche kann aus dem Konzentrationslager herausgeschmuggelt und nach Würzburg gebracht werden. Auf dem dortigen städtischen Friedhof, in der Gruft der Mariannhiller Missionare, wird die Urne beigesetzt.

1968 erfolgte die Überführung der Urne in die Mariannhiller Herz-Jesu-Kirche. Die Predigt hielt ein ehemaliger Mithäftling, P. Sales Hess. Er hob Engelmar Unzeitigs Hingabe an die christliche Nächstenliebe hervor: »Er war nicht irgendeiner von den fast dreitausend Geistlichen von Dachau, der in einer Welt ohne Gott sein Leben für Christus hingab. Pater Engelmar war ein Held der Caritas und ein Held apostolischen Eifers.«

Das Seligsprechungsverfahren für P. Engelmar Unzeitig ist eingeleitet.

Karl Leisner
*1915   †1945

Priesterweihe im Konzentrationslager

Zu Pfingsten 1936 trampt der einundzwanzigjährige Theologiestudent Karl Leisner mit zwei Freunden nach Rom. Es ist eine Studien- und Pilgerfahrt. In der Tasche hat Leisner ein Empfehlungsschreiben des Jesuiten Constantin Noppel an seinen Freund Kardinal Camillo Caccia, den Privatsekretär von Papst Pius XI.

Leisner gibt das Empfehlungsschreiben ab, ohne sich groß etwas daraus zu erhoffen. Doch tags darauf – die Romtouristen sehen sich eben den Konstantinsbogen an – hält neben ihnen eine schwarze Limousine. Kardinal Caccia beugt sich heraus: Er habe sie an ihrer Kleidung der katholischen Jugendbewegung erkannt. Sie seien zum Mittagessen in seiner Wohnung eingeladen. Außerdem reicht er ihnen Karten für eine Papstaudienz.

Die drei jungen Männer werfen sich zu dem besagten Termin in ihre beste Kleidung. Vor dem Eingang zum vatikanischen Palast überreichen sie einem Schweizer Gardisten die Audienzkarten. Der bittet sie hinein und geleitet sie durch schier endlose Gänge. Vor einer Tür machen sie halt. Kardinal Caccia erscheint und bittet sie herein. Es ist das private Arbeitszimmer des Papstes. Pius XI. sitzt an seinem Schreibtisch. Er unterhält sich mit den jungen Katholiken aus Deutschland. Das politische und gesellschaftliche Klima unter dem NS-Regime verfolgt der Papst mit Interesse und Sorge. Von den jungen Männern erhofft er sich Details. Leisner, der in der katholischen Jugendbewegung eine führende Rolle innehat, spricht mit dem Heiligen Vater offen über seine Erfahrungen und Beobachtungen. Noch ahnt er nicht, dass er wegen seines Glaubens selbst Opfer des Gewaltregimes werden wird.

Karl Leisner wird am 28. Februar 1915 in Rees am Niederrhein geboren. Seine Eltern sind katholisch. Der Vater arbeitet als Rentmeister beim Amtsgericht. 1921 zieht die Familie nach Kleve. Karl besucht die Volksschule und das örtliche Gymnasium. Großen Einfluss auf ihn hat sein Religionslehrer, der Priester Walter Vinnenberg. Der begeistert etliche seiner Schüler für den »Quickborn« und andere Jugendbewegungen der katholischen Kirche, die körperliche Ertüchtigung und geistige Erneuerung verbinden wollen und den Jugendlichen geselliges Leben auf Ausflugsfahrten und in Zeltlagern bieten.

Früh ist Karl Leisner von der Christusfrömmigkeit beseelt. Er führt regelmäßig Tagebuch. Bereits der Neunzehnjährige notiert: »Christus – du bist meine Leidenschaft!« Prägend sind für den jungen Mann auch Wallfahrten nach Kevelaer und Exerzitien bei den Benediktinern und Jesuiten. Früh steht für den Oberschüler fest, Priester werden zu wollen. Zudem wird die Jugendarbeit in einer von ihm geführten Jugendgruppe immer wichtiger für ihn.

Das letzte Schuljahr verbringt Karl Leisner unter Anfeindungen aus der Lehrerschaft. Seine katholische und anti-nationalsozialistische Haltung ist bekannt. Seine Jugendgruppe fällt auf. Einem nationalsozialistischen Lehrer sagen die Jungen ins Gesicht, die Hitlerjugend könne ihnen gestohlen bleiben. Bereits am 2. Mai 1933 notiert Karl Leisner im Tagebuch: »Der Drill, die Schnauzerei, die Lieblosigkeit gegen die Gegner, ihre fanatische, tamtamschlagende Nationalitätsbesessenheit kann ich nicht teilen.« Und am 25. Juni: »An Hitler aber glaube ich nicht, weil er mir eben nicht glaubhaft erscheint. Ich vertraue nicht auf seine Worte.«

Leisner bezieht nach dem Abitur im Mai 1934 das Kollegium der Theologiestudenten in Münster. Kurz zuvor hat der Münsteraner Bischof Clemens August Graf von Galen, der früh auf den hoffnungsvollen Mann aufmerksam geworden ist, Leisner zum »Diözesanjungscharführer« des gesamten Bistums ernannt. Leisner hat damit Verantwortung für etwa vierzehntausend Jugendliche.

Er erfüllt seine Pflichten gern. Bei den Jugendlichen ist er beliebt. 1936 wechselt Karl Leisner zum Studium nach Freiburg im Breisgau. Dort verliebt er sich in eine Tochter seiner Zimmerwirte. Für einige Zeit zweifelt er an seiner Berufung zum Priesteramt. 1937 wird er für ein halbes Jahr zum Reichsarbeitsdienst eingezogen. In Sachsen und im Emsland wird er unter anderem bei der Trockenlegung von Mooren eingesetzt. Bei der schweren Arbeit im Wasser zieht er sich Rheuma zu. Nach seiner Entlassung entscheidet er sich doch für das Priesteramt. Er geht nach Münster zurück, um hier sein Studium wieder aufzunehmen.

Doch bald ist es mit der Ruhe vorbei. Das NS-Regime ist auf den jungen Mann aufmerksam geworden. Leisners Elternhaus in Kleve wird Ende Oktober 1937 von der Gestapo durchsucht, Karl Leisners Tagebücher mit ihren teilweise kompromittierenden Inhalten werden beschlagnahmt. Er kann zwar sein Studium wieder aufnehmen und wird am 25. März 1939 von Bischof Clemens August von Galen zum Diakon geweiht, doch die Priesterweihe kann er nicht mehr empfangen. Eine Tuberkuloseerkrankung, die er sich in den Mooren des Emslandes zugezogen hat, wird diagnostiziert. Leisner wird in ein Sanatorium nach St. Blasien im Schwarzwald gebracht. Dort hört er am 9. November 1939 von dem am Abend zuvor misslungenen Attentat des Schreiners Georg Elser auf Hitler im Münchner Bürgerbräukeller. Hitler hat das Lokal vorzeitig verlassen und entging dadurch der detonierenden Bombe.

Leisner tut die leichtfertige Äußerung: »Schade, dass er [Hitler] nicht dabei gewesen ist.« Noch am selben Tag wird er denunziert und verhaftet. Einige Wochen verbringt er im Gefängnis in Freiburg im Breisgau. Anfang März 1940 wird Leisner ins Konzentrationslager Sachsenhausen gebracht. Mitte Dezember desselben Jahres verlegt man ihn ins Konzentrationslager Dachau. Hier lebt er im Priesterblock. Insgesamt 2763 Geistliche sind in den Lagerlisten von Dachau verzeichnet. 1072 sind hier umgekommen, dreihundertvierzig von ihnen wurden vergast.

Die SS-Wachmannschaften treiben ihre grausamen »Scherze«: Am Karfreitag »spielen« sie Kreuzigung, indem sie sechzig Gefangene aus dem Priesterblock an den auf dem Rücken gefesselten Armen aufhängen. Etliche ersticken bei dieser Prozedur.

Karl Leisner trägt seine Haft und seine Leiden mit Gelassenheit. Noch im Freiburger Gefängnis kritzelt er in sein Brevier: »Ich bin vollkommen ruhig, ja froh; denn ich bin mir meines reinen Gewissens und sauberer Gesinnung bewusst. Und wenn ich vor Gottes klarem Richterspruch bestehen kann, was können Menschen mir dann schon antun!« Auch im Konzentrationslager macht er das Beste aus seiner Lage. In Briefen nach Hause klagt er nicht – die Briefe werden zensiert –, sondern spricht seiner Familie Mut zu. Den Kranken erteilt er heimlich die Kommunion.

Insgesamt fünfeinhalb Jahre bleibt Karl Leisner in Haft. Er magert ab, wird immer schwächer, die Tuberkulose bleibt unbehandelt. Sein größter Wunsch hält ihn am Leben: Er will die Priesterweihe erhalten. Doch dieser Wunsch scheint unerfüllbar. Da trifft im September 1944 ein Häftlingstransport aus dem aufgelösten elsässischen Konzentrationslager Natzweiler ein. Unter den Gefangenen ist der Bischof von Clermont, Gabriel Piguet. Leisner lässt den Bischof durch einen Verbindungsmann fragen, ob er ihn zum Priester weihen wolle. Doch es fehlt die Sondergenehmigung des Münsteraner Bischofs Galen und des Münchner Kardinals Michael Faulhaber, zu dessen Diözese Dachau gehört. Durch Mittelsleute werden Briefe an Faulhaber und Galen gesandt. Unterdessen setzt ein fieberhaftes, aber heimliches Treiben in den Werkstätten des Lagers ein: Gefangene fertigen aus einfachen Materialien, aber dennoch kunstvoll die zur Priesterweihe nötigen Schuhe, zwei Bischofsringe und den Bischofsstab. Außerdem eine Urkunde, Primizbildchen, Glückwunschkarten und dergleichen.

Am 17. Dezember 1944 findet das Wunderbare statt: In der kleinen Kapellenbaracke des Lagers weiht Bischof Gabriel Piguet während des erlaubten Sonntagsgottesdienstes den bereits schwerkranken Karl Leisner zum Priester. Auch etliche protestantische Geistliche gehören zu den Gratulanten.

Die Zeremonie strengt Karl Leisner so an, dass er eine Woche krank auf seiner Pritsche liegt. Doch zum Stephanstag 1944, dem 26. Dezember, hält er in der Lagerkapelle seine feierliche Primiz mit anschließendem Essen: Die Gefangenen haben bereits seit Wochen organisiert, geschmuggelt, getauscht, und können ihrem Neupriester ein vergleichbar festliches Mahl bieten. Der ebenfalls inhaftierte Jesuit Otto Pies erinnert sich: »Auf weißgedeckten Tischen standen sauberes Porzellan, Bohnenkaffee und Kuchen bereit. Der Tisch mit Blumen geschmückt, die Plätze mit Tischkarten und grünen Zweigen versehen, warteten einladend auf den Primizianten und sein Gefolge … Obwohl nun doch ermüdet, ließ er es sich nicht nehmen, jede Stube der … Priesterblöcke zu besuchen und den priesterlichen Kameraden für ihr Gebet und ihre Teilnahme zu danken und ihnen den Primizsegen zu spenden.«

Doch Karl Leisner ist vom Tode gezeichnet. Die Befreiung des Lagers durch amerikanische Truppen am 29. April 1945 erlebt er noch. Im Tagebuch notiert er: »Eine Stimmung unbeschreiblich. In zehn Minuten flattern die Fahnen der befreiten Nationen. Herrlich! Ich liege schwerkrank da. Höre das alles nur von weitem und vom Erzählen. Ziehe mir die Decke übers Gesicht und weine zehn Minuten vor überwältigender Freude. Endlich frei von der verdammten Nazityrannei!«

Die Insassen des Lagers werden wegen einer Fleckfieberepidemie mit Quarantäne belegt. Es gelingt aber, Karl Leisner herauszuschmuggeln. Er wird in das Lungensanatorium Planegg bei München gebracht. Dort kann er im Juni seine Eltern und seine drei Schwestern wiedersehen. Doch die ärztliche Kunst in jenen bitterarmen Nachkriegsmonaten kann ihn nicht retten. Karl Leisner stirbt am 12. August 1945 in Planegg. Einer seiner letzten Tagebucheinträge lautet: »Die wiedergefundene Liebe und Würde des Menschen! Wir armen KZler. Sie wollten unsere Seele töten. O Gott, wie danke ich Dir für die Errettung ins Reich der Liebe und Menschenwürde.«

Karl Leisner wird auf dem Friedhof in seiner Heimatstadt Kleve bestattet. 1966 wurden die sterblichen Überreste in die Krypta des Domes zu Xanten überführt. Dort war Leisners Sarkophag bis 1994 gemeinsam mit den Särgen der Märtyrer

Heinz Bello (1920–1944) und Gerhard Storm (1888–1942) in die Gräberwand eingelassen. Seit 1994 ruht Leisners Sarg separat in der Krypta. Am 23. Juni 1996 sprach Papst Johannes Paul II. den Märtyrer Karl Leisner zusammen mit Bernhard Lichtenberg während seines Berlin-Besuches selig. 2007 wurde der Heiligsprechungsprozess eröffnet. Leisners allerletzter Tagebucheintrag vom 25. Juli 1945 hatte gelautet: »Segne auch, Höchster, meine Feinde!«

Marcel Callo
*1921   †1945

Märtyrer der Christlichen Arbeiterjugend

Am Vorabend seiner Verschleppung zur Zwangsarbeit in NS-Deutschland äußert ein junger, zweiundzwanzigjähriger Bretone: »Ich gehe nicht als Arbeiter dorthin – ich fahre als Missionar.« Der junge Mann ist in der Christlichen Arbeiterjugend Frankreichs engagiert, der J. O. C. (Jeunesse Ouvrière Chrétienne). Sein Name: Marcel Callo.

Callo war ein Opfer des NS-Regimes. Bevor er ins Konzentrationslager verschleppt wurde, hat er über ein Jahr lang in Thüringen als Zwangsarbeiter gelebt. Heute wird er in Frankreich *und* Deutschland verehrt – gerade auch von Jugendlichen.

Marcel Callo wird am 6. Dezember 1921 als zweites von neun Kindern eines katholischen bretonischen Arbeiterpaares in Rennes geboren. Der Junge gilt als aufgeweckt, bisweilen auch als ein wenig störrisch. Bereits als Kind kommt er zu den katholischen Pfadfindern, später zur Christlichen Arbeiterjugend. Callos Religiosität ist nicht aufgesetzt oder anerlernt, sondern rührt aus dem tief verwurzelten Glauben seiner Familie her. Marcels Bruder Jean wird später Priester. In der J. O. C. versucht Marcel frühzeitig durch Gebet, Meditation und regelmäßige Selbstkontrolle seinen Charakter zu vervollkommnen. Nicht immer zum Gefallen seiner Kameraden, die ihn halb spöttisch, halb respektvoll als »Jesus Christus« bezeichnen. Marcel Callo antwortet: »Das ist ein Spitzname, der mich ehrt. Ich werde mich bemühen, ihn zu verdienen und seiner würdig zu sein.«

Marcel Callo macht eine Lehre als Buchdrucker. Er verlobt sich mit Marguerite Derniaux, die ebenfalls in der J. O. C. aktiv ist. Trotz der Besetzung Frankreichs durch deutsche Truppen scheint so etwas wie ein kleines Glück möglich zu sein.

Doch der »totale« Krieg wird seit 1943 mit allen Mitteln geführt. Man deportiert zunehmend Zwangsarbeiter aus den besetzten Ländern, damit sie in Deutschlands Waffenfabriken für den noch immer erhofften »Endsieg« schuften. Marcel Callo erhält im März 1943 den Bescheid. Er wird gemeinsam mit etlichen anderen in der J. O. C. tätigen Jugendlichen nach Zella-Mehlis in Thüringen gebracht, wo er in einer Waffenfabrik bei der Montage von Leuchtpistolen eingesetzt wird. Callo sieht seinen dortigen Einsatz als Apostolat. Er gründet sogar eine katholische Aktionsgruppe aus französischen Zwangsarbeitern. »Der Christ«, so schreibt er einmal, »ist dieses Namens nicht wert, wenn er nicht kämpft. Er muss Apostel sein. Vorkämpfer-Sein ist nicht nur Sache der Christlichen Arbeiterjugend; es ist vielmehr Aufgabe jedes echten Christen.« Er besucht die Messe in der katholischen Christ-König-Kirche des Städtchens, kommuniziert und schart mit seinem Vorbild eine immer größer werdende Gruppe katholischer Franzosen um sich. Am 23. Mai 1943 vermeldet er stolz: »Wie ist das schön, jeden Sonntag sieben oder acht Franzosen zum heiligen Tisch gehen zu sehen!« Ein paar Monate später werden es über hundert sein.

Nicht immer ist der so selbstdisziplinierte und im Glauben aufgehobene junge Mann frei von Angst und Schwermut. »Die Stunden folgen einander traurig und freudig«, äußert er einmal. Enttäuscht ist er, als man ihm zur Primiz seines Bruders Jean in der Bretagne keinen Heimaturlaub gewährt. Zwangsarbeiter sind Menschen zweiter Klasse. Und als Katholik ist Marcel Callo zudem verdächtigt, ein ideologischer Gegner des NS-Regimes zu sein. In einem Brief aus jener Zeit schreibt Callo: »Ich muss Dir gestehen, dass ich während meiner drei ersten Monate im Exil oft geglaubt habe, ich würde so viele Prüfungen und Leiden nicht überstehen können. Ich war in einem Zustand äußerster Schwäche. Zu gar nichts mehr hatte ich Lust. Dank Deiner guten Gebete und der Gebete all derer, die ich liebhabe, starte ich heute aufs Neue und opfere all die Leiden auf, die mir diese schmerzliche Trennung verursacht.«

Die Gestapo hat von Callos Aktivitäten Wind bekommen. 1944 wird auf Erlass Heinrich Himmlers die J. O. C. verboten. Ihr Nationalkaplan Abbé Guérin wird verhaftet und ins Gefängnis von Fresnes verschleppt. Auch Marcel Callo wird am 19. April festgenommen. Sechs Monate lang sitzen er und andere französische Aktivisten der katholischen Arbeiterbewegung im Gefängnis von Gotha ein. Sie werden verhört, misshandelt, erleiden Hunger, müssen täglich zwölfeinhalb Stunden Erdarbeiten verrichten. Einmal können die Gefangenen in einem Geräteschuppen heimlich die Kommunion empfangen – die Hostien wurden in einer Dose für Grammophonnadeln eingeschmuggelt. Natürlich bleibt auch im Gefängnis der Geist der kleinen Gemeinde, die sich um Marcel Callo schart, nicht verborgen. Die Zelle der zwölf inhaftierten französischen Katholiken wird »die Kirche« genannt.

Dem macht die Staatsgewalt bald ein Ende: Am 6. Oktober 1944 werden Callo und seine Kameraden abtransportiert. Die Fahrt geht von Gotha über Hof und Flossenbürg nach Mauthausen in Österreich. Im dortigen Konzentrationslager werden sie einquartiert. Die Haft dient einzig und allein der langsamen, aber zielstrebigen physischen Auslöschung der Inhaftierten. Sie werden mit Knüppeln, an denen Stahlfedern angebracht sind, geschlagen, manchmal verpasst man ihnen einhundert Hiebe. Sie müssen im Steinbruch arbeiten, schleppen bis zu zwanzig Kilogramm schwere Felsbrocken. Die Nahrung besteht aus einem Brei von stinkenden Kohlrübenresten und Kartoffelschalen. Ruhr, Tuberkulose und Krätze gehen um. Immer wieder werden Alte, Kranke oder Widerspenstige »ausgesondert«, umgebracht, ihre Leichen im Verbrennungsofen des Konzentrationslagers eingeäschert. Das Morden nimmt zum Ende des Krieges zu. Man will vor den anrückenden russischen und amerikanischen Truppen Spuren tilgen. »Hinein durchs Tor, hinaus durch den Schornstein«, so lautet ein zynischer Lagerspruch.

Marcel Callo arbeitet im Außenlager Gusen in der unterirdischen Fabrik, deren Gänge und Hallen weit in den Berg hineingetrieben wurden. Hier werden Messerschmittflugzeuge montiert. Callo muss mit einer Pressluftpistole Nieten einschießen. Die Luft ist stickig. Die Aluminiumplatten reflektieren das starke Licht der Scheinwerfer, sodass Marcel Callos Augen bald blutunterlaufen und halbblind sind. Die Arbeitsschichten dauern je zwölf Stunden. Die Aufseher sind brutal, schlagen die Arbeiter mit Knüppeln oder treten sie in den Bauch. Ein Kamerad berichtet: »Callo hat seine Peiniger nie, so wie viele andere Gequälte, verflucht. Als ich einmal ein sehr ordinäres Wort verwendete, hat er mich zurechtgewiesen.«

Marcel Callo magert zu einem Skelett ab. Er leidet an Ruhr und Tuberkulose, hat Ödeme und Furunkel. Mit den Kameraden der J. O. C. betet er manchmal heimlich in einem Winkel des Stollens. Er ermahnt seine Glaubensbrüder: »Habt Vertrauen, Christus ist bei uns. Wir dürfen uns nicht gehen lassen, Gott steht uns bei.« Ein Überlebender des Konzentrationslagers berichtet: »Marcel sagte nichts. Er beklagte sich über nichts. Er hatte ein sehr freundliches Aussehen.«

Marcel Callo stirbt am 19. März 1945 im Krankenrevier an »Kreislaufschwäche und akuter Dickdarmentzündung«, wie das Register trocken vermeldet, wenige Wochen vor der Befreiung des Lagers. Ob seine Leiche im Krematorium verbrannt oder neben dem Lager verscharrt wurde, ist nicht bekannt. Ein Mitgefangener, der Callo unmittelbar vor dessen Tod noch erlebt hat, gab später zu Protokoll: »Er ist sozusagen in meinen Armen gestorben. Das hat mir genügt, um festzustellen, dass dieser junge Mann die gewöhnliche Natur des Menschen weit überragte ... Für mich war es eine Offenbarung: Sein Blick verriet die tiefe Überzeugung, dass er auf das Glück zuging. Er war ein Akt des Glaubens und der Hoffnung auf ein besseres Leben. Bei keinem anderen Sterbenden habe ich je einen solchen Blick gesehen.«

Bald nach Marcel Callos Tod setzte seine Verehrung ein, vor allem bei Jugendlichen der französischen J. O. C. und auch der deutschen Christlichen Arbeiterjugend. Callo selbst hat das Ideal der Bewegung in einem Vortrag von 1940 so umrissen:

»Es ist ja unser Ziel, als CAJler, die ganze arbeitende Jugend zu erobern, sie für unser Ideal zu gewinnen, ihr unsere christliche Auffassung mitzuteilen von der Arbeit, von der Familie, von der gerechten und brüderlichen Zusammenarbeit, die bestehen soll zwischen allen Schichten der Gesellschaft … Wir haben den Blick auf Christus, unser Vorbild, gerichtet und wollen die Arbeiterklasse zu einem christlichen Leben zurückführen, ohne das kein Glück Bestand hat … Vereint mit Christus durch ein echt christliches Leben, bemüht sich der CAJler, in all seinen Handlungen dem göttlichen Vorbild, Christus dem Arbeiter, nachzueifern … Eine solche CAJ wird in der Arbeitswelt Brüderlichkeit, Gerechtigkeit und Liebe verbreiten – mit dem Ergebnis, dass der Arbeiterstand in jeder Hinsicht aufgewertet wird, dass er den Frieden und das Glück findet, das er erwartet.«

Callo war mehr als nur ein Arbeiter im Dienste Christi. Er hat durch seine versöhnliche Haltung, die die Liebe vorlebte und dem Hass auch gegenüber nationalen oder ideologischen Feinden abschwor, ein Beispiel gegeben zur Aussöhnung der Völker nach den Katastrophen von Nationalsozialismus und Zweitem Weltkrieg. Heute wird Callo nicht nur von Mitgliedern der CAJ und J. O. C. verehrt, sondern allgemein von katholischen Jugendlichen der einstigen »Erbfeinde« Deutschland und Frankreich. Callo zu Ehren wurde unter anderem im Jahr 1990 eine Kirche in Tremblay bei Paris geweiht. In mehreren Kirchen gibt es Statuen und Gedenkbilder für Callo. Etliche Häuser und Gruppen der CAJ und J. O. C. in Deutschland, Österreich und Frankreich tragen seinen Namen, außerdem Schulen und Sühnekapellen. Gedenkfeiern und Gottesdienste in Erinnerung an Marcel Callo fanden in Flossenbürg und Mauthausen statt. Ein Platz in Zella-Mehlis wurde nach 1990 ihm zu Ehren benannt. Ein Theaterstück über den Märtyrer, von über zweihundertfünfzig jugendlichen Laienschauspielern aufgeführt, kam 1988 in der Bretagne auf die Bühne. Am 4. Oktober 1987 sprach Papst Johannes Paul II. Marcel Callo selig.

Im vorletzten Brief (vom 6. Juli 1944), den Callo aus der Haft schreiben konnte, gestand er: »Glücklicherweise gibt es einen Freund, der mich nicht einen Augenblick lang verlässt und der mich in schmerzvollen und bedrückenden Stunden aufrichtet und tröstet. Mit Ihm erträgt man alles. Wie dankbar bin ich Christus, dass Er mir den Weg gewiesen hat, den ich derzeit gehen muss!«

Clemens August Graf von Galen
* 1878   † 1946

Der »Löwe von Münster«

A m 13. Juli 1941 ist die Lambertikirche in Münster bis auf den letzten Platz besetzt. Viele Katholiken aus Münster und Umgebung, aber auch Gäste sind gekommen, um Bischof Clemens August Graf von Galen predigen zu hören. Es ist kein Geheimnis, dass er ein erklärter Feind der Nationalsozialisten ist. Zwei Tage zuvor haben deutsche Truppen in der Schlacht um Bialystok und Minsk die russischen Truppen entscheidend geschlagen und über dreihundertzwanzigtausend Gefangene gemacht. Damit scheint der Weg nach Moskau offen, ein Sieg Deutschlands über die Sowjetunion nur noch eine Frage von Wochen zu sein. Hitler-Deutschland steht auf der Höhe seiner Macht: Vom Atlantik bis zum Dnjepr und vom Nordmeer bis nach Kreta stehen deutsche Truppen. Auch im Inneren sind Dissidenten und Kritiker weitgehend mundtot gemacht, schmachten in Gefängnissen und Konzentrationslagern.

Selbst die immer noch mächtige katholische Kirche sieht sich vielerorts genötigt, zu taktieren und wort- und tatenlos dem terroristischen Treiben zuzusehen. Man fühlt sich durch das Reichskonkordat von 1933 gebunden und durch den Krieg in den patriotischen Gefühlen bestärkt. Außerdem hat die Verhaftungswelle gegen aufsässige Priester, Mönche und Nonnen bereits begonnen. Noch werden nur jene Kirchenleute eingeschüchtert oder inhaftiert, die sich in ihrer offenen Kritik zu weit vorgewagt haben. Aber Hitler ist gewillt, den Kirchen nach dem bald erwarteten »Endsieg« endgültig den Garaus zu machen.

Bischof Galen steigt auf die Kanzel der Lambertikirche. Sie ist seit der Niederschlagung der Wiedertäuferbewegung im Jahre 1536 Symbol der katholischen Glaubensstärke. Immer noch (und bis heute) hängen oben am Turm die Käfige, in denen einst die Leichen der wiedertäuferischen Anführer zur Abschreckung ausgestellt wurden. Galen geht in seiner Predigt mit den Machthabern hart ins Gericht. Atemlos hören ihm die Gläubigen (und auch die Spitzel der Gestapo) zu:

»Der physischen Übermacht der Gestapo steht jeder deutsche Staatsbürger völlig schutzlos und wehrlos gegenüber. Das haben viele im Laufe der letzten Jahre an sich erfahren … Keiner von uns ist sicher, und mag er sich völliger Schuldlosigkeit bewusst sein, dass er nicht eines Tages aus seiner Wohnung geholt, seiner Freiheit beraubt, in Kellern und Konzentrationslagern der Gestapo eingesperrt wird. Ich bin mir darüber klar: Das kann auch heute, das kann auch eines Tages mir geschehen … darum rufe ich laut als katholischer Bischof: Wir fordern Gerechtigkeit! Bleibt dieser Ruf ungehört, wird die Gerechtigkeit nicht wiederhergestellt, so wird unser deutsches Volk und Vaterland an innerer Fäulnis und Verrottung zugrunde gehen.«

Bischof Galen rechnet damit, verhaftet und eingesperrt, wegen Hochverrats und Wehrkraftzersetzung sogar mit dem Tode bestraft zu werden. Seinem Kaplan gibt er bereits Anweisungen, was ihm in die Gefängniszelle gebracht werden soll. Doch wider Erwarten geschieht dem Bischof nichts. Die Nazi-Größen haben Angst vor dem »Löwen von Münster«, wie Galen voller Bewunderung im Volk genannt wird. Sie befürchten einen Massenaufstand im überwiegend katholischen Münsterland, sogar ein Abgleiten von ganz Westfalen in den Widerstand, eine offene Revolte im Innern, während alle militärischen Verbände an den weit entfernten Fronten stehen. Goebbels selbst rät davon ab, den aufmüpfigen Bischof zu verhaften. Hitler lenkt zähneknirschend ein und schwört sich, nach dem Krieg Rache zu üben.

Doch wer war dieser aufrechte Mann? Zum Widerstandskämpfer schien er nach Herkunft und Sozialisation nicht erkoren zu sein. Ja, seine offen demokratiefeindliche, monarchistische und nationale Haltung ließ ihn zu Beginn seiner bischöflichen Amtszeit sogar geeignet erscheinen, den Nationalsozialisten gegenüber zu willfahren, ihre weltliche Macht nicht infrage zu stellen, sofern die geistlichen Belange der Kirche unangetastet blieben.

Clemens August Graf von Galen entstammt einer urkatholischen und altadeligen Familie, die im Lauf der Jahrhunderte etliche Kirchenmänner, Politiker und Diplomaten hervorgebracht hat. Clemens' Vater Ferdinand Heribert von Galen war in der Kaiserzeit Mitglied der Zentrumsfraktion im Deutschen Reichstag. Clemens August wird am 16. März 1878 auf Burg Dinklage im oldenburgischen Münsterland als elftes von dreizehn Kindern geboren. Über seine Kindheit und den im Elternhaus praktizierten Glauben sagt er später: »Es ist fast selbstverständlich, dass nach der Tradition, in denen beide Eltern aufgewachsen waren, unser heiliger katholischer Glaube das Grundelement und die niemals infrage gestellte

Richtschnur für Gesinnung und Leben aller Bewohner der Burg Dinklage war. Unsere Eltern haben uns stets ein unübertreffliches Beispiel einer gesunden praktischen Frömmigkeit gegeben.« Clemens August besucht katholische Gymnasien in Feldkirch in Vorarlberg und im oldenburgischen Vechta. Nach dem Abitur studiert er zunächst Philosophie und Geschichte in Fribourg. Als er 1897 im von Benediktinern geführten Kloster Maria Laach zu Exerzitien weilt, fasst er den Entschluss, selbst Priester zu werden. Ein Besuch in Rom im Jahr darauf, bei dem er in Privataudienz von Papst Leo XIII. empfangen wird, bestärkt den jungen Mann in seiner Absicht. Er studiert Theologie in Innsbruck und Münster. 1904 wird Galen zum Priester geweiht. Als Kaplan seines Onkels, des Münsteraner Weihbischofs Maximilian Gereon von Galen, bereist Clemens August die Diözese und lernt so Land und Leute und die Gegebenheiten und Bedürfnisse des großen Bistums kennen. Das wird ihm später von Nutzen sein.

Von 1906 bis 1929 wirkt Galen als Kaplan und Pfarrer an den Gemeinden St. Clemens und St. Matthias in Berlin, nahe an den Schaltstellen der Staatsmacht. Der Weimarer Republik steht er skeptisch bis ablehnend gegenüber. Clemens August von Galen ist – ähnlich wie später die Männer der Verschwörung des 20. Juli – keineswegs ein Demokrat, sondern ein traditionalistischer, monarchistisch gesinnter Mann. Anders ausgedrückt: Er ist wertekonservativ und modernitätskritisch, wünscht sich eine Gesellschaft, die auf die Fragen und Herausforderungen des 20. Jahrhunderts mit einem im rechten Glauben verankerten festen Weltbild reagiert, ein Weltbild, das zivilisatorische Neuerungen einfach nicht zulässt und ideologische Versprechungen per se als Lügen betrachtet. Galens Weltbild ist also aus heutigem demokratischen Denken heraus nicht nur positiv zu bewerten. Zumal er auch zu Beginn seiner bischöflichen Amtszeit eher als lenkbar gilt, gerade weil er patriotische Ansichten hegt und die nationalsozialistischen Machthaber in Berlin deswegen leichtes Spiel mit ihm zu haben scheinen.

Seit 1929 ist Galen wieder in seiner Heimat tätig. Er wird Pfarrer an der Lambertikirche zu Münster. Im September 1933 – wenige Wochen nach dem Abschluss des Konkordats zwischen dem Heiligen Stuhl und dem Deutschen Reich – wird Galen zum Bischof von Münster ernannt. Zwar durchschaut Galen von Anfang an den »neuheidnischen« Charakter des Nationalsozialismus, doch als patriotische und antibolschewistische Bewegung scheinen die neuen Machthaber allemal recht zu sein. Sogar Hermann Göring als damaliger preußischer Ministerpräsident zeigt sich mit der Ernennung Galens zufrieden. Bei der Bischofsweihe im Dom sind sogar SA-Einheiten mit Hakenkreuzfahnen anwesend.

Doch Galens Haltung gegenüber den Machthabern ändert sich sehr bald. Das Regime zeigt bereits sein wahres Gesicht. Oppositionelle werden verfolgt, außer

Landes getrieben oder eingesperrt, die ersten Konzentrationslager eingerichtet, Parteien, Presse, Gewerkschaften und Verbände »gleichgeschaltet«. Auch wird Druck auf kirchliche Gemeinden und Organisationen ausgeübt. Galen hat das Menschen- und Gottfeindliche der NS-Ideologie spätestens nach der Lektüre von Alfred Rosenbergs *Der Mythus des 20. Jahrhunderts* (1930) durchschaut. In seinem Hirtenbrief zu Ostern 1934 verurteilt er die antichristliche Haltung vehement, ohne freilich die Nationalsozialisten beim Namen zu nennen. Die Botschaft ist dennoch eindeutig: »Nach den Neuheiden aber hat Gott Wille, Verstand und Persönlichkeit nur im Menschen. Nicht Gott ist mehr Herr, sondern der Mensch, und es wird Gott geradezu der Knecht des Menschen genannt ... Die Neuheiden leugnen die Gemeinschaft der für alle Völker bestimmten Kirche Christi und streben eine Nationalkirche an, die nicht auf der Grundlage des gemeinsamen Glaubens an die Offenbarung ruht, sondern auf den Lehren von Blut und Rasse.«

Ebenfalls im Frühjahr 1934 wird in der Erzdiözese Köln eine kirchliche »Abwehrstelle« gegen die NS-Propaganda eingerichtet. Auf wissenschaftlicher Basis soll den pseudowissenschaftlichen Theorien Rosenbergs und anderer begegnet werden. Eine Gruppe namhafter Theologen verfasst die *Studien zum Mythus des 20. Jahrhunderts*, Galen steuert das Geleitwort bei. In einem kirchlichen Verlag in Köln gedruckt, wird die Schrift in Hunderttausenden Exemplaren verbreitet. Zudem lässt Galen sie als Beilage zum Kirchlichen Amtsblatt für die Diözese Münster im Oktober 1934 publizieren und verleiht ihr so einen offiziellen Charakter.

Es folgen Jahre des Kleinkriegs gegen das Regime und seine Politik. Galen tut dies zunächst auf dem Amtsweg: durch Eingaben, Petitionen, Briefe. Er steht – das weiß er – im Visier von Gestapospitzeln, seine Briefe werden abgefangen, seine Predigten mitstenografiert, seine Eingaben verschleppt oder nicht beantwortet. Zu Ostern 1935 übt Galen erneut öffentlich Kritik am Regime, diesmal schärfer und unversöhnlicher im Ton: »Es gibt wieder Heiden in Deutschland. Es ist Götzendienst und Abfall vom wahren Gott ... Die sogenannte ewige Rassenseele ist in Wirklichkeit ein Nichts, ein Produkt ihrer Fantasie, aber für einige von ihnen der in freier Willkür erdachte und geschaffene Gott, dem das deutsche Volk in Zukunft dienen, dem man götzendienerisch Recht und Freiheit, ja Leib und Leben opfern sollte!« Die Botschaft ist klar: Das christliche Gewissen darf sich nicht der Staatsgewalt unterwerfen. Damit ist die Konfrontation zwischen Kirche und Staat, zwischen Gewissen und Gewalt offen beschworen. Das Reichskonkordat ist seinem Wesen nach hinfällig.

Noch vor der Enzyklika *Mit brennender Sorge* von Papst Pius XI. von 1937 ruft Galen die Gemeindemitglieder in seiner Diözese zum geistigen Widerstand gegen den Nationalsozialismus auf – bis hin zum Märtyrertum. Im Februar 1936 spricht er bei der Weihe der Krypta des Xantener Doms mit den Gebeinen des heiligen Viktor die folgenden Worte: »Wundert Euch nicht, unsere heilige Kirche ist die Kirche der Märtyrer!« Im Herbst 1936 sollen auf Anweisung der Partei die Kruzifixe aus den oldenburgischen Schulen entfernt werden. Galen lässt von allen Kanzeln die Erklärung verlesen: »Jeder Angriff auf das Kreuz, das Zeichen der Erlösung, ist für uns ganz selbstverständlich ein Angriff auf das Christentum.« Gauleiter Carl Röver unterliegt schließlich im »Oldenburger Kreuzkampf«: Bei einer Veranstaltung in der Cloppenburger Münsterlandhalle Ende November ist die Stimmung im Publikum so gegen die Machthaber aufgeheizt, dass der Gauleiter ängstlich klein beigibt und den Erlass rückgängig macht.

Noch immer glaubt der patriotisch gesinnte Galen, mit Eingaben an Vernunft und Gewissen der Machthaber appellieren zu können. Wenige Wochen vor Ausbruch des Krieges wendet er sich am 9. Juni 1939 direkt an Adolf Hitler und verurteilt darin den Machtmissbrauch der Geheimen Staatspolizei: »Auf die Dauer muss daraus nicht nur jedes gegenseitige Vertrauen untergraben werden, sondern auch besonders bei der Jugend eine Verbildung des deutschen Charakters entstehen, so dass schließlich nicht mehr die Achtung vor dem Recht, sondern nur mehr physische Gewalt und die Furcht notdürftig das Gemeinschaftsleben stützen, bis es beim Weichen dieser Scheinfundamente im allgemeinen Chaos zusammenbricht.«

Was der Bischof damals nicht – noch nicht – begreift oder begreifen will: Jedes diktatorische System baut seine Macht, seine ganze Existenz einzig auf der Durchsetzung des gesellschaftlichen Lebens mit Angst auf. Auch die anfänglichen militärischen Erfolge im Krieg waren nicht nur auf materielle und strategische Überlegenheit zurückzuführen, sondern auch auf die angstdurchsetzte Unterdrückung jeder zivilen Kritik im Inneren.

Der Krieg jedenfalls offenbart endgültig die Fratze des Nationalsozialismus. Bischof Galen reagiert im Juli und August 1941 – auf dem militärischen Höhepunkt der nationalsozialistischen Macht – mit drei Predigten, in denen er den offenen Konflikt wagt. Am 13. Juli – zwei Tage nach der Nachricht vom Sieg der Wehrmacht in der Schlacht um Bialystok und Minsk – predigt Galen in der Lambertikirche gegen die Willkürmaßnahmen der Gestapo und fordert Gerechtigkeit für die Bürger. Eine Woche später, am 20. Juli, ruft der Bischof in der Münsteraner Überwasserkirche den Gläubigen entgegen: »Wir kämpfen weiter gegen den äußeren Feind, gegen den Feind im Innern, der uns peinigt und schlägt. Und können wir nicht mit Waffen kämpfen, bleibt uns nur ein Kampfmittel: starkes, zähes, hartes Durchhalten ... Wir sind in diesem Augenblick nicht Hammer, sondern

Amboss. Fragt den Schmiedemeister und lasst es euch von ihm sagen: Der Amboss hält länger als der Hammer.«

Höhepunkt des Konflikts ist zwei Wochen später die Predigt vom 3. August, erneut in der Lambertikirche gehalten. Die organisierte Ermordung von geistig und körperlich Kranken und Behinderten, nach der NS-Diktion »unwertes Leben«, wird seit Kriegsbeginn auf Befehl Adolf Hitlers vollzogen. Trotz der Zensur sickern Berichte an die Öffentlichkeit. Bis zu jenem Zeitpunkt wurden nach heutigen Schätzungen bereits etwa neunzigtausend Kranke umgebracht. Galen verurteilt diese Verbrechen aufs Schärfste:

»Wenn man den Grundsatz aufstellt und anwendet, dass man den ›unproduktiven‹ Mitmenschen töten darf, dann wehe uns allen, wenn wir alt und altersschwach werden! … Hast du, habe ich nur so lange das Recht zu leben, solange wir produktiv sind? … dann wehe unseren braven Soldaten, die als Kriegsverletzte, als Krüppel, als Invaliden der Arbeit und des Krieges zurückkehren, dann ist der Mord an uns allen, wenn wir alt und altersschwach und damit unproduktiv werden, freigegeben!«

Bei Galens Predigten kommt es zu spontanen Beifallskundgebungen. Die Kunde davon verbreitet sich trotz der Zensur im ganzen Land. Auch im Ausland erhält Galen vielfach Zustimmung und Unterstützung. Das Regime in Berlin ist alarmiert: Man fürchtet eine Volkserhebung. Galen bleibt unangetastet. Die »Euthanasie«-Morde werden eingestellt, allerdings später in noch größerer Geheimhaltung, zum Teil außerhalb des Reichsgebietes, fortgesetzt. Die Courage des Münsteraner Bischofs jedenfalls geht über den Anlass hinaus. Sie wird für viele Bürger – Gläubige wie Nichtgläubige – zum Symbol des Widerstands, zum Zeichen, dass den Machthabern Paroli geboten werden kann.

Im Februar 1946, ein Dreivierteljahr nach dem Ende des Kriegs und der NS-Herrschaft, wird Clemens August von Galen von Papst Pius XII. zum Kardinal ernannt. Im Volk wird er zu jener Zeit bereits wie ein Idol verehrt. Er selbst bleibt bescheiden – freilich in all seinem aristokratisch-patriarchalischen Selbstverständnis – und dankt in seiner Ansprache vom 16. März 1946 auf dem Domplatz den Gläubigen für ihre Unterstützung:

»Aber mein Recht und meine Aufgabe war es zu sprechen, und ich habe gesprochen für Euch … und Eure Liebe und Treue, meine lieben Diözesanen, haben auch das von mir ferngehalten, was vielleicht mein Verhängnis, aber vielleicht auch mein schönster Lohn gewesen wäre, wenn ich die Märtyrerkrone empfangen hätte … Dass Ihr hinter mir steht und dass die damaligen Machthaber wussten, dass Volk und Bischof eine unzertrennliche Einheit waren und dass, wenn sie den Bischof schlugen, das ganze Volk sich geschlagen gefühlt hätte.«

Kardinal Galen stirbt am 22. März 1946 in Münster. Das Andenken an den mutigen »Löwen von Münster« ist bis heute lebendig – über konfessionelle Grenzen hinweg. Am 9. Oktober 2005 wurde Galen von Papst Benedikt XVI. seliggesprochen.

Kriegsgegner und Friedensstifter

Josef Engling

*1898 †1918

Ein Diener Gottes in der Hölle der Westfront

V or Cambrai, Herbst 1918: Im fünften Kriegsjahr liegen deutsche und französische Soldaten in den Schützengräben. Längst ist der Enthusiasmus
der ersten Kriegswochen verflogen. Längst haben sich die verfeindeten
Truppen auf beiden Seiten in einem Stellungskrieg eingegraben. Um jeden Meter
verbrannter und umpflügter Erde wird sinnlos gekämpft und gestorben. Granaten,
Panzer und Giftgas haben den Kampf entheroisiert. Die Soldaten: körperliche und
seelische Wracks, als Kanonenfutter missbraucht. Wenn sie diese Hölle überleben,
sind sie dennoch bis an ihr Ende zutiefst gezeichnet.

Einer der Soldaten ist der zwanzigjährige Josef Engling. Ein Mitglied der noch
jungen Schönstatt-Bewegung, ein Schüler Pater Kentenichs. Bei seinen Kameraden
gilt er als fromm. Aber sie spotten nicht über ihn. Engling ist wegen seiner Anhäng-
lichkeit und Hilfsbereitschaft beliebt. Er schart Gleichgesinnte um sich. Selbst im
Grauen der Schlacht geht von diesem Kreis etwas Trostreiches aus. Die Kameraden
spüren, dass das Wunder des Menschseins hier noch nicht zur Floskel geworden
ist. Eine Keimzelle des Friedens in einer Hölle des Kriegs.

Josef Engling kommt am 5. Januar 1898 in Prositten im katholischen Ermland/
Ostpreußen zur Welt. Der Vater ist Schneidermeister. Die Eheleute Engling haben
sieben Kinder. Es ist ein bescheidenes, aber kein armes Dasein. Josef leidet nach
einer Kinderkrankheit unter einer Missbildung des Brustbeins und geht etwas
gekrümmt. Außerdem hat er einen Sprachfehler, unter dem er lange Jahre seelisch
leidet. In der Volksschule ist der aufgeweckte Bub gut, aber nicht auffallend
begabt.

Bereits mit dreizehn Jahren äußert Josef den Wunsch, Priester zu werden. Beim

Dorfpfarrer nimmt er Lateinunterricht. Der schreibt an die Pallottiner nach Vallendar bei Koblenz und bittet um Aufnahme des Buben. Die erklären sich bereit und verlangen nur die Hälfte der üblichen Internats- und Schulgebühr.

Am 24. September 1912, nach zweitägiger Zugfahrt vierter Klasse, kommt Josef Engling in Vallendar an und zieht im Studienheim der Pallottiner ein. Zunächst wird er ein Jahr zurückversetzt – wegen seines Sprachfehlers. Der Turnlehrer nennt ihn wegen seiner körperlichen Missbildung sogar verächtlich eine Vogelscheuche. Josef betreibt eisern Gymnastik und macht Sprechübungen. Er holt in der Schule auf. Ein Jahr später ist er Klassenprimus.

Zunehmend ist er bei den Mitschülern beliebt. Josef gilt als treu, zuverlässig, ehrlich. Seit September 1913 wird Pater Kentenich mehr und mehr zum geistlichen Führer des Jugendlichen. Am 11. April 1915 tritt Josef Engling der Marianischen Kongregation Minor des Studienheims bei. Er weiht sich und sein Leben der Muttergottes. Die Ideale der Schönstatt-Bewegung Pater Kentenichs nehmen von Josef Engling ganz Besitz. Von der kleinen Gnadenkapelle aus soll eine neue religiöse Bewegung in die Welt hinausgehen und die Menschen jenseits aller gesellschaftlichen Schranken und politischer Grenzen in Liebe zueinander und in Ehrfurcht vor Gott vereinen. Josef Englings Wahlspruch ist: »Ich will allen alles werden, Maria ganz zu eigen.«

Seit dem Dezember 1915 unterzieht sich Engling – unter der Anleitung Kentenichs – Exerzitien zur Hebung der geistigen und religiösen Sittlichkeit. Er ist ganz von der Idee der »Werktagsheiligkeit« erfüllt, nach der jeder Gläubige auch im Alltag ein Leben in Heiligkeit zu führen trachtet.

Im Ersten Weltkrieg wird das Studienheim in ein Lazarett umgewandelt. Die Schüler müssen in ein angrenzendes Haus umziehen, schlafen auf Strohsäcken in beengten Verhältnissen. Die hygienischen Umstände sind katastrophal. Ein Mitschüler erinnert sich: »Wir hatten weder Betten noch Möbel. Unsere ganze Habe bestand aus einigen aufeinandergelegten Strohsäcken und einem Koffer, wo wir unsere Sachen verwahrten. Neben uns liefen die Mäuse vorbei.« Josef Engling arbeitet im provisorischen Heim als Heizer und putzt freiwillig die Toiletten. Die jungen Leute müssen hungern und sind körperlich geschwächt.

Nach und nach werden die wehrfähigen Sodalen der Kongregation zum Kriegsdienst einberufen. Josef Engling kommt als Achtzehnjähriger an die Front, zunächst nach Russland, im Januar 1918 an die Westfront. In all jenen Monaten hält er Briefkontakt zu seinem Seelenführer Kentenich und legt vor sich selbst in einem Tagebuch Rechenschaft über die religiöse Vervollkommnung ab. Nach einem genauen System unterzieht Engling sich geistigen Übungen, die – selbst im Granatenkrieg – auf ein Leben in Heiligkeit abzielen.

Uns Heutigen fällt es schwer, das nachzuvollziehen. Der Kriegsschauplatz scheint kein geeigneter Ort für Einkehr und Gebet zu sein. Dennoch bezeugen Kameraden Englings dessen moralisch-sittliche Ausstrahlung, die mitten in Angst und Tod eine starke Aura von Mitmenschlichkeit und Gottesfurcht ausgesandt haben soll. In einem Gebet, das Engling am 3. Juni 1918 niederschreibt, bietet er der Gottesmutter sein Leben als Opfer für die Schönstatt-Bewegung an: »Wenn es sich jedoch mit Deinen Plänen vereinbaren lässt, lass mich ein Opfer sein für die Aufgaben, die Du unserer Kongregation gestellt hast.«

Im Juli 1918 kommt Josef Engling während eines Heimaturlaubs ein letztes Mal mit seinen Eltern im Ermland und mit Pater Kentenich in Schönstatt zusammen. Er stirbt am 4. Oktober 1918 durch einen Granatensplitter, der ihn am Kopf trifft, und wird in einem Massengrab bei Cambrai beerdigt. Bei der Nachricht von Englings Tod sagt Pater Kentenich: »Jetzt hat die Kongregation ihren ersten Heiligen.«

Heute wird Josef Engling nicht nur von der deutschen Schönstatt-Bewegung als Heiliger verehrt. Auch in Frankreich gedenkt man des jungen Mannes und sieht ihn in seinem Bestreben nach einem Leben in Heiligkeit mitten im Grauen des Krieges als einen Friedensstifter.

Das Seligsprechungsverfahren für Josef Engling wurde 1952 eingeleitet – zunächst in Streitigkeit und Konkurrenz der Pallottiner und der Schönstatt-Bewegung. Heute verfolgen beide Kongregationen gemeinsam die Seligsprechung.

Karl I. Franz Joseph,
Kaiser von Österreich
* 1887   † 1922

Friedensfürst in Zeiten des Krieges

Wien, 21. November 1916. Der Vielvölkerstaat Österreich-Ungarn befindet sich seit über zwei Jahren in der größten Zerreißprobe seiner Geschichte. Nach dem tödlichen Attentat auf den Thronfolger Franz Ferdinand am 28. Juni 1914 in Sarajewo und einem Ultimatum der Donaumonarchie an Serbien, wo man die Hintermänner des Anschlags vermutete, kam es Ende Juli, Anfang August 1914 zu einer Kettenreaktion gegenseitiger Kriegserklärungen. Österreich-Ungarn steht im Osten mit Russland, im Süden mit Serbien, später auch mit Rumänien, im Südwesten seit 1915 mit Italien im Krieg. Die Fronten können zwar weitgehend gehalten werden, doch innerlich ist der Staat geschwächt. Die Versorgungslage ist misslich, viele Menschen hungern und frieren. Die Unzufriedenheit der Bevölkerung wächst. Vielfach wird am Sinn eines Kriegs gezweifelt, der bereits Millionen Menschenleben gefordert hat, ohne entscheidende militärische Erfolge zu bringen. Nationale Kräfte nehmen im Vielvölkerstaat zu. Vor allem Tschechen und Südslawen sind mit der ökonomischen und politischen Übermacht der Deutschösterreicher und Ungarn unzufrieden und fordern Föderalismus, ja sogar Unabhängigkeit. Und das Bündnis mit dem wirtschaftlich und militärisch weit stärkeren Deutschen Reich erweist sich als Umklammerung. Das militärische Oberkommando in Berlin, das den Österreichern an der galizischen Ostfront mit Truppen zu Hilfe kommen muss, bestimmt zunehmend die Kriegsführung und reißt mit seinen unmäßigen Kriegszielen den österreichischen Bündnispartner in ein unumkehrbares Fiasko.

Einziges verbindendes Element in diesem unter Spannungen stehenden komplexen österreichisch-ungarischen Staatsgebäude ist die Person des Kaisers. Das österreichische Kaisertum ist seit der Auflösung des Heiligen Römischen Reiches Deutscher Nation Ersatz für die alte Reichsidee, manche behaupten sogar, für die aus dem Mittelalter herrührende Idee von einem friedlichen und vereinten christlichen Europa unter der Kaiserkrone. Auch realpolitisch waren die vorangegangenen sieben Jahrzehnte von Frieden und wachsendem Wohlstand, von einem Aufschwung der Wirtschaft und der Kultur geprägt. Doch wichtige innenpolitische Reformen wurden versäumt oder waren wegen der Uneinsichtigkeit der alten aristokratischen Stände – vor allem in Ungarn – nicht durchsetzbar. So ruht das ganze schwerfällig und marode gewordene Staatsgebäude bildlich auf den Schultern des Kaisers Franz Joseph. Seit achtundsechzig Jahren herrscht er, viele Einwohner der Donaumonarchie haben nie einen anderen Kaiser gekannt, sind unter seiner Regierung geboren und gestorben. Doch allen ist ängstlich bewusst, dass der greise, sechsundachtzigjährige Monarch nicht mehr lange zu leben hat. Es ist die traurige Bürde seines Alters, den Staat in kriegerischer Misere zurücklassen zu müssen. Am Abend des 21. November 1916 stirbt Franz Joseph, nachdem er noch am Nachmittag, bereits stark fiebernd, mit eisernem Willen Akten studiert hat, pflichtbewusst bis zu seiner letzten Stunde.

Noch in der Nacht versammeln sich die engsten Anverwandten und Vertrauten um den aufgebahrten Leichnam. Darunter auch der erst neunundzwanzigjährige Thronfolger Karl, ein Großneffe des alten Kaisers. Infolge des Attentats von Sarajewo gab es einen Generationensprung in der Thronfolge, ähnlich der im Deutschen Reich im Jahre 1888. Doch Karl tritt sein Amt nicht unvorbereitet an. Nicht erst seit 1914, sondern bereits seit der Kindheit wurde er auf die Königs- und Kaiserwürde vorbereitet. Denn da der ursprünglich vorgesehene Thronfolger Franz Ferdinand eine nicht standesgemäße Heirat mit der böhmischen Gräfin Sophie Chotek einging (die Habsburger heirateten gewöhnlich nur in königliche Häuser ein), wurde als dessen Nachfolger der 1887 geborene Karl, Sohn des Habsburger Prinzen Otto und der sächsischen Prinzessin Marie Josepha, vorgesehen.

Karl wird als Kind zum Teil von Privatlehrern, zum Teil am Schottengymnasium in Wien unterrichtet. Er gilt als außerordentlich intelligent, belesen, mit einem ausgeprägten Sinn für Gerechtigkeit und Wohltätigkeit. Als junger Mann studiert er als Privathörer bei den bekanntesten Professoren Wiens Staatsrecht, Kirchenrecht, Zivil- und Strafrecht, Wirtschafts- und Finanzwissenschaften und schließt mit einer Promotion ab. Zudem durchläuft er die damals übliche militärische Laufbahn und ist in diversen Einheiten in dem riesigen Reich stationiert. 1911 heiratet Karl die aus dem Hause Bourbon-Parma stammende Prinzessin Zita (1892–1989). Mit ihr zeugt er acht Kinder, darunter den dereinst als Thronfolger vorgesehenen Otto (geboren 1912).

Karl ist ein genauer Beobachter. Er sieht die sozialen Verwerfungen in der Arbeiterklasse, die nationalen Spannungen an den Rändern des Reichs, die einseitige politische Vormachtstellung der Deutschösterreicher und Ungarn in den Parlamenten, in öffentlichen Institutionen, in Militär und Beamtenschaft. Und er gilt als fromm: nicht nur von »Berufs« wegen, denn die österreichischen Kaiser nennen sich Apostolische Majestäten und gelten als die wichtigste weltliche Stütze des Papsttums, sondern aus einer tiefen Gläubigkeit heraus. Karl will es sich nicht nur zur Sache der Staatsräson, sondern auch zur christlichen Herzensangelegenheit machen, dereinst als gerechter, gütiger und sozialreformerischer Herrscher zu wirken. Dass er sein Amt ausgerechnet mitten in einem Weltkrieg antreten muss, bindet ihm vielfach die Hände, macht ihn zu einer tragischen historischen Persönlichkeit.

Dennoch versucht er so rasch wie möglich Reformen anzugehen. Keine leichte Sache in Zeiten des Krieges. Eines Krieges, den Karl nicht gewollt hat, den er 1914 auch nicht mitzuverantworten hatte. Um mehr Handlungsspielraum zu haben, entlässt er zunächst den Generalstabschef Franz Conrad von Hötzendorf – einen der Hauptverantwortlichen für die Kriegserklärung an Serbien – und rücküberträgt den Oberbefehl über die Armeen auf sich selbst. Dies wird die Voraussetzung für vorzeitige Friedensverhandlungen sein, doch zunächst muss Karl seine innenpolitische Position stärken. Er beruft den 1912 suspendierten Reichsrat für den österreichischen Reichsteil wieder ein und ernennt den Böhmen Heinrich Graf Clam-Martinic zum Ministerpräsidenten. Damit will Karl ein Zeichen setzen, vom dualen Staatsprinzip (Österreich-Ungarn) zu einem triadischen zu kommen, in dem die slawischen Völker eine größere, irgendwann sogar gleichberechtigte Rolle spielen können. Noch bleibt das Vision, aber Karl will dem schwelenden Nationalismus – vor allem der Tschechen und Slowaken – mit einer Geste des guten Willens entgegentreten.

Karl weiß, dass der soziale und nationale Friede eher durch Gerechtigkeit und Güte denn durch eine Politik der harten Hand zu erreichen ist. Am 2. Juli 1917 unterzeichnet er eine Amnestie für politische Häftlinge. Mehr als zweitausendsechshundert Gefangene kommen frei, darunter auch viele tschechische und serbische Nationalisten. Für viele Zeitgenossen ist dieser Erlass nicht nachvollziehbar, scheinen doch gerade die Feinde des Vielvölkerstaates dadurch Auftrieb zu erhalten. Doch in Wahrheit ist es ein raffinierter Coup. Karl setzt die Unterzeichnung der Amnestie auf den Namenstag des künftigen Thronerben Otto, mit dem Vermerk: »So führt die Hand eines Kindes, welches berufen ist, dereinst die Geschicke Meiner Völker zu leiten, Verirrte ins Vaterland zurück.«

Freilich gehen einige »Verirrte« ins Ausland und schließen sich den aufseiten der

Entente – dem gegnerischen Bündnis von Großbritannien, Frankreich und Russland – kämpfenden Exilgruppen an, aber im Großen und Ganzen scheint die Amnestie tatsächlich für eine politische Entspannung und Aussöhnung gesorgt zu haben. Der im Exil tätige Tomáš Masaryk, später erster Staatspräsident der neugegründeten Tschechoslowakei, meint jedenfalls damals: »Noch ein solcher Schritt und wir sind am Ende!«

Einen Ausgleich zwischen den Volksgruppen und Klassen will der junge Kaiser auch durch größere soziale Gerechtigkeit, durch einen Abbau ständischer Schranken erreichen. Zu seinen ersten kaiserlichen Verordnungen vom Januar und Februar 1917 gehören die Verbesserung des Krankenversicherungsschutzes und die Stärkung des Mieterschutzes sowie die Eindämmung von Mietzinserhöhungen – gerade in den ökonomisch angespannten Kriegszeiten ein wichtiges Zeichen gegenüber der sozial schwachen Arbeiterklasse. In seiner ersten Thronrede vom 31. Mai 1917 umreißt Karl seine Absichten so:

»Nicht minder liegt mir die soziale Fürsorge am Herzen … Es bedarf tatkräftiger Maßnahmen auf dem weiten Felde der Volkshygiene. Der Kampf gegen Volkskrankheiten, die Hintanhaltung der großen Säuglingssterblichkeit und Hand in Hand damit eine weitgehende Ausgestaltung unserer Jugendfürsorge, der Kampf gegen die Verwahrlosung der Jugend und die zeitgemäße Reform des veralteten Jugendstrafrechts wird Ihre und die Sorge meiner Regierung sein. Auch wird Vorsorge zu treffen sein, dass das Wohnungsbedürfnis der breiten Massen, insbesondere der kinderreichen Familien, befriedigt werde. Ebenso beanspruchen die Ihnen seit langer Zeit wohlvertrauten Fragen der Sozialversicherung dringend eine Lösung.«

Um der Lösung der sozialen Fragen mehr Gewicht zu verleihen, befiehlt Kaiser Karl am 1. Juni 1917 die Einrichtung eines »Ministeriums für Volksgesundheit und Soziale Fürsorge« – es ist das erste Sozialministerium in der ganzen Welt.

Ein Problem für Karls föderalistische Umbaupläne stellt die Übermacht der Ungarn dar. Am 30. Dezember 1916 wird er in Budapest zum ungarischen König gekrönt und auf die ungarische Verfassung vereidigt. Karl schwört unter anderem: »… dass Wir die Grenzen Ungarns und seiner angeschlossenen Länder nicht aufgeben werden noch irgendetwas, was zu diesen Ländern, unter welchem Titel immer, gehört. Wir werden ihre Gebiete nicht verkleinern, sondern soweit möglich vergrößern und ausdehnen.« An diesen Eid wird sich Karl bis zu seinem Lebensende gebunden fühlen – mit fatalen Folgen. Im Gegensatz dazu ist er zwar durch Erbfolge Kaiser von Österreich, doch werden eine förmliche Krönung und ein Eid wegen des Krieges immer aufgeschoben.

Sein Schwur auf die ungarische Verfassung wird ihm auch während des Krieges

Qualen bereiten: Denn die Vormachtstellung der ungarischen Magnaten verhindert eine föderalistische Umstrukturierung und eine Stärkung der Rechte der slawischen Bevölkerung. Außerdem werden Friedensverhandlungen, die auf Gebietsverluste im ungarischen Osten hinauslaufen, erschwert. Aber der Krieg – das ist Karl seit Jahren klar – ist nicht zu gewinnen. 1915 ist Italien aufseiten Frankreichs und Großbritanniens in den Krieg eingetreten, 1917 folgen die Vereinigten Staaten. Noch halten sich die deutschen und österreichischen Truppenverbände an fast allen Fronten, aber zahlenmäßig und materiell sind die Armeen der Entente weit überlegen, ein Zusammenbruch der Mittelmächte ist nur eine Frage der Zeit. Karl will dem zuvorkommen und einen Friedensschluss erreichen, solange er noch die Konditionen mitformulieren kann, um einer bedingungslosen Kapitulation und damit dem Untergang der Donaumonarchie zuvorzukommen.

In einem Gespräch mit dem deutschen Kaiser Wilhelm II. und den deutschen Generälen Hindenburg und Ludendorff appelliert Karl, von der Vorstellung eines Siegfriedens abzukommen und den Alliierten in Friedensverhandlungen konkrete Zugeständnisse zu machen – ohne Erfolg. Immer noch glauben die Oberbefehlshaber in Berlin an einen bedingungslosen Sieg. Eine gemeinsame Friedensnote der Mittelmächte vom 12. Dezember 1916 enthält denn auch nur allgemeine Floskeln. Sie wird am 30. Dezember von der Entente erwartungsgemäß zurückgewiesen. Am 10. Januar 1917 antwortet die Entente ihrerseits mit Friedensforderungen: Unter anderem soll Elsass-Lothringen an Frankreich zurückgegeben werden, die von den Mittelmächten besetzten Länder Serbien und Montenegro sollen wiederhergestellt und die Nationalitäten der Italiener, Tschechen, Slowaken, Rumänen und Südslawen aus Österreich-Ungarn herausgelöst werden. Diese Maximalforderung würde ein Ende der Donaumonarchie bedeuten – für Karl unannehmbar.

Während in Russland die bürgerliche Revolution ausbricht, der Zar gestürzt wird und kurz darauf Wladimir Iljitsch Lenin mit Genehmigung der deutschen Behörden in einem plombierten Zug von der Schweiz aus durch Deutschland nach St. Petersburg fährt, um die Räterevolution zu schüren (und damit Russland als Kriegsgegner zu schwächen), initiiert Kaiser Karl Geheimverhandlungen, um an der uneinsichtigen deutschen Heeresleitung vorbei einen österreichischen Sonderfrieden zu erreichen und damit die Donaumonarchie zu retten.

Unterhändler ist sein Schwager Prinz Sixtus von Bourbon-Parma, der Bruder Zitas. Sixtus dient als Offizier der belgischen Armee und kämpft auf französischer Seite. Dynastisch hingegen steht er dem Hause Habsburg nahe. Im Frühjahr 1917 sind Sixtus und sein Bruder Xavier rastlos zwischen London, Paris, Wien und Rom unterwegs, um die Möglichkeiten eines Separatfriedens auszuloten. In der Tasche haben sie einen handschriftlichen Brief Kaiser Karls, worin er der Entente die folgenden Vorschläge unterbreitet: Belgien und Serbien sollen als souveräne Staaten wiedererstehen, Serbien soll einen Zugang zur Adria erhalten, muss sich aber von anti-österreichischen Bewegungen lösen. Außerdem werde er, Karl, sich für eine Rückgabe von Elsass-Lothringen an Frankreich einsetzen. Unterstützt wird Karl von seinem Außenminister Ottokar Czernin, der den Brief mit Anmerkungen versieht, sie aber nicht unterzeichnet.

Die Verhandlungen scheinen auf gutem Wege zu sein, Frankreich und England zeigen sich geneigt einzulenken. Parallel versucht auch Papst Benedikt XV. zwischen den Kriegsparteien zu vermitteln. Da ändert die neue Regierung des französischen Ministerpräsidenten Alexandre Ribot ihre Meinung, infiltriert von dem italienischen Außenminister Sidney Sonnino, der nicht geneigt ist, von seinen Territorialforderungen in Südtirol, Triest und Dalmatien abzurücken. Die Verhandlungen scheitern kurz vor der bereits greifbaren Lösung. Am 25. Juni 1917 gibt Prinz Sixtus seine geheime Mission ergebnislos auf. Über die Verhandlungen wird Stillschweigen vereinbart, das von allen Kriegsparteien peinlichst eingehalten wird – zunächst jedenfalls.

Das Leck befindet sich ausgerechnet in Kaiser Karls engster Umgebung: Im April 1918 gibt Ottokar Czernin in einer Rede vor Wiener Gemeindevertretern Hinweise auf die erfolglosen Geheimverhandlungen des vergangenen Jahres. Die Nachricht macht schnell die Runde und weitet sich zur »Sixtus-Affäre« aus. Czernin selbst hält sich bedeckt, hat er doch seine Notate auf des Kaisers Geheimbriefen nie namentlich unterzeichnet. Österreich-Ungarn steht vor Deutschland als der unsichere Bündnispartner da, Kaiser Karl gilt vor dem deutschen Heereskommando und vor Kaiser Wilhelm als feiger Verräter. Die militärischen Erfolge der österreichischen Armee gegen die Italiener an der Isonzo-Front können das allgemeine Fiasko, das militärische und ökonomische Ausbluten nicht mehr verschleiern. Im August 1918 brechen die deutschen Stellungen an der Westfront unter den alliierten Angriffen zusammen. Am 4. Oktober richtet der deutsche Reichskanzler Prinz Max von Baden ein Waffenstillstandsangebot an den amerikanischen Präsidenten Woodrow Wilson, tags darauf schließt sich Österreich-Ungarn dem an.

Die Ereignisse überstürzen sich: Anfang November revoltieren in Deutschland Matrosen und Soldaten und errichten in zahlreichen deutschen Städten Räteregierungen. Am 9. November tritt in Berlin Kaiser Wilhelm zurück und begibt sich ins niederländische Exil. Auch die übrigen deutschen Souveräne danken im Laufe des November ab. In Österreich bemüht sich Karl bis zum letzten Augenblick, das Ruder des Staatsschiffs herumzureißen: So hat er am 16. Oktober durch ein Manifest versucht, die Monarchie in einen Bundesstaat umzuwandeln: »Österreich soll dem Willen seiner Völker gemäß zu einem Bundesstaate werden, in dem jeder

Volksstamm auf seinem Siedlungsgebiete sein eigenes staatliches Gemeinwesen bildet … An die Völker, auf deren Selbstbestimmungsrecht das neue Reich sich gründen wird, ergeht Mein Ruf, an dem großen Werke durch Nationalräte mitzuwirken …« Der Aufruf ist vergebens. Die Donaumonarchie bricht ebenso wie das Deutsche Reich Anfang November zusammen, militärisch, politisch und wirtschaftlich. Die disparaten Nationalitäten suchen, angeführt von Exilregierungen, ihre Unabhängigkeit. Karl verzichtet am 11. November auf die Ausübung der Regierungsgeschäfte in Österreich, zwei Tage später auf die in Ungarn. Doch er dankt nie formell ab. Das ist ihm in den nachfolgenden Jahren auch Legitimation, um zweimal – im April und im Oktober 1921 – eine Rückkehr nach Ungarn, mit dessen Verfassung er sich durch seinen Eid verbunden sieht, zu wagen. Doch die Versuche scheitern am nationalistischen ungarischen Reichsverweser Miklós Horthy. Karl, Zita und die Kinder, die zwischenzeitlich im Schweizer Exil gelebt haben, werden im November 1921 auf Geheiß der Entente gezwungen, das europäische Festland zu verlassen. Sie werden auf die portugiesische Insel Madeira im Atlantischen Ozean gebracht. Im Sommerhaus eines einheimischen Patriziers in der Ortschaft Monte kommen sie unter. Das Haus liegt in den Bergen und ist im Winter oft in Nebel und Wolken gehüllt. Ein kaltfeuchtes Klima. Karl, der von den letzten Jahren stark angegriffen ist, wird krank, leidet unter Husten und Atemnot. Fieber tritt hinzu. Eine Kammerfrau berichtet nach Hause: »Der arme Kaiser, der nur drei Mahlzeiten einnimmt, kann abends kein Fleisch bekommen, nur Gemüse und Mehlspeisen, das bedauern wir am meisten. Für uns wäre es ganz gleich, mir fehlt es nicht, aber nicht einmal genug zu essen haben sie hier … In sämtlichen Zimmern könnte man es nicht aushalten, wenn nicht beständig Kaminfeuer wäre.«

Karl stirbt am 1. April 1922 in Monte und wird in der Kirche Nossa Senhora do Monte beerdigt. Seine sterblichen Überreste ruhen noch heute dort.

Seine Frau Zita verbringt die folgenden Jahrzehnte im wechselnden Exil in Spanien, Belgien, Kanada, den Vereinigten Staaten und der Schweiz. Erst 1982 darf sie Österreich wieder betreten. Sie stirbt am 14. März 1989 im schweizerischen Zizers und wird wie die meisten österreichischen Herrscher in der Kapuzinergruft in Wien bestattet.

Karls und Zitas ältester Sohn Otto lebt in der Nähe von München und war lange Jahre als deutscher Europaabgeordneter in Straßburg tätig. Der alten habsburgischen Idee vom geeinten und friedlichen Europa dient auch er – wenngleich unter anderen, parlamentarischen Gegebenheiten.

Zahlreiche Gebetserhörungen auf Fürsprache Karls sind inzwischen bezeugt. 1960 wurde eine Klosterfrau von ihrem schweren Beinleiden, infolgedessen sie bettlägerig war, auf Fürsprache Karls geheilt. Das Ereignis wurde inzwischen vom Vatikan als Wunder anerkannt.

Am 3. Oktober 2004 sprach Papst Johannes Paul II. Karl von Habsburg selig – nicht zuletzt wegen seines sozial-karitativen Einsatzes und seiner Bemühungen um einen Frieden in Europa. Er wollte ein Friedensfürst sein, auch wenn das Schicksal ihn in Kriegszeiten in die Verantwortung rief. Es gibt Mutmaßungen, Karl von Habsburg solle – falls er heiliggesprochen würde – zum Schutzpatron des vereinten Europas erhoben werden.

Lukas (Alfred) Etlin

*1864   †1927

Hilfsaktionen für die Opfer des Ersten Weltkriegs

Am 15. Dezember 1927 kommt der Benediktinerpater Lukas Etlin bei einem Autounfall in der Nähe von Clyde im US-Bundesstaat Missouri ums Leben. Der Spiritual des Klosters der Schwestern von der ewigen Anbetung in der Stadt Clyde ist nicht nur als Seelsorger vielen Menschen ein Begriff. Auch als Organisator karitativer Hilfe im Dienst des Friedens ist Lukas Etlin bekannt – vor allem jenseits des Atlantiks, in Deutschland und Österreich. Nach dem Ersten Weltkrieg hat er in den beiden Ländern, die sozial zerrüttet und finanziell ausgeblutet waren, zahlreichen Menschen geholfen: in Priesterseminaren, Klöstern und Kirchengemeinden. Etlin tat dies ohne Rücksicht auf die vorherrschende Meinung bezüglich der Kriegschuld dieser Länder. Er wusste, dass karitative Fürsorge nicht nur ein Liebeswerk ist, sondern auch ein Friedensdienst. Der Münchner Kardinal Michael Faulhaber, mit Etlin persönlich bekannt, schrieb denn auch in seinem Nachruf: »In Deiner Seele waren Gottesliebe und Nächstenliebe wie zwei Flammen, die zu einer einzigen Flamme zusammenschlugen, und in dieser heiligen Liebe hast Du in den Jahren bitterer Not unsere Armen gespeist, unseren Klöstern geholfen, unsere Priesterseminare vor dem wirtschaftlichen Bankrott gerettet und bist uns so der 15. Nothelfer geworden. Die deutschen Bischöfe segnen Dein Andenken, wie sie beim Hochamt den Weihrauch segnen: Mögest Du von dem gesegnet werden, zu dessen Ehre Du Dich verzehrt hast!«

Alfred Etlin wird am 25. Februar 1864 in Sarnen im Schweizer Kanton Obwalden als Sohn des Rathausschreibers Alois Etlin und dessen Frau Barbara geboren. Alfred besucht das Gymnasium der Benediktiner im nahen Engelberg. Obwohl er zeichnerisches Talent hat (die Abteikirche in Conception/Missouri ist zum Teil mit

Fresken Etlins ausgeschmückt), wendet er sich dem Priesterberuf zu. Das Wirken des Benediktinerordens hat großen Eindruck auf ihn hinterlassen. Er tritt als Novize ins Kloster Engelberg ein und erhält den Ordensnamen Lukas. Das Kloster hat 1873 in Conception in Missouri eine Filiale gegründet. 1881 kommt deren Abt Frowin Conrad zu Besuch in seine Schweizer Heimat. Lukas Etlin lernt Conrad kennen. Einige Jahre später, am 9. September 1886, verlässt Etlin seine Heimat und geht nach Amerika. In Conception studiert er Philosophie und Theologie und wird am 15. August in St. Cloud (Minnesota) zum Priester geweiht.

Etlins Primiz wird zum Ausgangspunkt seines lebenslangen Wirkens: Statt wie üblich in der Abteikirche feiert der Jungpriester seine erste Messe im nahen Kloster der Schwestern von der ewigen Anbetung in Clyde. Nur neun Monate später wird er von seinem Abt zum Kaplan und Spiritual der Schwestern ernannt. Er übt diese Tätigkeit bis zu seinem Tod aus, legt den Schwerpunkt seines geistlichen Wirkens auf die ewige Anbetung des allerheiligsten Sakraments und gibt seit 1905 die religiöse Zeitschrift *Tabernakel und Fegfeuer* heraus.

Sein soziales Engagement entfaltet Lukas Etlin nach dem Ersten Weltkrieg, als er von der großen Not der Bevölkerung in den von Schuldenlast, Wirtschaftskrise, Inflation und Arbeitslosigkeit gebeutelten Ländern Deutschland und Österreich erfährt. In seiner amerikanischen Wahlheimat beginnt er eine umfangreiche Sammelaktion. Viele kleine Spenden, aber auch größere Beträge wohlhabender Sponsoren gehen bei P. Lukas Etlin ein. Die Schwestern von Clyde erledigen die umfangreichen Verwaltungsaufgaben. Etlin selbst behält sich die Art der Verwendung der Gelder vor. Er hilft vielen Bedürftigen. Ein Schwerpunkt seines Einsatzes liegt auf der Unterstützung von Priesterseminaren und Jungpriestern. Sein Engagement steht im Zeichen der Friedensarbeit. Papst Pius XI. nennt Etlin einmal den »wohltätigsten Mann der Welt«, und Kardinal Faulhaber stattet 1926 auf dem Eucharistischen Weltkongress in Chicago dem Pater im Namen der deutschen Bischöfe seinen Dank ab. Später nennt Faulhaber den Benediktiner einen »Priester nach dem Herzen Gottes«.

Das Seligsprechungsverfahren für P. Lukas Etlin wurde inzwischen eingeleitet.

Franz Stock
* 1904   † 1948

*Brückenbauer zwischen Deutschland
und Frankreich*

Frankreich im Jahr 1943. Auf dem Mont Valérien oberhalb von Suresnes bei Paris steht eine kleine Kapelle. In ihr drängen sich französische Gefangene. Sie sind zum Tod durch Erschießen verurteilt. Einige wegen ihres Einsatzes in der französischen Résistance, andere als Geiseln. Seit September 1941 gilt im besetzten Frankreich der »Geiselbefehl« Adolf Hitlers: Festgenommene Franzosen können aus Rache für Sabotage- und »Terror«-Akte, die von der Résistance verübt wurden, ohne Urteil anstelle der Attentäter hingerichtet werden. Bis August 1944 werden Tausende Pariser Bürger an diversen Plätzen in und außerhalb der Stadt auf Grundlage dieses Befehls ermordet – besonders viele auf dem Mont Valérien.

Die Gefangenen warten in der Kapelle nahe der Richtstätte, bis sie an der Reihe sind. Manchmal werden bis zu achtzig Menschen an einem einzigen Tag erschossen. Manche gehen schreiend oder weinend in den Tod, viele betend und singend. Kommunisten und Juden, Katholiken und Protestanten sind gleichermaßen darunter. Sie alle werden in den letzten Stunden von einem Priester betreut, den sie bereits als Gefängnisseelsorger kennengelernt haben: Abbé Franz Stock. An rund eintausendsiebenhundert Hinrichtungen muss Franz Stock in der Zeit vom Dezember 1941 bis August 1944 teilnehmen. Er betet gemeinsam mit den Verurteilten, feiert die Messe, erteilt die Absolution. Nicht von allen wird er freundlich aufgenommen. Mancher Kommunist weist ihn zurück und ruft in der Sekunde des Todes lieber den Namen Stalins an. Andere schätzen Stocks Anwesenheit, auch wenn sie nicht gläubig sind. Auch nach der Hinrichtung tut Stock seine priesterliche Pflicht: Er begleitet die Lastwagen mit den Leichen zurück in die Stadt und bereitet den Toten ein christliches Begräbnis. In den Tagen darauf informiert er die

Angehörigen der Hingerichteten, überreicht ihnen Besitzgegenstände, versucht Trost zu spenden.

Über all diese Ereignisse führt Franz Stock ein Tagebuch, das er versteckt hält, da er mit Bespitzelung und Verhaftung rechnen muss. Stock notiert Namen und Heimatadressen der Verurteilten, den Tag ihrer Hinrichtung, ihre letzten Aussprüche, auch besondere Vorkommnisse, die Reaktion der Hinterbliebenen, auch seine eigenen Gefühle und die Bemühungen, Trost und Erleichterung zu spenden. Das Tagebuch Abbé Franz Stocks hat Okkupation und Kriegsgefangenschaft überdauert und kam nach seinem Tod über Umwege nach Deutschland. Es ist das Vermächtnis eines Mannes, der – obgleich Patriot und als Gefängnispfarrer der deutschen Wehrmacht unterstehend – seinen Priesterberuf als Dienst am Menschen sah. Seine traurige Arbeit hat er als Pflicht verstanden. Eine Pflicht, die er gegen die eigene Angst, gegen Müdigkeit und Resignation, auch gegen Verzweiflung und depressive Phasen durchstanden hat. Ihm gab der Umstand Kraft, dass die Gefangenen und Hinterbliebenen ihn brauchten und sich in vielen Fällen dankbar und erleichtert äußerten. Und er wollte ein Chronist vor der Nachwelt sein, Bericht erstatten über ein furchtbares Kapitel des Zweiten Weltkriegs, Zeugnis ablegen von der Kraft christlichen Mitleidens und für kommende Generationen einen Grundstein setzen für eine deutsch-französische Aussöhnung. Abbé Franz Stock war ein »Erzengel in der Hölle«, wie ihn französische Gefangene nannten. Andere titulierten ihn einen »Wegbereiter der Versöhnung« oder einen »Brückenbauer« zwischen den »Erzfeinden« Deutschland und Frankreich.

Nichts in Franz Stocks Herkunft und Kindheit deutete auf diese Rolle hin. Er wird am 21. September 1904 in Neheim im Sauerland geboren. Die katholischen Eltern sind zugezogene Arbeiter, die in der aufblühenden Beleuchtungsindustrie ihr Auskommen finden. Franz ist das erste von neun Kindern. Er besucht die katholische Volksschule. Prägende Erscheinung in Neheim ist der Dechant Anton Müting. Franz ist zwölf Jahre alt, als er an Müting mit dem Wunsch herantritt, Ordenspriester werden zu wollen. Der setzt sich für den Knaben ein. Seit Herbst 1917 besucht Franz Stock das Neheimer Realgymnasium. Als Jugendlicher begeistert sich Franz für den »Quickborn«, eine katholische Variante der Wandervogelbewegung. 1926 macht Franz Stock das Abitur. Mithilfe einer Stiftung beginnt er ein Theologiestudium in Paderborn, nun allerdings mit dem Ziel, Weltpriester zu werden. Er kommt mit der Friedensbewegung Marc Sangniers in Kontakt und nimmt 1926 an einem internationalen Friedenstreffen in Bierville bei Étampes teil. Acht Jahre nach dem Ende des Ersten Weltkriegs und dem von vielen Deutschen als ungerecht empfundenen Frieden von Versailles ist das Verhältnis zwischen den beiden Nationen Deutschland und Frankreich angespannt. Stock hingegen ist von der Friedensidee begeistert und will die französische Kultur näher kennenlernen. Er wird Mitglied der französischen Jugendbewegung »Compagnons de Saint François«, die sich dem Geist der Völkerverständigung verpflichtet sieht. 1928 wechselt Franz Stock von Paderborn nach Paris und studiert drei Semester lang am Institut Catholique. Er ist in der Stadt an der Seine der erste deutsche Theologiestudent nach dem Krieg.

Am 15. März 1931 empfängt Stock die Subdiakonatsweihe in Paderborn. Er gilt als Friedensaktivist. Eine Zeit lang arbeitet er als Seelsorger in einer Gemeinde in Dortmund-Eving und wird dort mit den Nöten der in der Industrie tätigen Arbeiterschaft konfrontiert. Auch die kommunistische Bewegung ist hier stark vertreten – nicht immer ist der Stand des katholischen Priesters leicht.

Die politische Atmosphäre in Deutschland ist bereits von den Nationalsozialisten vergiftet. Nach einer Kundgebung des »Friedensbundes deutscher Katholiken«, zu der auch Vertreter aus Frankreich eingeladen waren, höhnt die nationalsozialistische Zeitung *Rote Erde* aus Bochum: »Besonders ›rührend‹ soll die Schilderung des französischen Abbé Berton gewesen sein, wie ihm die deutschen Priester den ›Friedenskuss‹ gegeben haben, den er wiederum an andere deutsche Priester weitergegeben habe. Diese Schilderung mag auf weibliche und weibische Gemüter und Tränendrüsen unbedingt rührend gewirkt haben, unter uns Deutschen gilt ein kräftiger Männerhändedruck bei Weitem mehr als solch perverses Geschmuse. Wir werden uns dies ehrlose Handeln des Friedensbundes deutscher Katholiken für die Zukunft merken müssen.«

Zwei Jahre später erinnert man sich an höherer kirchlicher Stelle der studentischen Vergangenheit Stocks. 1933 erhält er das Angebot, die Leitung der deutschen katholischen Gemeinde in Paris zu übernehmen. Sie wurde 1837 gegründet und hat – entsprechend der politischen Großwetterlage – wechselvolle Jahre hinter sich. Stock willigt freudig ein. 1934 übernimmt er die Gemeinde, die keine eigene Kirche hat. Büroräume und Wohnung befinden sich in der Rue Lhomond im Quartier Latin. Im Haus nebenan unterhält die Gemeinde außerdem ein Wohnheim für in Paris arbeitende deutsche Hausmädchen. Stock wird von seiner Schwester Franziska und einer Sekretärin unterstützt. Doch ein Gemeindeleben ist nur schwer zu gestalten, weil die in Paris arbeitenden Deutschen meist nur Saisonkräfte sind.

Neuen, unerwarteten Zuwachs erhält die deutsche Gemeinde nach 1933 durch die vielen Exilanten. Auch zu ihnen hält Franz Stock Kontakt und versucht zu helfen, obgleich er das bei höherer Stelle vertuschen muss. Bezeichnend ist eine Anekdote, die von einem Empfang in der deutschen Botschaft erzählt: Der deutsche Außenminister Joachim von Ribbentrop und seine Gemahlin sind zu Besuch. Frau von Ribbentrop fragt Stock, wie viele Gemeindemitglieder er denn zu betreuen habe. Stock antwortet wahrheitsgemäß und unbedacht und schließt auch die große Zahl der Exilanten mit ein. Der Botschafter konstatiert erstaunt: »So viel sind aber bei der deutschen Botschaft nicht registriert.« Stock kontert geschickt: »Ich denke an die vielen Elsässer, die sich aber bei der deutschen Botschaft nicht melden dürfen.«

Diese Reaktion ist kennzeichnend für Franz Stocks Haltung gegenüber dem nationalsozialistischen System: Er ist zu sehr Patriot, um sich gegen die neuen Machthaber in Berlin offen aufzulehnen, zu sehr mitfühlender und denkender Christ, um sich nicht seiner Pflicht gegenüber den Hilfesuchenden und Geknechteten bewusst zu sein. Stock ist kein Märtyrer im eigentlichen Sinn, aber im Dienst am anderen reibt er sich auf, ohne seinen Posten zu verlassen.

Nach einem kurzen Intermezzo als Seelsorger im anhaltinischen Wanzleben kehrt Franz Stock im Sommer 1940 nach Paris zurück. Doch die Lage hat sich grundsätzlich geändert. Es herrscht Krieg. Frankreich ist bis zur Loire von den Deutschen besetzt. Auf dem Arc de Triomphe weht die Hakenkreuzfahne. Stock bleibt skeptisch und abwartend. »Wir werden sehen!«, ist einer seiner Lieblingssprüche. Freunde haben ihm das bisweilen als Entschlusslosigkeit vorgehalten. Er selbst denkt in größeren Zeiträumen: »Die Hakenkreuzfahnen«, sagt er zu einem Freund, »werden eines nahen oder fernen Tages ... wieder herabgeholt.«

Doch diesmal holen ihn die Zeitläufte ein. Am 10. Juni 1941 wird Stock zum Standortpfarrer im Rang eines Majors ernannt. Das Tragen der Uniform lehnt er ab: »Das kommt für mich nicht infrage. Was sollten wohl meine französischen Mitbrüder von mir denken.«

Stock ist nun direkt den Weisungen der deutschen Militärregierung unterworfen. Zunächst geht er wie gewohnt seiner Arbeit in der Rue Lhomond nach. Doch bald wird er als Gefängnisseelsorger für die französischen politischen Häftlinge abgeordnet. Die Arbeit teilt er sich zunächst mit Pfarrer Theodor Loevenich, später versieht er den Dienst allein. Franz Stock notiert auch die Gefängnisbesuche in seinem Tagebuch. Am Wachpersonal vorbei schmuggelt er unter seiner Soutane Briefe von Verwandten der Häftlinge, die er, nachdem die Adressaten sie gelesen haben, vernichtet. Er will keine Spuren hinterlassen, um seine Arbeit und die Häftlinge nicht zu gefährden. Auch schmuggelt er Lebensmittel, Hygieneartikel und Bücher ins Gefängnis. Mit seiner Fürsprache bei den Behörden können in dem einen oder anderen Fall die Haftbedingungen erleichtert werden.

Stock genießt bei den Häftlingen großen Respekt, nicht nur bei den Katholiken, für die er die Messe liest, sondern auch bei Kommunisten und Juden. Ein Gefangener erinnert sich: »Stock verstand es, seine priesterlichen und die menschlichen

Aufgaben miteinander zu verbinden – und das war nicht leicht unter einem Regime, mit dem Franzosen und Deutsche auf ihre Weise fertig werden mussten.«

Seit Dezember 1941 kommt es auf dem Mont Valérien und an anderen Orten zu Massenerschießungen von politischen Gefangenen und Geiseln. Stock wird als Standortpfarrer dorthin bestellt. In den Jahren bis zum August 1944 ist er meist allein für die geistliche Begleitung der Todeskandidaten zuständig. Sein Tagebuch legt nüchternes, aber erschreckendes Zeugnis hiervon ab. Mehrmals gelingt es Stock durch Fürsprache beim Kommandanten von Paris, dass Verurteilte begnadigt werden.

Diese schweren Pflichten gehen nicht spurlos an Stock vorüber. Wegbegleiter erzählen von seiner zunehmenden Verzweiflung, seinen wachsenden Depressionen, seinem frühen Herzleiden. Der mit Stock befreundete katholische Schriftsteller Reinhold Schneider erinnert sich: »An einem dunklen Winterabend erzählte Pfarrer Stock aus den Pariser Gefängnissen … nun hatte sich ein Leiden in ihm angehäuft, vergleichbar dem, was Spee unter den Schlägen des Hexenhammers zu tragen hatte … Tag für Tag und Stunde für Stunde, Nacht für Nacht einem Leid gegenübergestellt, das nur aus der Kraft des Sakramentes zu tragen war. Aber die Kraft des menschlichen Herzens musste einmal zu Ende sein.«

Stock kommt für vier Wochen ins Krankenhaus. Nach seiner Entlassung versieht er erneut seinen traurigen Dienst. Bei der Befreiung Frankreichs durch amerikanische Truppen flieht er nicht mit den deutschen Truppen zurück in die Heimat, sondern bleibt in Paris. Als Pfarrer eines Lazaretts tut er noch im August 1944 seinen Dienst. Dort wird er verhaftet und in ein Kriegsgefangenenlager bei Cherbourg gebracht.

In der Gefangenschaft beginnt die zweite Phase im Wirken Franz Stocks. Der Krieg ist noch nicht zu Ende, da trifft im Februar 1945 ein Brief des Abbé Georges Le Meur ein, der selbst in einem der von Stock betreuten Gefängnisse inhaftiert war. Le Meur schreibt: »Ich möchte Sie heute offiziell fragen, ob Sie gewillt sind, unter materiell härteren Bedingungen als jenen, unter denen Sie leben, die geistliche Bildung der kriegsgefangenen Theologen zu übernehmen … Wir wünschen, dass die Ausbildung von deutschen Priestern vorgenommen wird, denn es handelt sich darum, einen Klerus für Deutschland heranzubilden.« Stock sagt bedingungslos zu. Im April wird er nach Paris gebracht. Dort führt er ein langes Gespräch mit dem Apostolischen Nuntius Angelo Roncalli, dem späteren Papst Johannes XXIII., der Stock und dem Unternehmen seine Hilfe zusagt.

Das Seminar wird Ende April 1945 in einem Gefangenenlager in Orléans eingerichtet. In dem Lager hausen etwa dreitausend Kriegsgefangene, darunter etwa dreihundert Theologiestudenten. In einer Kaserne werden für das Seminar sieben

Zimmer bereitgestellt. Stock und eine Handvoll anderer Theologen beginnen mit den Vorlesungen in Logik und Kirchengeschichte, in Moral, Kirchenrecht, Kunstgeschichte und Fundamentaltheologie. Im August wird das Seminar in das Lager Le Coudray bei Chartres verlegt. Die Verpflegung ist miserabel. Etliche Gefangene sterben an Unterernährung oder Krankheiten. Mit ärmlichsten Mitteln bauen die Gefangenen eine Lagerkapelle, Stock selbst schmückt die Stirnwand mit Fresken. Auch werden für das Seminar eine kleine Bibliothek, ein Refektorium und ein Schlafsaal eingerichtet. Die Zahl der Seminaristen steigt an: Anfang 1946 sind es bereits knapp vierhundertdreißig Studenten, geleitet von zehn Priestern, vier Laienprofessoren und siebenunddreißig Brüdern.

Die Verantwortung übersteigt Stocks Kräfte. Anfang 1946 wird er schwer krank. Er erholt sich nie mehr richtig. Doch die Kunde von seiner Arbeit wird nach draußen getragen. Sogar die amerikanische Zeitschrift *Time* berichtet im Juni 1946 über das Seminar. Am 14. Juli 1946 kommt der französische Armeeminister Edmond Michelet zu Besuch. Er betritt Stocks Baracke und begrüßt ihn mit den Worten: »Monsieur l'Abbé, Sie haben mich in Fresnes [einem Gefängnis] besucht und getröstet. Heute komme ich, um Ihnen meinen Gegenbesuch abzustatten.«

Franz Stock darf im Sommer 1946 Deutschland besuchen. In Neheim erfährt er, dass sein Vater einen Tag vor seiner Rückkunft gestorben ist. Stock kehrt in das Seminar zurück und nimmt trotz seines Herzleidens die Arbeit wieder auf. Am Karsamstag des Jahres 1947 kommt der Apostolische Nuntius Roncalli zu Besuch und feiert mit den Seminaristen die heilige Messe. Anwesend ist auch der General des Kriegsgefangenenwesens Buisson, der in seiner Ansprache an die Seminaristen verkündet: »Priester müssen besonders für den Frieden sprechen und den Frieden verwirklichen. Sie werden in Deutschland ein Hauptelement des Friedens werden müssen.«

Am 5. Juni 1947 wird das Seminar in Le Coudray aufgelöst, die Seminaristen werden nach Deutschland entlassen. In den zwei Jahren seines Bestehens wurden rund neunhundert Studenten hier ausgebildet. In seiner letzten Ansprache an die scheidenden Seminaristen sagt Franz Stock: »Ich selbst konnte nur wenige Voraussetzungen für eine Aufgabe, wie sie mir vor zwei Jahren gestellt wurde, mitbringen. Dass dies Werk in den Augen der Heimat so dasteht und auch den kritischen Blicken standhält, ist Ihr Verdienst und Ihre Tat.«

Franz Stock bleibt in Frankreich. Er will als Seelsorger für die sogenannten freien deutschen Arbeiter tätig sein. Er kehrt nach Paris in die Rue Lhomond zurück und schreibt an einer Geschichte des Seminars von Le Coudray. Doch trotz seines guten Rufs bei vielen Menschen halten die französischen Behörden ihn hin. Die Bearbeitung seiner Anträge um Unterstützung seiner Arbeit wird verzögert, er selbst mit schönen Worten vertröstet. Stock ist enttäuscht und verbittert. Seine Gesundheit verschlechtert sich. Im Februar 1948 kommt er ins Pariser Hospital Cochin. Ein deutscher Priester, P. Johannes Brass, besucht den Kranken und erinnert sich: »Er machte den Eindruck eines körperlich und seelisch gebrochenen Menschen.«

Franz Stock stirbt am 24. Februar 1948 in Paris und wird in einem ärmlichen Grab auf dem Friedhof in Thiais hinter der Porte d'Italie bestattet. Nur rund ein Dutzend Menschen ist anwesend. Doch bald nach seinem Tod erinnern sich dankbare Überlebende der Pariser Gefängnisse an ihren Abbé. Die Presse wird auf das vernachlässigte Grab aufmerksam und berichtet darüber. 1951 kann mit Spendengeldern ein Grabstein gesetzt werden. Bei einer Gedenkveranstaltung sagte Graf Robert d'Harcourt von der Académie Française: »Es gab nur noch die große Liebe Jesu Christi. Für diese erhabene Lehre, für so viel unvergessliche Aufopferung sei es mir von diesem Grab aus gestattet, im Namen der französischen Familien, denen das Wort eines deutschen Priesters Trost in ihre Angst brachte, von Herzen Abbé Stock einen letzten Dank auszusprechen.«

Franz Stocks Arbeit wirkte fort: Die internationale katholische Friedensbewegung »Pax Christi«, die um die Aussöhnung der Völker bemüht ist, sieht Stock als ihren Vorläufer. Papst Johannes XXIII., der frühere Nuntius Roncalli, rühmte 1962: »Abbé Franz Stock, das ist kein Name – das ist ein Programm.« Im gleichen Jahr wurde eine neu erbaute Kirche in Chartres-Rechêvres nach Franz Stock benannt, seine sterblichen Überreste wurden im Jahr darauf – es ist das Jahr der Unterzeichnung des deutsch-französischen Freundschaftsvertrags – in einer Seitenkapelle der Kirche bestattet. In Paris, Chartres und anderen Städten sind heute Straßen und Plätze nach Franz Stock benannt. In seinem Heimatort Neheim erinnert ein Denkmal an ihn. 1980 wurde Stocks Seligsprechungsverfahren eingeleitet. 1990 wurde der Platz vor dem »Denkmal des kämpfenden Frankreich« auf dem Mont Valérien nach Franz Stock benannt. Die Pfarrgemeinden von Arnsberg-Neheim und Chartres-Rechêvres schlossen eine Partnerschaft im Sinne des friedensstiftenden Wirkens Stocks. 1995 setzte der französische Staat die noch bestehenden Gebäude des Seminars von Le Coudray auf die Liste nationaler Denkmäler. Ein Trägerverein hat sich gegründet, mit dem Ziel, in Chartres eine »Europäische Begegnungsstätte Franz Stock« zu errichten.

Euthymia (Emma) Üffing
*1914   †1955

Der Engel der Kriegsgefangenenbaracke

Äußerlich ist sie unscheinbar: Nur einen Meter sechsundfünfzig groß, von schwächlicher Statur. Aber sie strahlt Kraft, Zuversicht und Herzenswärme aus. Und sie leistet Unglaubliches in jenen Jahren in der Krankenbaracke für Kriegsgefangene in Dinslaken. Hingebungsvoll pflegt Schwester Euthymia Üffing die Versehrten unterschiedlichster Nationen, spricht ihnen Mut zu, sitzt nächtelang an ihren Betten, begleitet die Sterbenden in den Tod. Für sie gibt es nicht Grenzen der Nation, der Rasse, nicht Feind oder gar »Untermensch«, wie es in jenen Jahren ideologisch propagiert wird. Für sie sind alle Menschen vor Gott gleich, und alle Menschen tragen das Antlitz Jesu. Sie leistet in jenen Jahren mehr als nur einen sozialen Dienst. Schwester Euthymia leistet Friedensarbeit.

Emma Üffing entstammt einfachsten Verhältnissen. Geboren wird sie am 8. April 1914 in Halverde bei Tecklenburg. Die Eltern sind Kleinbauern, sie haben sieben Kinder. Emma ist schwächlich, leidet als Kind an einer Rachitis, kann schlecht laufen. Nach der Volksschule macht sie eine Ausbildung zur Hauswirtschafterin. Sie will Klosterschwester werden und bewirbt sich bei den Barmherzigen Schwestern, den sogenannten Clemensschwestern, in Münster. Trotz anfänglicher Vorbehalte wegen ihrer schwachen Gesundheit wird sie 1934 aufgenommen. Emma durchläuft das Noviziat und legt 1936 die zeitliche Profess ab, 1940 die ewigen Gelübde. Daneben macht sie eine Ausbildung zur Krankenpflegerin. Sie selbst wählt den Ordensnamen Euthymia.

Die Clemensschwestern sind in der Krankenpflege tätig. Euthymia Üffing ist zunächst im St.-Vinzenz-Hospital in Dinslaken tätig. Sie übernimmt den Dienst in der Isolierstation für Frauen und Kinder, die wegen der Ansteckungsgefahr in einer abgesonderten Holzbaracke untergebracht ist, die man St. Barbara nennt. Der Dienst ist gefährlich. Schwester Euthymia übernimmt die Arbeit klaglos. Als sie einmal in einen anderen Arbeitsbereich versetzt wird, sagt sie: »Ich bin bereit. Es ist ja alles für den großen Gott!«

Im Februar 1943 wird in der Baracke die Krankenstation für Kriegsgefangene eingerichtet. In den Gefangenenlagern gehen Epidemien um. Euthymia Üffing pflegt die Kranken ohne Angst und ohne Unterschiede zu machen. Franzosen, Russen, Ukrainer, Polen und Niederländer gehören zu ihren Patienten. Sie leistet nicht nur Krankenpflege, sondern steht auch den Sterbenden in ihren letzten Tagen und Stunden bei. Obwohl sie als Frau mit nur einfacher Bildung kaum über Fremdsprachenkenntnisse verfügt, kann sie sich verständigen: mit ein paar aufgeschnappten Vokabeln, mit Gesten, mit einem Lächeln, mit ihrer Herzenswärme. Die Gefangenen nennen sie bald »Engel von St. Barbara«, auch »Engel der Liebe« oder »Mama Euthymia«. Ein Gefangener erinnert sich später: »Dort im Vinzenzhospital gab es keine SS noch SA mehr, sondern wahre christliche Liebe. Dort wurde ich wieder als menschliches Wesen behandelt und mit Güte.« Und ein anderer, ein Franzose, berichtet: »Sie war von grenzenloser Güte gegenüber fremdem Leid. Ihre persönliche Gesundheit opferte sie. Sie kannte unsere Not. Sie hatte das Herz einer Heiligen. Indem sie uns eine sehr große, wohlwollende Liebe erwies und sich für uns opferte, war sie vor allem unseren russischen Brüdern, die unglücklicher waren als wir, Wegweiser.«

Nach dem Krieg arbeitet Schwester Euthymia in den Wäschereien des St.-Vinzenz-Hospitals in Dinslaken und der St.-Raphael-Klinik in Münster. Eine einfache, dabei schwere Tätigkeit, die sie in Bescheidenheit verrichtet. Sie stirbt am 9. September 1955 an einem Krebsleiden, erst einundvierzig Jahre alt, und wird auf dem Zentralfriedhof in Münster beerdigt.

Bereits damals stand sie im Ruf der Heiligkeit. Bald schon strömten viele Menschen zu ihrem Grab, das stets mit Blumen und brennenden Kerzen geschmückt ist – bis heute. Sie suchen im Gebet Rat und Fürsprache bei Schwester Euthymia.

1959 wurde das Seligsprechungsverfahren eingeleitet. Besonders ein Ereignis förderte den Prozess: Am 10. September 1955, nur einen Tag nach dem Tod Euthymia Üffings, geriet eine Clemensschwester in der Wäscherei mit ihrer Hand in die Walzen einer Bügelmaschine. Mit schweren Verletzungen bat sie am offenen Sarg der Mitschwester um Fürsprache. Innerhalb kurzer Zeit heilte die Hand der Schwester – für die Ärzte ein unerklärlicher Vorgang. Später wurde das von der Amtskirche als Wunder anerkannt.

Am 7. Oktober 2001 wurde Schwester Euthymia seliggesprochen. Sie ist bis heute vielen Menschen Fürsprecherin und gilt in ihrer Demut, ihrer Bescheiden-heit, ihrer stillen Pflichterfüllung als Vorbild. Als »Engel der Liebe« in der mit Kriegsgefangenen belegten Baracke linderte sie Not und trug zum Frieden zwi-schen den Menschen und Völkern bei.

Petrus (Otto) Pavlicek
* 1902   † 1982

*Gründer des Rosenkranz-Sühnekreuzzugs
um den Frieden in der Welt*

Von Fotografien schaut uns ein alter, verschmitzt lächelnder Franziskaner-
mönch mit wachen, gütigen Augen an: Petrus Pavlicek, der Gründer des
»Rosenkranz-Sühnekreuzzugs um den Frieden in der Welt« (RSK).
»Macht- und wehrlos, aber nicht hilflos«, so lautete das Motto einer Bittprozession
des RSK im Jahre 1954. Dieser Wahlspruch könnte auch über dem Lebenswerk
Pavliceks stehen. Seine Idee war es, einen »Gebetssturm« auszulösen, im Rosen-
kranzgebet dem Willen der Muttergottes Gehorsam zu leisten, durch die Einbindung der Menschen in seine Bewegung zum Frieden auf Erden beizutragen. Den
Österreichischen Staatsvertrag vom 15. Mai 1955, durch den die Alpenrepublik
wieder ihre Einheit und Souveränität fand, betrachtete Pavlicek als einen direkten
Erfolg des RSK. Doch so überzeugt und mit sich und der Welt eins war Pavlicek
nicht immer. Lange Jahre war er ein Suchender und Irrender, durch die Brüche in
seinem Leben ein nicht untypischer Mensch in der Moderne – uns Heutigen vielleicht zugänglicher als eine Person, deren Lebensweg geradlinig verlief.

Otto Pavlicek kommt am 6. Januar 1902 in Innsbruck zur Welt. Die Mutter Gab-
riele stirbt, als Otto zwei Jahre alt ist. Der Vater, der Offizier Augustin Pavlicek,
zieht mit seinen beiden Söhnen nach Wien, 1915 nach Olmütz. Dort legt Otto 1920
das Abitur ab und beginnt in der Möbelfabrik Thonet zu arbeiten. Er gerät in eine
Glaubenskrise und tritt 1921 aus der katholischen Kirche aus. Von 1922 bis 1924
absolviert er seine Wehrpflicht und arbeitet danach in der Firma Brown Boveri in
Prag. Otto Pavlicek fühlt eine Unruhe und Leere in seinem Leben. Er will Künstler
werden. Von 1927 bis 1930 studiert er an der Malakademie in Breslau. Als frei-
schaffender Künstler hat er erste Erfolge. Er lebt in Paris, dann in London, genießt

die Freiheiten und geistigen Anstöße der Weltstädte. Am 10. Dezember 1932 heiratet Pavlicek in London die Künstlerin Kathleen Nell Brockhouse standesamtlich.

Doch bereits nach wenigen Monaten ist die Ehe zerrüttet. Otto und Kathleen trennen sich, die Ehe wird 1936 geschieden. Otto Pavlicek zieht weiterhin ruhelos umher, lebt in Cambridge, seit 1933 in Brünn und Prag. In Prag erkrankt er schwer. Während jener Zeit fragt er intensiv nach dem Sinn seines Lebens. Nach eigenen Angaben hat er in einer Kirche in Prag ein mystisches Erlebnis. Er hört die Stimme Jesu Christi, der ihn auf die Muttergottes verweist. Otto Pavlicek bekehrt sich wieder zum Christentum, 1935 tritt er erneut der katholischen Kirche bei. Der Dominikanerprovinzial von Prag rät ihm, nach Konnersreuth zu gehen und die Mystikerin Therese Neumann um Rat zu fragen. Pavlicek fährt in die Oberpfalz, wird von der Stigmatisierten empfangen. Unumwunden sagt sie zu ihm: »Es ist höchste Zeit, dass Sie Priester werden!«

Pavlicek spricht 1937 bei den Franziskanern in Innsbruck und Wien vor. In beiden Klöstern wird er abgelehnt, mit fünfunddreißig Jahren sei er für das Noviziat zu alt. Erst in Prag hat er Glück: Die Franziskaner nehmen ihn am 28. August auf. Er erhält den Ordensnamen Petrus. Im Dezember 1941, mitten im Krieg, wird Petrus Pavlicek zum Priester geweiht. Wenige Monate später gerät er in die Strudel des Kriegs: Wegen angeblicher Wehrdienstverweigerung wird er am 13. Mai 1942 von der Gestapo verhaftet und vor ein Kriegsgericht gebracht. Er wird zwar freigesprochen, aber am 7. Oktober als Sanitäter eingezogen und an die Westfront geschickt. Besonders erschüttert ihn das Erlebnis, als Priester einen vom Kriegsgericht zum Tode verurteilten Kameraden auf die Exekution vorbereiten zu müssen.

Im August 1944 gerät Petrus Pavlicek in amerikanische Kriegsgefangenschaft. Im Lager bei Cherbourg in der Normandie versieht er gemeinsam mit Franz Stock den Dienst des Lagerpfarrers. Gegen gefangene SS-Männer, die auch hinter dem Stacheldraht ihr Regiment führen wollen und dem Franziskaner drohen, ihn in der Latrine ertränken zu wollen, muss Pavlicek sich mehrfach durchsetzen.

Mitte Juli 1945 wird Pavlicek freigelassen. Doch wohin soll er gehen? Die Rückkehr nach Prag ist ihm aus politischen Gründen verwehrt. Er will in die Mission gehen, stellt einen Ausreiseantrag für Argentinien. Doch der Ordensobere beruft ihn nach Wien. Hier soll er die Seelsorge für die zahlreichen sudetendeutschen Vertriebenen übernehmen.

Österreich ist in vier Besatzungszonen geteilt. Der beginnende Kalte Krieg droht das Land zu zerreißen. Petrus Pavlicek fühlt sich trotz seiner seelsorgerischen Aufgaben nicht ausgefüllt. Wie viele Österreicher sorgt er sich um das Schicksal seiner Heimat und um den Weltfrieden. Schon ist von einem drohenden Dritten Weltkrieg die Rede. In der Lagerhaft hat er in einer Broschüre zum ersten Mal von den

Marienerscheinungen im portugiesischen Fatima gelesen. In seiner inneren Not pilgert er am 2. Februar 1946 – es ist das Fest Mariä Lichtmess – nach Mariazell bei Graz. Hier dankt er für seine Befreiung aus der Gefangenschaft und betet für den Frieden und die Freiheit für Österreich. Nach eigenen Angaben hört er eine Stimme: »Tut doch, was ich euch sage, und es wird Friede sein!« Es ist die Botschaft von Fatima. Pavlicek betrachtet die Worte als Auftrag. Er will die Menschen dazu bewegen, mithilfe des Gebets – wehrlos, aber nicht hilflos – für den Frieden zu wirken.

In Wien gründet Pavlicek die »Ewige Rosenkranzgemeinschaft«. Sie wird 1949 mit dem von dem Priester Franz Tauber 1942 gegründeten »Sühnekreuzzug« vereinigt. Der neue »Rosenkranz-Sühnekreuzzug um den Frieden in der Welt« hat bald Zehntausende von Mitgliedern, darunter auch Personen des öffentlichen Lebens. Seit 1950 organisiert Petrus Pavlicek in Wien Bittprozessionen auf der Ringstraße für den Frieden in Österreich und der Welt. Auch der österreichische Bundeskanzler Julius Raab und Außenminister Leopold Figl, die im Mai 1955 in Moskau die Verhandlungen über den Österreichischen Staatsvertrag erfolgreich zum Abschluss führen, sind Anhänger des RSK. Seit 1958 organisiert Pavlicek zudem die Feier zum Fest Mariä Namen (12. September) in der Wiener Stadthalle, die größte katholische Veranstaltung Österreichs. In seinen letzten Lebensjahrzehnten widmet er sich ganz seinem Lebenswerk, dem RSK, reist zur Volksmission in Österreich umher und gibt eine Zeitschrift heraus (die heute unter dem Titel *Betendes Gottesvolk* erscheint). Im Dezember 1982 besucht der Wiener Kardinal Franz König den im Sterben liegenden Pavlicek und errichtet den »Rosenkranz-Sühnekreuzzug« als kirchliche Vereinigung. Zwei Tage später, am 14. Dezember 1982, stirbt Petrus Pavlicek. Er wird in der Wiener Franziskanerkirche unter der Kanzel bestattet.

Im Oktober 2000 eröffnete der Wiener Kardinal Christoph Schönborn das Seligsprechungsverfahren. In seiner Predigt sagte er: »Pater Petrus hat in der Kirche unseres Landes ein Signal gesetzt. Er hat die Menschen aufgerufen zum Gebetssturm … Und schließlich ist er ein Zeichen für unser Land. Der Rosenkranz-Sühnekreuzzug hat in unserem Land ein Signal gesetzt, das wir nicht vergessen dürfen.« Der von Petrus Pavlicek gegründete RSK hat heute über eine Million Mitglieder in ganz Europa. Täglich beten sie den Rosenkranz für den Frieden in der Welt und unter den Menschen.

Übersicht der Gedenktage und der Heilig- und Seligsprechungen

Siglen:

G = Gedenktag

H = Heiligsprechung (mit Jahr)

S = Seligsprechung (mit Jahr)

(S) = Seligsprechungsverfahren beantragt oder eingeleitet

Andritzki, Aloys (1914–1943), G: 3. 2., (S)

Autsch, Angela (Maria Cäcilia) (1900–1944), G: 23. 12., (S)

Batthyány-Strattmann, Ladislaus (László) (1870–1931), G: 22. 1., S: 2003

Bonzel, Maria Theresia (1830–1905), G: 6. 2., (S)

Burjan, Hildegard (1883–1933), G: 11. 6., (S)

Bütler, Maria Bernarda (Verena) (1848–1924), G: 19. 5., S: 1995

Callo, Marcel (1921–1945), G: 19. 3., S: 1987

Eberschweiler, Wilhelm (1837–1921), G: 23. 12., (S)

Ehrlich, Alois (Franz Seraph) (1868–1945), G: 21. 6., (S)

Ellenberger, Agnes (Karoline) (1838–1906), G: 1. 6., (S)

Engling, Josef (1898–1918), G: 4. 10., (S)

Etlin, Lukas (Alfred) (1864–1927), G: 15. 12., (S)

Eugster, Meinrad (Joseph) (1848–1925), G: 14. 6., (S)

Fietz, Klara (Rosa) (1905–1937), G: 15. 6., (S)

Flesch, Maria Rosa (Margaretha) (1826–1906), G: 25. 3., S: 2008

Freinademetz, Josef (1852–1908), G: 28. 1., S: 1975, H: 2003

Fuhl, Clemens (Vinzenz) (1874–1935), G: 31. 3., (S)

Galen, Clemens August Graf von (1878–1946), G: 22. 3., S: 2005

Gapp, Jakob (1897–1943), G: 13. 8., S: 1996

Groß, Nikolaus (1898–1945), G: 15. 1., S: 2001

Häfner, Georg (1900–1942), G: 20. 8., (S)

Haw, Johannes Maria (1871–1949), G: 28. 10., (S)

Hoffmann, Dulcissima (Helena Joanna) (1910–1936), G: 18. 5., (S)

Horten, Titus Maria (Franz) (1882–1936), G: 25. 1., (S)

Jaegen, Hieronymus (1841–1919), G: 26. 1., (S)

Jägerstätter, Franz (1907–1943), G: 21. 5., S: 2007

Janauschek, Wilhelm (1859–1926), G: 30. 6., (S)

Janssen, Arnold (1837–1909), G: 15. 1., S: 1975, H: 2003

Jordan, Franziskus Maria vom Kreuz (Johann Baptist) (1848–1918), G: 8. 9., (S)

Kafka, Maria Restituta (Helene) (1894–1943), G: 30. 3., S: 1998

Karl I. Franz Joseph, Kaiser von Österreich (1887–1922), G: 21. 10., S: 2004

Keller, Pius (Johannes) (1825–1904), G : 15. 3., (S)

Kentenich, Joseph (1885–1968), G: 15. 9., (S)

Kern, Jakob (Franz Alexander) (1897–1924), G: 20. 10., S: 1998

König, Heinrich (1900–1942), G: 24. 6., (S)

Koplin(ski), Anicet (Adalbert) (1875–1941), G: 16. 10., S: 1999

Kugler, Eustachius (Joseph) (1867–1946), G: 10. 6., S: 2009

Lampert, Carl (1894–1944), G: 13. 11., (S)

Lange, Hermann (1912–1943), G: 10. 11., S: 2011

Ledóchowska, Maria Theresia Gräfin (1863–1922), G: 6. 7., S: 1975

Ledóchowska, Ursula (Julia Maria) Gräfin (1865–1939), G: 29. 5., S: 1983, H: 2003

Lehner, Bernhard (1930–1944), G: 24. 1., (S)

Leisner, Karl (1915–1945), G: 12. 8., S: 1996

Lichtenberg, Bernhard (1875–1943), G: 5. 11., S: 1996

Lichtenegger, Maria (1906–1923), G: 9. 7., (S)

Lunkenbein, Rudolf (1939–1976), G: 15. 7., (S)

Mai, Jordan (Heinrich) (1866–1922), G: 20. 2., (S)

Mayer, Rupert (1876–1945), G: 1. 11., S: 1987

Merten, Blandina (Maria Magdalena) (1883–1918), G: 18. 5., S: 1987

Metzger, Max Joseph (1887–1944), G: 17. 4., (S)

Müller, Eduard (1911–1943), G: 10. 11., S: 2011

Neumann, Therese (1898–1962), G: 18. 9., (S)

Neururer, Otto (1882–1940), G: 30. 5., S: 1996

Nisch, Ulrika (Franziska) (1882–1913), G: 8. 5., S: 1987

Pavlicek, Petrus (Otto) (1902–1982), G: 14. 12., (S)

Pfanner, Franz (Wendelin) (1825–1909), G: 24. 5., (S)

Prassek, Johannes (1911–1943), G: 10. 11., S: 2011

Reinisch, Franz (1903–1942), G: 21. 8., (S)

Ritz, Maria Julitta (Theresia Eleonora) (1882–1966), G: 13. 11., (S)

Schäffer, Anna (1882–1925), G: 5. 10., S: 1999

Schwartz, Anton Maria (1852–1929), G: 15. 9., S: 1998

Stein, Teresia Benedicta vom Kreuz (Edith) (1891–1942), G: 9. 8., S: 1987, H: 1998

Stenmanns, Josepha (Hendrina) (1852–1903), G: 20. 5., S: 2008

Stock, Franz (1904–1948), G: 24. 2., (S)

Tauscher, Maria Teresa vom heiligen Josef (Anna Maria) (1855–1938), G: 20. 9., S: 2006

Üffing, Euthymia (Emma) (1914–1955), G: 9. 9., S: 2001

Unzeitig, Engelmar (Hubert) (1911–1945), G: 2. 3., (S)

Weiß, Maria Fidelis (Eleonore Margarete) (1882–1923), G: 11. 2., (S)

Weiß, Viktrizius (Anton Nikolaus) (1842–1924), G: 8. 10., (S)

Wickenhäuser, Firminus (Josef) (1876–1939), G: 30. 9., (S)

Wüllenweber, Maria Theresia von den Aposteln (Theresia) von (1833–1907), G: 25. 12., S: 1968

Bibliografie

Bei der angegebenen Literatur handelt es sich nur um eine kleine Auswahl. Bevorzugt werden eigenständige Publikationen und solche, die weiterführende Bibliografien beinhalten, angeführt. Auch wichtige Internetadressen sind angegeben.

Allgemeine Literatur
Angenendt, Arnold: Heilige und Reliquien. Die Geschichte ihres Kultes vom frühen Christentum bis zur Gegenwart. München 1994.
Beaugrand, Günter (Hg.): Die neuen Heiligen. Große Christen auf dem Weg zur Heilig- oder Seligsprechung. Augsburg 1991.
Biot, René: Das Rätsel der Stigmatisierten. Aschaffenburg 1957.
Dinzelbacher, Peter (Hg.): Heiligenverehrung in Geschichte und Gegenwart. Ostfildern 1990.
Gorys, Erhard: Lexikon der Heiligen. München 1997.
Hesemann, Michael: Stigmata: Sie tragen die Wundmale Christi. Güllesheim 2006.
Höfer, Liselotte: Ökumenische Besinnung über die Heiligen. Luzern 1962.
Kamper, Dietmar und Christoph Wulf (Hgg.): Das Heilige. Seine Spur in der Moderne. Frankfurt/M. 1987.
Moll, Helmut (Hg.), im Auftrag der Deutschen Bischofskonferenz: Zeugen für Christus. Das deutsche Martyrologium des 20. Jahrhunderts. 2 Bde. Paderborn 1999.
Neill, Stephen: Heiligkeit. Gütersloh 1962.
Otto, Rudolf: Das Heilige. Über das Irrationale in der Idee des Göttlichen und sein Verhältnis zum Rationalen. Breslau 1917.
Rahner, Karl: Vom Geheimnis der Heiligkeit, der Heiligen und ihrer Verehrung. In: Peter Manns (Hg.): Die Heiligen in ihrer Zeit I. Mainz 1966, S. 9–26.
Schleyer, Franz L.: Die Stigmatisation mit den Blutmalen. Biographische Auszüge und medizinische Analyse. Hannover 1948.

Besondere Literatur

Aloys Andritzki (1914–1943)
Kubasch, Maria: Alois Andritzki. Christ in der Welt 73. Berlin 1974
Seifert, Siegfried: Artikel »Aloys Andritzki«. In: Moll, Helmut (Hg.), im Auftrag der Deutschen Bischofskonferenz: Zeugen für Christus. Das deutsche Martyrologium des 20. Jahrhunderts. 2 Bde. Paderborn 1999, Bd. 1, S. 154–156.

Angela (Maria Cäcilia) Autsch (1900–1944)
Multhaupt, Hermann: Angela Autsch. In: Die neuen Heiligen. A. a. O., S. 311–320.
Prégardier, Elisabeth: Schwester Angela Maria: Maria Cäcilia Autsch 1900–1944. In: Internatio-

nale Frauenbegegnungsstätte Ravensbrück, Förderverein e. V. (Hg.): Christliche Frauen im Widerstehen gegen den Nationalsozialismus. Häftlinge im Frauenkonzentrationslager Ravensbrück von 1939–1945. Begleitbroschüre zur Ausstellung vom 18.10.1998 bis 20.10.1999 in der Mahn- und Gedenkstätte Ravensbrück. Berlin 1998, S. 53 f.

Schwalbová, Margita: Elf Frauen. Leben in Wahrheit. Eine Ärztin berichtet aus Auschwitz-Birkenau. Zeugen der Zeitgeschichte. Hg. von Anne Mohr und Elisabeth Prégardier. Annweiler 1994.

Ladislaus (László) Batthyány-Strattmann (1870–1931)
www.batthyany.at
www.heiligenlexikon.de
www.martinus.at

Maria Theresia (Aline) Bonzel (1830–1905)
Multhaupt, Hermann: Maria Theresia Bonzel. In: Die neuen Heiligen. A. a. O., S. 219–235.

Hildegard Burjan (1883–1933)
Burjan-Domanig, Irmgard: Hildegard Burjan. Eine Frau der sozialen Tat. Salzburg 1950.
Koblbauer, Alfred: Hildegard Burjan. Charismatische Künderin sozialer Liebe. Wien 1976.
Kronthaler, Michaela: Die Frauenfrage als treibende Kraft. Hildegard Burjans innovative Rolle im Sozialkatholizismus und Politischen Katholizismus vom Ende der Monarchie bis zur »Selbstausschaltung« des Parlamentes. Grazer Beiträge zur Theologiegeschichte und Kirchlichen Zeitgeschichte. Bd. 8. Hg. von Maximilian Liebmann. Graz 1995.
Schödl, Ingeborg: Männerwelten – Frauenwerke. Hildegard Burjans Vermächtnis an Politik und Kirche. Wien 1991.

Maria Bernarda (Verena) Bütler (1848–1924)
Mayer, Beda: Verborgen in Gott. Eine Lebensbild der ehrwürdigen Mutter Maria Bernarda Bütler. St. Gallen 1934.

Marcel Callo (1921–1945)
Gerardi, Bernhard: Marcel Callo. Ein Leben für die Brüder. Augsburg 1961.
Gouyon, Paul: Marcel Callo. Märtyrer der Arbeiterjugend in Mauthausen. Salzburg 1988.
Holböck, Ferdinand: Der selige Marcel Callo. In: Neue Heilige der katholischen Kirche. Bd. 2: Von Papst Johannes Paul II. in den Jahren 1984 bis 1987 kanonisierte Selige und Heilige. Stein am Rhein 1992, S. 191 ff.
Pabel, Rosemarie (Hg.): Marcel Callo. Zeuge des Glaubens und der Versöhnung. Eine Dokumentation. Mit Geleitwort des Linzer Diözesanbischofs Maximilian Aichern OSB, mit einem biographischen Essay von Josef Reding sowie zahlreichen Fotos und Dokumenten zur Seligsprechung. Eichstätt und Wien 1991.
www.fen-net.de

Wilhelm Eberschweiler (1837–1921)
Kowalsky, Inge: Pater Wilhelm Eberschweiler. In Die neuen Heiligen. A. a. O., S. 259–266.
Krumscheid, Peter (Hg.): Wilhelm Eberschweiler: Gott ist gut. Bericht über mein Leben. Trier 1952.
Persch, Martin: Wilhelm Eberschweiler (1837–1921). Leutesdorf 1995.

Alois (Franz Seraph) Ehrlich (1868–1945)
Ballsieper, Thaddaeus: Leben des Dieners Gottes Frater Alois Ehrlich. Bamberg 1958.
www.karmelitenorden.de
www.heiligenlexikon.de

Agnes (Karoline) Ellenberger (1838–1906)
Genossenschaft der Schwestern vom Heiligen Geiste (Hg.): Mutter Agnes Ellenberger. Koblenz 1957.
Reichert, Franz Rudolf: Unter dem Gesetz des Weizenkorns. Limburg 1982.
Homepage des Ordens: www.svhg.de

Josef Engling (1898–1918)
Menningen, Alex: Maria ganz zu eigen. Josef Engling, Mitgründer Schönstatts. Vallendar-Schön-statt 1977.

Lukas (Alfred) Etlin (1864–1927)
Holböck, Ferdinand: Das Allerheiligste und die Heiligen. Eucharistische Heilige aus allen Jahr-hunderten der Kirchengeschichte. Stein am Rhein 1979, S. 400–408.
Weber, Norbert: Pater Lukas Etlin OSB. Ein kurzes Lebensbild. St. Ottilien 1930.

Meinrad (Joseph) Eugster (1848–1925)
Jüngt, Thomas: Ein Leben der Demut. Meinrad Eugster. 1848–1925. Einsiedeln 1936.

Klara (Rosa) Fietz (1905–1937)
Heldentum der Liebe und des Leidens – Aufzeichnungen der Ehrwürdigen Schulschwester Prof. Dr. M. Klara Fietz über ihr religiöses Innenleben. Zeugnisse von Helden und Heiligen unserer Tage. Bd. 1. Mödling bei Wien 1949.
Motzko, Alma: Klara Fietz, eine Begnadete. Mödling bei Wien 1953.
www.heiligenlexikon.de
www.schulschwestern.at

Maria Rosa (Margaretha) Flesch (1826–1906)
Ankly, Gisela: Margareta Flesch. In: Die neuen Heiligen. A. a. O., S. 213–217.
Böckeler, Maura: Die Macht der Ohnmacht. Mutter Rosa Flesch, Stifterin der Franziskanerinnen BMVA von Waldbreitbach. Mainz 1962.
Kracht, Hans-Joachim: Leidenschaft für die Menschen. Margaretha Rosa Flesch. Leben und Wir-ken. 3 Bde. Trier 2005–2008.

Josef Freinademetz (1852–1908)
Bornemann, Fritz (Hg.): Erinnerungen an P. Josef Freinademetz. Mödling 1974.
Bornemann, Fritz: Der selige P. J. Freinademetz. 1852–1908. Ein Steyler Missionar. Ein Lebensbild nach zeitgenössischen Quellen. Anelecta SVD 36. Bozen 1977.
Fischer, Hermann: P. Joseph Freinademetz. Steyler Missionar in China 1879–1908. Steyl 1936.
Frei, Günther: Die Verehrung des heiligen Josef Freinademetz in Südtirol. Brixen 2003.
Hollweck, Sepp: Bringt den fremden Teufel um. Josef Freinademetz (China) 1852–1908. Fu Shen-fu aus dem Gadertal. Mödling und St. Augustin 1978.
Reuter, Jakob: Das Schrifttum über Arnold Janssen und Josef Freinademetz. Eine Bibliographie. Anelecta SVD 68. Rom 1990.

Clemens (Vinzenz) Fuhl (1874–1935)
Gerhardy, Wilhelm Roger: Pater Clemens Fuhl. In: Die neuen Heiligen. A. a. O., S. 139–144.

Clemens August Graf von Galen (1878–1946)
Beaugrand, Günter: Clemens August Graf von Galen. In: Die neuen Heiligen. A. a. O., S. 55–69.
Beaugrand, Günter: Kardinal von Galen. Der Löwe von Münster. Schriftenreihe zur religiösen Kultur. Bd. 5. Münster 1996.
Kuropka, Joachim (Hg.): Clemens August Graf von Galen. Menschenrechte, Widerstand, Euthanasie, Neubeginn. Münster 1998.
Kuropka, Joachim (Hg.): Clemens August Graf von Galen. Neue Forschungen zum Leben und Wirken des Bischofs von Münster. Münster 1993.
Kuropka, Joachim (Hg.): Streitfall Galen. Clemens August Graf von Galen und der Nationalsozialismus. Studien und Dokumente. Münster 2007.
Löffler, Peter (Bearb.): Bischof Clemens August Graf von Galen. Akten, Briefe und Predigten 1933–1946. Veröffentlichungen der Kommission für Zeitgeschichte. Reihe A: Quellen. Band 42. 2 Teilbde. Paderborn 1996.
Rahner, Stefan, Franz-Helmut Richter, Stefan Reise und Dirk Stelter: »Treu deutsch sind wir – wir sind auch treu katholisch«. Kardinal von Galen und das Dritte Reich. Münster 1987.

Jakob Gapp (1897–1943)
Levit, Josef (SM): Jakob Gapp. Zeuge seines Glaubens. Innsbruck 1988.

Nikolaus Groß (1898–1945)
Beaugrand, Günter: Nikolaus Groß. In: Die neuen Heiligen. A. a. O., S. 83–95.
Bücker, Vera: Nikolaus Groß. Politischer Journalist und Katholik im Widerstand des Kölner Kreises. Mit einem Essay über die Gefängnisbriefe von Alexander Groß. Geleitwort von Kardinal Georg Sterzinsky und Vorwort von Wilfried Loth. Münster 2002.
Kock, Erich: Beter, Täter, Zeuge. Nikolaus Groß. Paderborn 2001.

Georg Häfner (1900–1942)
Putz, Günter: Gott ist der Grund. Das Lebenszeugnis von Georg Häfner. Einsichten in das Priesteramt. Würzburg 2000.
Scheele, Paul-Werner, Klaus Wittstadt (Hgg.): Georg Häfner. Priester und Opfer. Briefe aus der Haft. Gestapodokumente. Würzburg 1983.

Johannes Maria Haw (1871–1949)
Schultheis, Joseph: Johannes Maria Haw. In: Die neuen Heiligen. A. a. O., S. 247–250.

Dulcissima (Helena Joanna) Hoffmann (1910–1936)
www.heiligenlexikon.de
www.mtrojnar.rzeszow.opoka.org.pl/dulcissima/thomalla.htm

Titus Maria (Franz) Horten (1882–1936)
Weber, Walbert: Pater Titus Horten O. P.. In: Die neuen Heiligen. A. a. O., S. 71–81.

Hieronymus Jaegen (1841–1919)
Backes, Ignaz: Hieronymus Jaegen. Ein heiligmäßiger Ingenieur, Bankdirektor und Abgeordneter des Landtags. Leutesdorf/Rhein 1958.
Kowalsky, Inge: Hieronymus Jaegen. In: Die neuen Heiligen. A. a. O., S. 267–273.

Franz Jägerstätter (1907–1943)

Bergmann, Georg: Franz Jägerstätter. Ein Leben vom Gewissen entschieden. Stein am Rhein 1980.

Putz, Erna: Franz Jägerstätter: »… besser die Hände als der Wille gefesselt …«. Linz und Passau 1985.

Putz, Erna: Gefängnisbriefe und Aufzeichnungen. Franz Jägerstätter verweigert 1943 den Wehrdienst. Linz und Passau 1987.

Riedl, Alfons und Josef Schwabeneder (Hgg): Franz Jägerstätter. Christlicher Glaube und politisches Gewissen. Thaur 1997.

Zahn, Gordon C.: Er folgte seinem Gewissen. Das einsame Zeugnis des Franz Jägerstätter. Graz 1967.

Wilhelm Janauschek (1859–1926)

Innerkofler, Adolf: P. Wilhelm Janauschek. In: Ders.: Drei Wiener Priester, dahingeschieden im Ruf der Heiligkeit. Wien 1935, S. 5–15.

www.stephanscom.at

Arnold Janssen (1837–1909)

Alt, Josef (SVD): Arnold Janssen. Lebensweg und Lebenswerk des Steyler Ordensgründers. Nettetal 1999.

Bornemann, Fritz: Arnold Janssen, der Gründer des Steyler Missionswerkes, 1837–1909. Ein Lebensbild nach zeitgenössischen Quellen. Nettetal 1992.

Franziskus Maria vom Kreuz (Johann Baptist) Jordan (1848–1918)

Menke, Willibrord (Hg.): Worte und Ermahnungen unseres Ehrwürdigen Vaters und Gründers P. Franziskus Maria vom Kreuze Jordan. Berlin 1938.

www.paterjordan.ch

Maria Restituta (Helene) Kafka (1894–1943)

Kunzenmann, Werner: Sr. Maria Restituta Kafka. Märtyrin aus dem Widerstand. Dokumentation. Innsbruck 1998.

www.franziskanerinnen.org

www.restituta.net

Karl I. Franz Joseph, Kaiser von Österreich (1887–1922)

Demmerle, Eva: Kaiser Karl. I. »Selig, die Frieden stiften …«. Die Biographie. Wien 2005.

Feigl, Erich: Kaiser Karl I. Ein Leben für den Frieden seiner Völker. Wien 1990.

Feigl, Erich: Kaiser Karl. Persönliche Aufzeichnungen, Zeugnisse und Dokumente. Wien 1987.

Habsburg, Otto von: Die Reichsidee. Geschichte und Zukunft einer übernationalen Ordnung. Wien und München 1986.

Pius (Johannes) Keller (1825–1904)

Altenhöfer, Ludwig: Mit Leib und Seele. Würzburg 1954.

Gerhardy, Wilhelm Roger: Pater Pius Keller. In: Die neuen Heiligen. A. a. O., S. 129–138.

Joseph Kentenich (1885–1968)

Feldmann, Christian: Gottes sanfter Rebell. Vallendar-Schönstatt 2005.

Monnerjahn, Engelbert: Pater Joseph Kentenich. Ein Leben für die Kirche. Vallendar-Schönstatt 1975.

Uriburu, Esteban: Sie nennen ihn Vater. Leben und Wirken des Pater Kentenich. Vallendar-Schönstatt 1980.

Jakob (Franz Alexander) Kern (1897–1924)
Fleischmann, Kornelius: Diener Gottes Jakob Kern O. Praem. Graz 1985.

Weidinger, Hermann-Josef: Jakob Kern 1897–1924. Chorherr des Prämonstratenserstiftes Geras. Leben eines Seligen. Geras 1998.

Heinrich König (1900–1942)
Hoffmann, Ernst: Für mich das Mindeste. Dem Paderborner Schönstattpriester Heinrich König zum Gedächtnis. Vallendar 1968.

Möhring, Peter: Artikel »Vikar Heinrich König«. In: Moll, Helmut (Hg.), im Auftrag der Deutschen Bischofskonferenz: Zeugen für Christus. Das deutsche Martyrologium des 20. Jahrhunderts. Paderborn 1999, Bd. 1, S. 484–487.

Anicet (Adalbert) Koplin(ski), (1875–1941)
Moßmaier, Eberhard: Brückenbauer zwischen Ost und West. Im Geiste von Pater Anizet Koplin. Stein am Rhein 1987.

www.kapuziner.de

Eustachius (Joseph) Kugler (1867–1946)
Abeln, Reinhard : Eustachius Kugler. In: Die neuen Heiligen. A. a. O., S. 237–246.

Chrobak, Werner: Frater Eustachius Kugler. München 2006.

Feldmann, Christian: Nah bei Gott – nah bei den Menschen. Das Leben des Barmherzigen Bruders Eustachius Kugler. München 2006.

Carl Lampert (1894–1944)
Gohm, Richard (Hg.): Selig, die um meinetwillen verfolgt werden. Carl Lampert – ein Opfer der Nazi-Willkür 1894–1944. Innsbruck 2008.

Walser, Gaudentius: Carl Lampert – Ein Leben für Christus und die Kirche 1894–1944. Dornbirn 1964.

Maria Theresia Gräfin Ledóchowska (1863–1922)
Missionsschwestern vom Heiligen Petrus Claver (Hg.): Auf neuen Wegen: Über Leben und Wirken der Ehrwürdigen Dienerin Gottes Maria Theresia Ledóchowska. Verfasst von Schwester Maria Theresia Walzer, SSPC. Reimlingen 1972.

Winowska, Maria: Das Geheimnis der Maria Theresia Ledóchowska. Leben und Werk der seligen »Mutter der Schwarzen«. Aschaffenburg 1977.

Ursula (Julia Maria) Gräfin Ledóchowska (1865–1939)
Holböck, Ferdinand: Neue Heilige der katholischen Kirche. Bd. 1: Von Papst Johannes Paul II. in den Jahren 1979 bis 1984 kanonisierte Selige und Heilige. Stein am Rhein 1991, S. 137–141.

Bernhard Lehner (1930–1944)
Kowalsky, Inge: Bernhard Lehner. In: Die neuen Heiligen. A. a. O., S. 321–325.

Karl Leisner (1915–1945)

Feldmann, Christian: Wer glaubt, muss widerstehen. Bernhard Lichtenberg – Karl Leisner. Freiburg i. B. 1996.

Haas, Wilhelm (Hg.): »Christus meine Leidenschaft«. Karl Leisner. Sein Leben in Bildern und Dokumenten. Kevelaer 1985.

Lejeune, René: Wie Gold geläutert im Feuer. Karl Leisner (1915–1945). Hauteville 1991.

Seeger, Hans-Karl: Artikel »Karl Leisner«. In: Moll, Helmut (Hg.), im Auftrag der Deutschen Bischofskonferenz: Zeugen für Christus. Das deutsche Martyrologium des 20. Jahrhunderts. Paderborn 1999, Bd. 1, S. 433–439.

Bernhard Lichtenberg (1875–1943)

Feldmann, Christian: Wer glaubt, muss widerstehen. Bernhard Lichtenberg – Karl Leisner. Freiburg i. B. 1996.

Kock, Erich: Er widerstand. Bernhard Lichtenberg, Dompropst bei St. Hedwig, Berlin. Berlin 1996.

Ogiermann, Otto: Bis zum letzten Atemzug. Das Leben und Aufbegehren des Priesters Bernhard Lichtenberg. Leipzig 1983.

Maria Lichtenegger (1906–1923)

Sallinger, Franz: Maria Lichtenegger. Leben und Tugenden eines Jungmädchens. Graz 1956.

Weigl, Alfons, F. Meißner: Maria Lichtenegger. Ein junges Leben mit Christus. Altötting 1976.

Wilfling, Alois: Im Schatten des Tabernakels. Lebensbild des Jungmädchens Maria Lichtenegger. Graz 1957.

Rudolf Lunkenbein (1939–1976)

www.doeringstadt.de

www.marianum.info

Jordan (Heinrich) Mai (1866–1922)

Eilers, Alois: Bruder Jordan Mai – Ein Bericht seines Lebens. Dortmund 1962.

Maschke, Theo: Bruder Jordan Mai. Leben und Bedeutung. Werl 1985.

Rüden, Wilfried von: Jordan Mai. In: Die neuen Heiligen. A. a. O., S. 275–279.

Rupert Mayer (1876–1945)

Feldmann, Christian: Die Wahrheit muss gesagt werden. Rupert Mayer. Leben im Widerstand. Freiburg i. B. 1987.

Haub, Rita: Pater Rupert Mayer. Ein Lebensbild. München 2007.

Koerbling, Anton: Pater Rupert Mayer. Überarbeitet und ergänzt von Paul Riesterer. München und Zürich 1988.

Blandina (Maria Magdalena) Merten (1883–1918)

Grün, Anselm: Alles ist mir Himmel. Leben und Botschaft der seligen Blandina Merten. Münsterschwarzach 2007.

Holböck, Ferdinand: Die selige Blandine Maria Magdalena Merten. In: Neue Heilige der katholischen Kirche. Bd. 2: Von Papst Johannes Paul II. in den Jahren 1984 bis 1987 kanonisierte Selige und Heilige. Stein am Rhein 1992, S. 208–210.

Jochum, Josef: Am Ende zählt nur die Liebe. Schwester Blandine Merten. Lebensbild einer Frau von heute. Ahrweiler 1975.
www.ursulinen-calvarienberg.de

Max Joseph Metzger (1887–1944)
Kienzler, Klaus (Hg.): Max Joseph Metzger. Christuszeuge in einer zerrissenen Welt. Briefe aus dem Gefängnis 1934–1944. Freiburg 1991.
Kienzler, Klaus: Artikel »Max Joseph Metzger«. In: Moll, Helmut (Hg.), im Auftrag der Deutschen Bischofskonferenz: Zeugen für Christus. Das deutsche Martyrologium des 20. Jahrhunderts. 2 Bde. Paderborn 1999, Bd. 1, S. 212–216.

Therese Neumann (1898–1962)
Aretin, Erwein von: Theresia Neumann. München 1952.
Bekh, Wolfgang: Therese von Konnersreuth oder Die Herausforderung Satans. München 1998.
Hanauer, Josef: »Konnersreuth« oder Ein Fall von Volksverdummung. Aachen 1997.
Scholz, Sabine und Josef Wolfgang Degen: »Böser Bub, ich bet, dassd in die Höll kommst«. Erinnerungen an eine Schulzeit im Kloster. Turin 2008.
Seeger, Joachim: Resl von Konnersreuth (1898–1962). Eine wissenschaftliche Untersuchung zum Werdegang, zur Wirkung und Verehrung einer Volksheiligen. Europäische Hochschulschriften III/993. Frankfurt/M. 2004.

Otto Neururer (1882–1940)
Tschol, Helmut: Otto Neururer. Priester und Blutzeuge. Mit einem Vorwort von Bischof Reinhold Stecher. Innsbruck 1983.

Ulrika (Franziska) Nisch (1882–1913)
Bühlmann, Walbert: Selige Schwester Ulrika. Er hat auf die Niedrigkeit seiner Magd geschaut. Beuron 1987.
Hemmerle, Klaus: Die leise Stimme. Ulrika Nisch und ihre Botschaft. Freiburg i. B., Basel, Wien 1987.
Holböck, Ferdinand: Die selige Ulrika Franziska Nisch. In: Neue Heilige der katholischen Kirche. Bd. 2: Von Papst Johannes Paul II. in den Jahren 1984 bis 1987 kanonisierte Selige und Heilige. Stein am Rhein 1992, S. 202–207.
www.junge-mutter-mit-kind.de
www.kloster-hegne.de
www.selige-ulrika.de

Petrus (Otto) Pavlicek (1902–1982)
Firtel, Hilde: Vorbeter für Millionen. P. Petrus Pavlicek OFM. Mödling 1990.
Gamillscheg, Felix: Wie es zur Freiheit Österreichs kam. Rosenkranz-Sühnekreuzzug um den Frieden der Welt. Wien 1995.

Franz (Wendelin) Pfanner (1825–1909)
Balling, Adalbert Ludwig: Er war für Nägel mit Köpfen. Leipzig 1984 (zuerst: Mödling bei Wien 1979).

Franz Reinisch (1903–1942)

Brantzen, Klaus: Franz Reinisch. Sein Lebensbild. Ein Mann steht zu seinem Gewissen. Vallendar-Schönstatt 1993.

Kreutzberg, Heinrich: Franz Reinisch. Ein Martyrer unserer Zeit. Limburg 1952.

Weicht, Werner: Artikel »Franz Reinisch«. In: Moll, Helmut (Hg.), im Auftrag der Deutschen Bischofskonferenz: Zeugen für Christus. Das deutsche Martyrologium des 20. Jahrhunderts. 2 Bde. Paderborn 1999, Bd. 2, S. 836–840.

Maria Julitta (Theresia Eleonora) Ritz (1882–1966)

Rößler, Max: Maria Julitta Ritz. In: Die neuen Heiligen. A. a. O., S. 251–255.

Anna Schäffer (1882–1925)

Kowalsky, Inge: Anna Schäffer. In: Die neuen Heiligen. A. a. O., S. 305–309.

Anton Maria Schwartz (1852–1929)

Bruckner, Johann: P. Anton Maria Schwartz. Ein Vorarbeiter in Gottes Werkstatt. Wien 1935.

Innerkofler, Adolf: P. General Anton Maria Schwartz, der Stifter der »Kalasantiner«. In: Ders.: Drei Wiener Priester, dahingeschieden im Ruf der Heiligkeit. Wien 1935, S. 35–50.

Teresia Benedicta vom Kreuz (Edith) Stein (1891–1942)

Endres, Elisabeth: Edith Stein. Christliche Philosophin und jüdische Märtyrerin. München und Zürich 1987.

Feldmann, Christian: Edith Stein. Reinbek 2004.

Feldmann, Christian: Liebe, die das Leben kostet. Edith Stein – Jüdin, Atheistin, Ordensfrau. Freiburg, Basel, Wien 1998.

Herbstrith, Waltraud: Edith Stein. Ein Lebensbild in Zeugnissen und Selbstzeugnissen. Mainz 1993.

Karl Friedrich Stellbrink (1894–1943), Johannes Prassek (1911–1943), Eduard Müller (1911–1943), Hermann Lange (1912–1943)

Pelke, Else: Der Lübecker Christenprozess 1943. Mainz 1961.

Schultze, Harald und Andreas Kurschat (Hgg.): »Ihr Ende schaut an …«. Evangelische Märtyrer des 20. Jahrhunderts. Leipzig 2006, S. 27, 36, 74 f., 446–448.

Thoemmes, Martin: Artikel »Die Martyrer des Lübecker Christenprozesses«, »Vikar Hermann Lange«, Kaplan Johannes Prassek«, »Adjunkt Eduard Müller«. In: Moll, Helmut (Hg.), im Auftrag der Deutschen Bischofskonferenz: Zeugen für Christus. Das deutsche Martyrologium des 20. Jahrhunderts. Paderborn 1999, Bd. 1, S. 249–257.

Josepha (Hendrina) Stenmanns (1852–1903)

www.mutter-josepha.de

Franz Stock (1904–1948)

Albert, Anton: Das war Franz Stock. Freiburg i. B. 1959.

Bücker, Hanns: Abbé Stock: Ein Wegbereiter zwischen Deutschland und Frankreich. Freiburg i. B. 1984.

Closset, René: Er ging durch die Hölle. Paderborn 1984.

Cornelissen, Hanns: Abbé Franz Stock. Dreiklang einer Freundschaft. Baunach 2001.

Kloidt, Karl-Heinz: Chartres 1945. Seminar hinter Stacheldraht. Eine Dokumentation. Freiburg i. B. 1988.

Kock, Erich: Abbé Franz Stock. Priester zwischen den Fronten. Mainz 1996.

Lanz, Dieter: Abbé Franz Stock: Kein Name – ein Programm. Das christliche Europa – eine reale Vision. Paderborn 1997.

Michelet, Edmond: Die Freiheitsstraße. Stuttgart 1961.

Schneider, Reinhold: Verhüllter Tag. Köln und Olten 1956.

Maria Teresa vom heiligen Josef (Anna Maria) Tauscher (1855–1938)

Budnowski, Else: Sie folgte der inneren Stimme: Maria Teresa Tauscher van den Bosch, Gründerin der Karmelitinnen vom Göttlichen Herzen Jesu. Berlin 1954 (2., erw. Auflage 1979).

Windisch, Maria Assunta: Portrait einer Karmelitin. Mutter Maria Teresa vom heiligen Josef Tauscher van den Bosch. Leutesdorf 1994.

Euthymia (Emma) Üffing

Ketteler, Paul: Maria Euthymia. In: Die neuen Heiligen. A. a. O., S. 287–291.

www.clemensschwestern.de

Engelmar (Hubert) Unzeitig (1911–1945)

Abeln, Reinhard, Adalbert Ludwig Balling: Speichen im Rad der Zeit. Pater Engelmar Unzeitig und der Priesterblock im Konzentrationslager Dachau. Freiburg i. B. 1985.

Balling, Adalbert Ludwig: Artikel »Pater Engelmar (Hubert) Unzeitig«. In: Moll, Helmut (Hg.), im Auftrag der Deutschen Bischofskonferenz: Zeugen für Christus. Das deutsche Martyrologium des 20. Jahrhunderts. 2 Bde. Paderborn 1999, Bd. 2, S. 813–816.

Balling, Adalbert Ludwig: Eine Spur der Liebe hinterlassen. Pater Engelmar (Hubert) Unzeitig. Mariannhiller Missionar. »Märtyrer der Nächstenliebe« im Konzentrationslager Dachau. Würzburg 1984.

Maria Fidelis (Eleonore Margarete) Weiß (1882–1923)

Mayer, Schwester Maria Angela: Virgo Fidelis. Lebensbild der Schwester Maria Fidelis Weiß, Franziskanerin von Kloster Reutberg, 1882–1923. Kloster Reutberg 1975.

Viktrizius (Anton Nikolaus) Weiß (1842–1924)

Naab, Ingbert: P. Viktrizius Weiß O. M. C. Ein Lebensbild. München 1930.

www.wallfahrtskirche-vilsbiburg.de

Firminus (Josef) Wickenhäuser (1876–1939)

Rüden, Wilfried von: Firminus Wickenhäuser. In: Die neuen Heiligen. A. a. O., S. 281–285.

Maria Theresia von den Aposteln (Theresia) von Wüllenweber (1833–1907)

Federici, E.: La madre Maria degli Apostoli, al secolo Baronessa Teresa di Wüllenweber. Rom 1945.

www.heiligenlexikon.de

Bildnachweis

32	© Kath. Pfarrgemeinde St. Anna Issum-Sevelen, Issum
34	© Waldbreitbacher Franziskanerinnen BMVA, Waldbreitbach
38/47	© Steyler Missionare, Missionshaus St. Michael, Nettetal
53	© Missionsschwestern vom hl. Petrus Claver, Augsburg
55	www.kathpedia.com
58/105/127/ 133/135/168/ 182/203/209/ 220/224/245	© KNA-Bild
60	© Dr. Dominik Batthyány
63	© Caritas Socialis, München
70	www.heiligenlexikon.de
78	marianum.info
89	www.heiligenlexikon.de
94	© Bruder Jordan Werk, Dortmund
111	© Sekretariat Pater Kentenich, Schönstatt
143	© Tiroler Landesmuseum Ferdinandeum, Innsbruck
152	© Edith-Stein-Archiv, Karmel Maria vom Frieden, Köln
174	© Franziskanerinnen von der christlichen Liebe, Wien
176	© Marianisten, Tragwein
215	© Internationaler Karl-Leisner-Kreis, Billerbeck
235	© akg-images
252	© Barmherzige Schwestern (Clemensschwestern) e.V., Münster
255	www.kathpedia.com